Au quartier général, à Paris, le 1.ᵉʳ Vendémiaire an 13.

SERVICE DE L'ÉTAT-MAJOR GÉNÉRAL.

Du 1.ᵉʳ au 2.ᵉ Vendémiaire.

Le Capitaine Adjoint de service à l'État-major général . . . . FORGEOT.

Officier de santé de service à l'État-major . . . . POISSON.

Secrétaire de service à l'État-major . . . . CORBET.

Du 2.ᵉ au 3.ᵉ Vendémiaire.

Le Capitaine Adjoint de service à l'État-major général . . . . GALDEMAR.

Officier de santé de service à l'État-major . . . . DANTREVILLE.

Secrétaire de service à l'État-major. . . . . LECLERC.

EXTRAITS des Jugemens rendus par le 1.ᵉʳ Conseil de guerre de la 1.ʳᵉ Division militaire, pendant le mois de Fructidor an 12.

NUMÉROS des Jugemens.	DATES.	NOMS ET PRÉNOMS des INDIVIDUS JUGÉS.	QUALITÉ MILITAIRE ou PROFESSION.	LIEUX de NAISSANCE.	ANALYSE DES JUGEMENS.	
1800.	4.	Lartigue (*Étienne*)	Soldat au premier régiment de la garde de Paris.	Toulouse, dép.ᵗ de la Haute-Garonne.	Convaincu de vol envers un particulier.	Condamné à deux ans de prison, et ensuite renvoyé à son corps pour y continuer son service.
1801.	Idem.	Ancel (*Louis*)	Dragon au 6ᵉ. régiment.	S.ᵗᵉ-Croix-aux-Mines, dép.ᵗ du Haut-Rhin.	Convaincu de vols envers ses camarades.	Condamné à six ans de fers et à la dégradation militaire.
1802.	19.	Moreau (*Louis-Joseph*) . .	Invalide	Soissons, département de l'Aisne.	Prévenu de voies de fait envers un officier de la garde sédentaire de Paris. Condamné par contumace le 11 messidor an 11, à deux ans de détention.	Renvoyé par-devant le tribunal criminel du département de la Seine, le jugement rendu contre lui en l'an 11 par contumace étant cassé.
1803.	Id.	Pichost (*Georges*)	Fus.ᵉʳ au 32.ᵉ rég. d'inf.ᵉ de ligne.	Strasbourg, dép.ᵗ du Bas-Rhin.	Convaincu de vols envers ses camarades.	Condamné à six ans de fers et à la dégradation militaire.
1804.	Id.	Parrot (*Jacques-Henri*) . .	Dragon de la garde de Paris.	Montbelliard, département du H.ᵗ-Rhin.	Prévenu d'insultes, voies de fait et désobéissance envers ses supérieurs, et voies de fait envers ses camarades.	Acquitté des accusations dirigées contre lui; mais attendu qu'étant ivre il a manqué au respect et aux égards qu'il devait à ses supérieurs, condamné, par forme de discipline militaire, à la peine de la prison pendant trois mois, et ensuite renvoyé à son corps pour y continuer son service.

Total des jugemens rendus par le 1.ᵉʳ Conseil de guerre pendant le mois de Fructidor, an 12, ci . . 5.

Total des individus jugés pendant le même mois par ce Conseil, ci . . . . . . { présens 5. } 5.
{ contumax 0. }

EXTRAITS des Jugemens rendus par le 2.ᶜ Conseil de guerre de la 1.ʳᵉ Division militaire, pendant le mois de Fructidor an 12.

NUMÉROS DES JUGEMENS.	DATES.	NOMS ET PRÉNOMS des INDIVIDUS JUGÉS.	QUALITÉ MILITAIRE ou PROFESSION.	LIEUX de NAISSANCE.	ANALYSE DES JUGEMENS.	
796.	7.	Vauclin (Nicolas)	Soldat au premier régiment de la garde de Paris.	Paris , départem.ᵗ de la Seine.	Convaincu d'insultes envers son supérieur.	Condamné à trois mois de prison, et ensuite mis à la disposition de l'état-major général, pour être employé selon le bien du service.
797.	Idem.	Marbé (Antoine-Louis) . . .	Idem.	Idem	Convaincu d'insulte envers une sentinelle.	Condamné à trois mois de prison, à dater du jour du présent jugement, et ensuite renvoyé à son corps pour y continuer son service.
798.	Idem.	Chancel (Victor)	Idem.	Périgueux , dép.ᵗ de la Dordogne.	Convaincu de vol envers un particulier.	Condamné à deux ans de prison, à dater du jour du jugement, et ensuite mis à la disposition de l'état-major général, pour être employé selon le bien du service.
799.	21.	Marquet (Guill. Adrien) . .	Idem.	Issy, dép.ᵗ de la Seine.	Convaincu de vol envers un particulier.	Condamné à deux ans de prison, et ensuite mis à la disposition de l'état-major général, pour être employé selon le bien du service.
800.	Idem.	Plaisant (Michel) dit Bender.	Idem.	Auville, dép.ᵗ de la Manche.	Prévenu de vol envers ses camarades.	Acquitté de l'accusation dirigée contre lui, et mis à la disposition de l'état-major général.

Total des jugemens rendus par le 2.ᶜ Conseil de guerre pendant le mois de Fructidor, an 12, ci . . . 5.

Total des individus jugés pendant le même mois par ce Conseil, ci . . . . { présens . . . 5. contumax . o. } 5.

Pour extrait conforme aux expéditions desdits Jugemens :

Le Général de Brigade Chef de l'État-major général du Gouvernement de Paris et de la 1.ʳᵉ Division militaire ,

Cᴇsᴀʀ BERTHIER.

GOUVERNEMENT DE PARIS.

1.ʳᵉ DIVISION MILITAIRE.

ÉTAT-MAJOR GÉNÉRAL.

Au quartier général, à Paris, le 2 Vendémiaire an 13.

SERVICE DE L'ÉTAT-MAJOR GÉNÉRAL.

Du 2.ᵉ au 3.ᵉ Vendémiaire.

Le Capitaine Adjoint de service à l'État-major général................ GALDEMAR.

Officier de santé de service à l'État-major....................... DANTREVILLE.

Secrétaire de service à l'État-major............................. LECLERC.

Du 3.ᵉ au 4.ᵉ Vendémiaire.

Le Capitaine Adjoint de service à l'État-major général................ AUGIAS.

Officier de santé de service à l'État-major....................... POISSON.

Secrétaire de service à l'État-major............................. DESMOULINS.

ORDRE DE L'ARMÉE.

L'Empereur ayant fait manœuvrer le 58.ᵉ régiment à Cologne, a été content de la tenue des officiers et des soldats ; mais il a vu avec peine que le Major n'avait aucune connaissance des manœuvres. En conséquence, sa Majesté a ordonné qu'il sera suspendu pendant trois mois, et envoyé pendant ce temps à un des camps pour s'y instruire dans les manœuvres, et qu'il ne sera réintégré dans sa place de Major, que lorsqu'il aura justifié les connaître dans le plus grand détail.

Le présent Ordre sera mis à l'ordre de l'armée.

Paris, le 4.ᵉ jour Complémentaire an 12.

Le Ministre de la Guerre,
Signé M.ᵃˡ BERTHIER.

M. le Maréchal Gouverneur de Paris informe les Chefs des Corps employés sous ses ordres, que l'intention de l'Empereur est que les différens Corps de troupes, et notamment les troisièmes bataillons des Régimens, dont les bataillons de guerre sont employés aux armées, s'occupent, avec la plus grande activité, de leur instruction ; qu'à cet effet ils s'exercent et manœuvrent très-fréquemment, afin de dresser les recrues, et sur-tout afin de donner aux Officiers et Sous-officiers le degré d'instruction qu'ils doivent avoir.

Les Généraux commandant les subdivisions qui composent la 1.ʳᵉ Division militaire, sont chargés de tenir la main à ce que les intentions de sa Majesté soient ponctuellement suivies à l'égard des troupes stationnées sous leur commandement respectif.

Signé J. MURAT.

Pour copie conforme :

Le Général de Brigade Chef de l'État-major général du Gouvernement de Paris et de la 1.ʳᵉ Division militaire,

CÉSAR BERTHIER.

GOUVERNEMENT DE PARIS.
Ire DIVISION MILITAIRE.
ÉTAT-MAJOR GÉNÉRAL.

Au quartier général, à Paris, le 3 Vendémiaire an 13.

SERVICE DE L'ÉTAT-MAJOR GÉNÉRAL.

Du 3 au 4 Vendémiaire.

Le Capitaine Adjoint de service à l'Etat-major général .... AUGIAS.
Officier de santé de service à l'État-major .... POISSON.
Secrétaire de service à l'État-major................................ DESMOULINS.

Du 4 au 5 Vendémiaire.

Le Capitaine Adjoint de service à l'Etat-major général................ WATHIEZ.
Officier de santé de service à l'État-major........................... DANTREVILLE.
Secrétaire de service à l'État-major................................ DUBOIS.

Rien de nouveau.

Le Général de Brigade Chef de l'État-major général du Gouvernement de Paris et de la Ire Division militaire,

CÉSAR BERTHIER.

GOUVERNEMENT DE PARIS.

1.re *DIVISION MILITAIRE.*

ÉTAT-MAJOR GÉNÉRAL.

Au quartier général, à Paris, le 4 Vendémiaire an 13.

SERVICE DE L'ÉTAT-MAJOR GÉNÉRAL.

Du 4 au 5 Vendémiaire.

Le Capitaine Adjoint de service à l'Etat-major général................... GUIARDEILE.
Officier de santé de service à l'État-major......................... DANTREVILLE.
Secrétaire de service à l'État-major............................... DUBOIS.

Du 5 au 6 Vendémiaire.

Le Capitaine Adjoint de service à l'Etat-major général................. WATHIEZ.
Officier de santé de service à l'État-major......................... POISSON.
Secrétaire de service à l'État-major............................... DUBOIS.

Rien de nouveau.

Le Général de Brigade Chef de l'État-major général du Gouvernement de Paris et de la 1.re Division militaire,

CÉSAR BERTHIER.

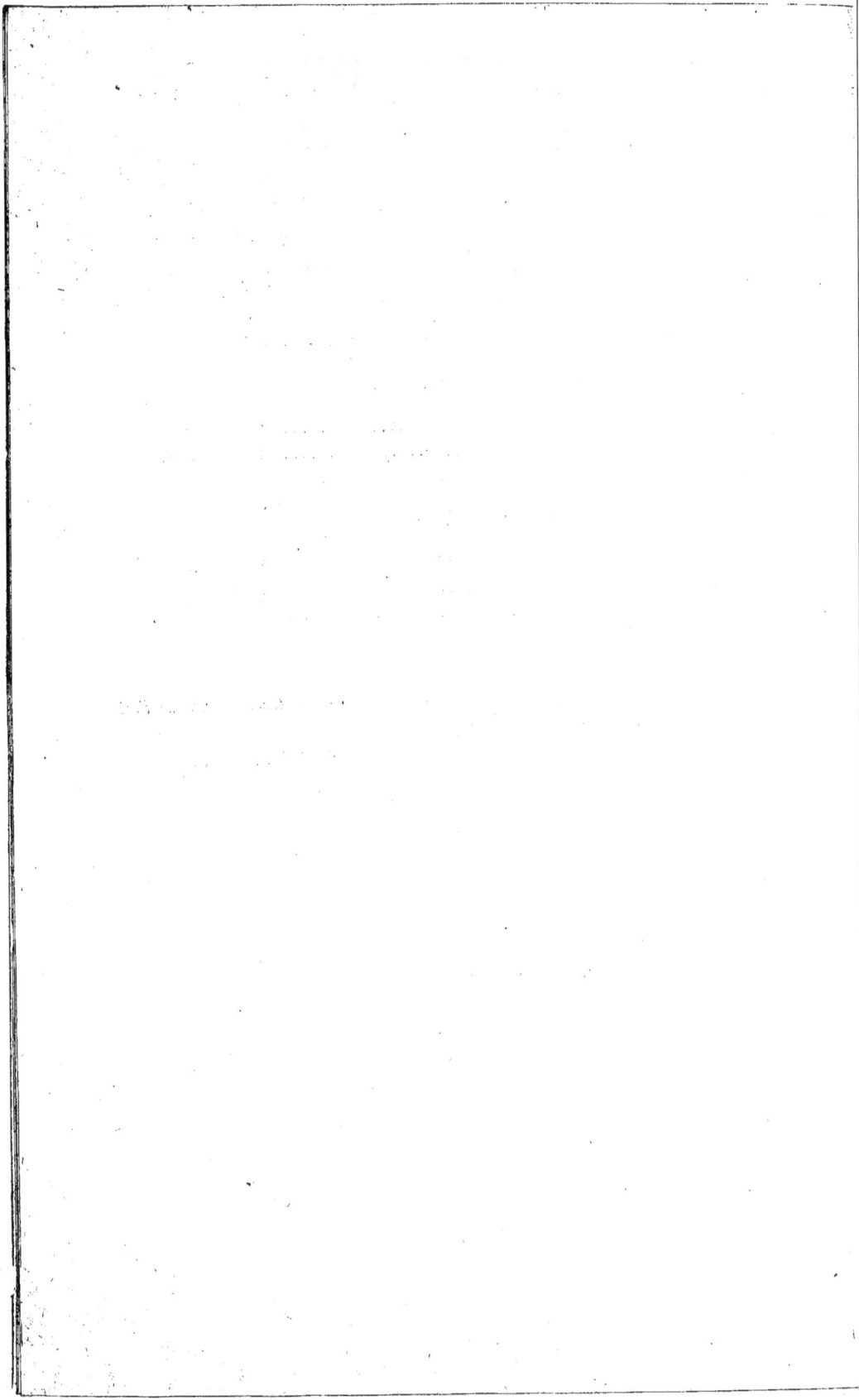

GOUVERNEMENT DE PARIS.

1.re *DIVISION MILITAIRE.*

ÉTAT-MAJOR GÉNÉRAL.

Au quartier général, à Paris, le 5 Vendémiaire an 13.

SERVICE DE L'ÉTAT-MAJOR GÉNÉRAL.

Du 5 au 6 Vendémiaire.

Le Capitaine Adjoint de service à l'Etat-major général .... GUIARDELLE.
Officier de santé de service à l'État-major .... POISSON.
Secrétaire de service à l'État-major. . . .. CORBET.

Du 6 au 7 Vendémiaire.

Le Capitaine Adjoint de service à l'Etat-major général .... DELORME.
Officier de santé de service à l'État-major .... DANTREVILLE.
Secrétaire de service à l'État-major .... BRUNEL.

Rien de nouveau.

Le Général de Brigade Chef de l'État-major général du Gouvernement de Paris et de la 1.re Division militaire,

CÉSAR BERTHIER.

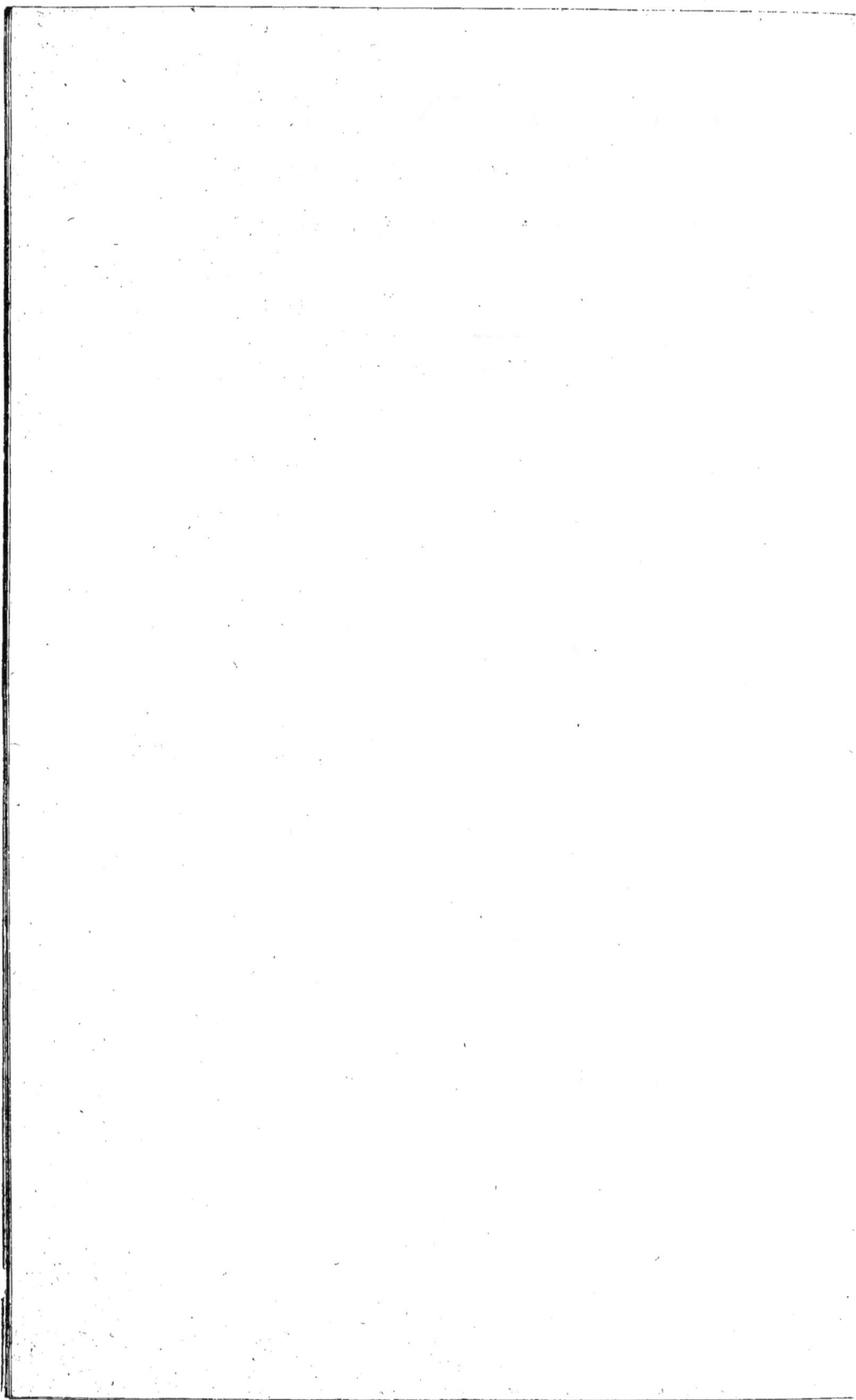

GOUVERNEMENT DE PARIS.

1.ʳᵉ DIVISION MILITAIRE.

ÉTAT-MAJOR GÉNÉRAL.

Au quartier général, à Paris, le 6 Vendémiaire an 13.

SERVICE DE L'ÉTAT-MAJOR GÉNÉRAL.

Du 6 au 7 Vendémiaire.

Le Capitaine Adjoint de service à l'Etat-major général................ DELORME.
Officier de santé de service à l'État-major........................ DANTREVILLE.
Secrétaire de service à l'État-major.............................. BRUNEL.

Du 7 au 8 Vendémiaire.

Le Capitaine Adjoint de service à l'Etat-major général................ AUCLER.
Officier de santé de service à l'État-major........................ POISSON.
Secrétaire de service à l'État-major.............................. PLANTIER.

ORDRE GÉNÉRAL.

Les Chefs des corps de la garnison de Paris sont prévenus que les distributions des liquides se feront, à l'avenir, au magasin qui vient d'être transféré Boulevart Saint-Honoré, près la caserne des Vétérans.

Le Général de Brigade Chef de l'État-major général du Gouvernement de Paris et de la 1.ʳᵉ Division militaire,

CÉSAR BERTHIER.

GOUVERNEMENT DE PARIS.
I.re DIVISION MILITAIRE.
ÉTAT-MAJOR GÉNÉRAL.

Au quartier général, à Paris, le 7 Vendémiaire an 13.

SERVICE DE L'ÉTAT-MAJOR GÉNÉRAL.

Du 7 au 8 Vendémiaire.

Le Capitaine Adjoint de service à l'État-major général .... AUCLER.
Officier de santé de service à l'État-major .... POISSON.
Secrétaire de service à l'État-major................................ PLANTIER.

Du 8 au 9 Vendémiaire.

Le Capitaine Adjoint de service à l'État-major général .... LONGCHAMP.
Officier de santé de service à l'État-major .... DANTREVILLE.
Secrétaire de service à l'État-major................................ DUBOIS.

ORDRE GÉNÉRAL.

Paris, le 4 Vendémiaire an 13.

LE MINISTRE de la guerre,

A Monsieur le Maréchal MURAT, Gouverneur de Paris.

L'EMPEREUR est instruit, M. le Maréchal, que plusieurs Généraux commandant la force armée dans les départemens, et plusieurs Commandans d'armes dans les places de guerre, continuent à faire faire aux troupes des services inutiles, ou du moins peu essentiels et peu proportionnés à leur nombre, ainsi qu'au repos dont elles doivent jouir.

Sa Majesté ordonne que, sous quel prétexte que ce soit, on ne manque point à donner aux soldats cinq nuits de repos, et que généralement leur service soit diminué dans la plus stricte proportion du besoin.

Je ne puis que vous inviter, M. le Maréchal, à donner de suite les ordres nécessaires pour remplir, à cet égard, les intentions de sa Majesté dans l'étendue de votre commandement.

Comme je renouvelle cet ordre par une lettre circulaire, j'ai dû vous écrire, quoique les dispositions qu'elle contient aient été prévues par vos soins.

Signé le M.al BERTHIER.

Pour copie conforme :

Le Général de Brigade Chef de l'État-major général du Gouvernement de Paris et de la I.re Division militaire,

CÉSAR BERTHIER.

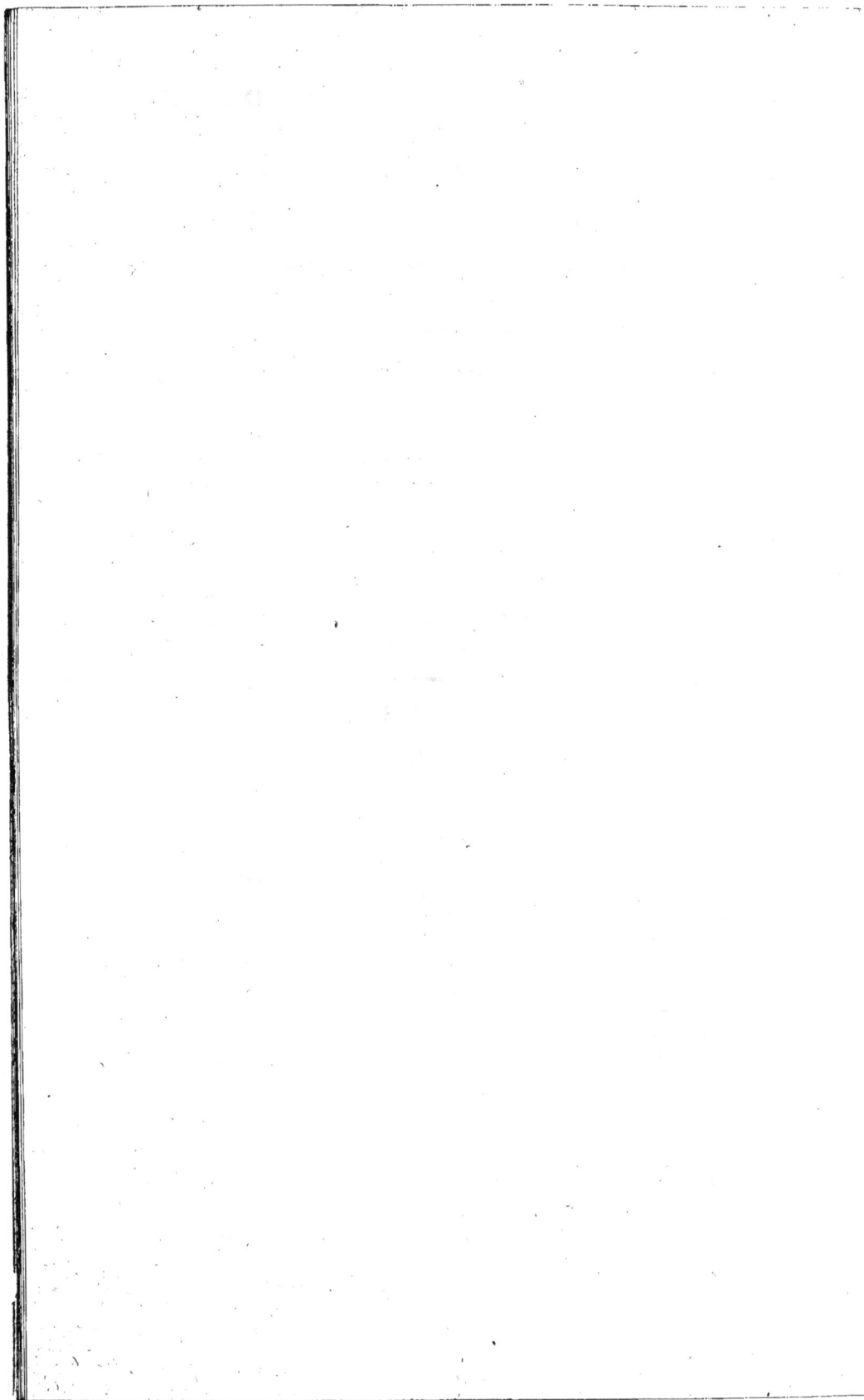

GOUVERNEMENT DE PARIS.

1.ʳᵉ *DIVISION MILITAIRE.*

ÉTAT - MAJOR GÉNÉRAL.

Au quartier général, à Paris, le 8 Vendémiaire an 13.

SERVICE DE L'ÉTAT-MAJOR GÉNÉRAL.

Du 8 au 9 Vendémiaire.

Le Capitaine Adjoint de service à l'Etat - major général................. LONGCHAMP.
Officier de santé de service à l'État - major........................ DANTREVILLE.
Secrétaire de service à l'État - major............................... LECLERC.

Du 9 au 10 Vendémiaire.

Le Capitaine Adjoint de service à l'Etat - major général................. FORGEOT.
Officier de santé de service à l'État - major........................ POISSON.
Secrétaire de service à l'État - major............................... LECLERC.

Rien de nouveau.

Le Général de Brigade Chef de l'État-major général du Gouvernement de Paris et de la 1.ʳᵉ Division militaire,

CÉSAR BERTHIER.

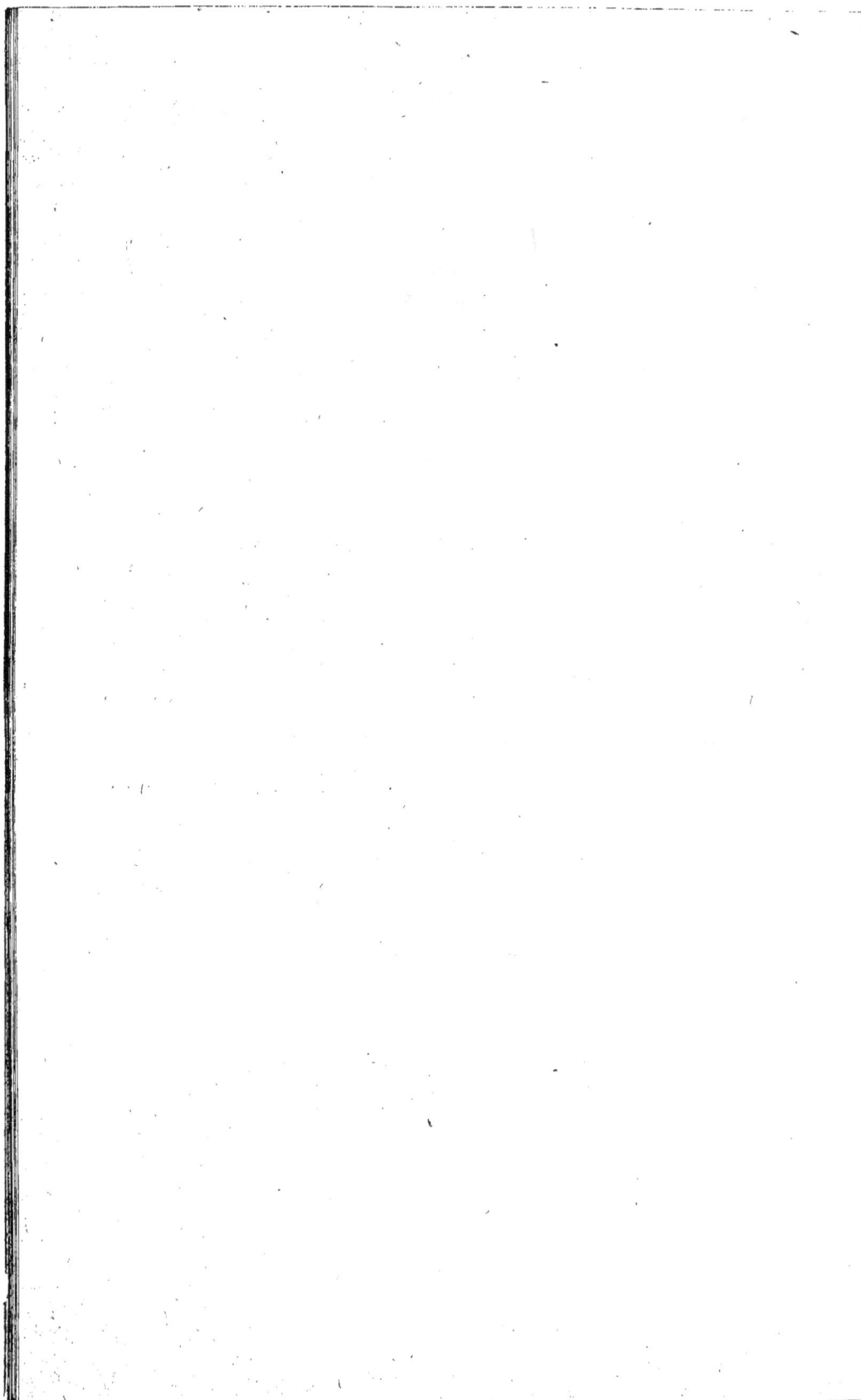

GOUVERNEMENT DE PARIS.

1.ʳᵉ DIVISION MILITAIRE.

ÉTAT-MAJOR GÉNÉRAL.

Au quartier général, à Paris, le 9 Vendémiaire an 13.

SERVICE DE L'ÉTAT-MAJOR GÉNÉRAL.
Du 9 au 10 Vendémiaire.

Le Capitaine Adjoint de service à l'Etat-major général .... FORGEOT.

Officier de santé de service à l'État-major .... POISSON.

Secrétaire de service à l'État-major............................... LECLERC.

Du 10 au 11 Vendémiaire.

Le Capitaine Adjoint de service à l'Etat-major général .... GALDEMAR.

Officier de santé de service à l'État-major .... DANTREVILLE.

Secrétaire de service à l'État-major............................... DESMOULINS.

Rien de nouveau.

Le Général de Brigade Chef de l'État-major général du Gouvernement de Paris et de la 1.ʳᵉ Division militaire,

CÉSAR BERTHIER.

GOUVERNEMENT DE PARIS.

Ire DIVISION MILITAIRE.

ÉTAT - MAJOR GÉNÉRAL.

Au quartier général, à Paris, le 10 Vendémiaire an 13.

SERVICE DE L'ÉTAT-MAJOR GÉNÉRAL.

Du 10 au 11 Vendémiaire.

Le Capitaine Adjoint de service à l'Etat - major général................. GALDEMAR.
Officier de santé de service à l'État - major......................... DANTREVILLE.
Secrétaire de service à l'État - major............................. DESMOULINS.

Du 11 au 12 Vendémiaire.

Le Capitaine Adjoint de service à l'Etat - major général................. AUGIAS.
Officier de santé de service à l'État - major......................... POISSON.
Secrétaire de service à l'État -major............................. DUBOIS.

ORDRE GÉNÉRAL.

M. le maréchal gouverneur de Paris prévient les corps et établissemens d'artillerie situés dans la 1.re Division militaire, que M. le général de brigade *la Riboissière* est chargé de leur inspection provisoire.

Chacun des corps que ce général doit passer en revue, devra, en conséquence, être réuni autant qu'il sera possible.

Les généraux dans les subdivisions desquels ces corps et établissemens se trouvent, fourniront au général *la Riboissière* tous les renseignemens nécessaires pour assurer le succès de ses opérations; ils lui donneront avis de tous les mouvemens que pourraient faire les troupes de cette arme pendant sa tournée, et, à cet effet, ils seront informés de son itinéraire. Conformément au décret impérial du 24 messidor dernier, les honneurs dus à son grade, seront rendus au général *la Riboissière* dans les places où il remplira les fonctions dont il est chargé.

Signé J. MURAT.

Pour copie conforme :

Le Général de brigade, CÉSAR BERTHIER.

Paris, le 30 Fructidor an 12.

LE MINISTRE de la Guerre,

A Monsieur le Maréchal MURAT, Gouverneur de Paris, et commandant la Ire Division militaire à Paris.

Le Ministre des finances vient de me prévenir, Monsieur, que sa Majesté impériale ayant témoigné le désir de venir au secours des militaires qui ont à réclamer des parties de solde arriérée payables en rentes, et de leur rendre le plus avantageux possible le mode de liquidation de ces créances, il a autorisé le directeur de la caisse d'amortissement à rembourser directement aux militaires les *fractions de rentes au-dessous de 50 francs qu'ils obtiendront à l'avenir à ce titre;* en conséquence, ils sont admis à déposer à la caisse d'amortissement la lettre d'avis officielle, énonciative de la quotité de cinq pour cent qui leur aura été attribuée, et immédiatement après la vérification qui aura été faite sur les états de liquidation déposés au trésor public, la caisse d'amortissement remboursera à ces militaires le capital de ces fractions de 5 pour cent, au cours moyen du jour auquel la lettre d'avis aura été déposée.

Les militaires qui ne pourraient pas faire personnellement ce dépôt, pourront se faire suppléer par des fondés de pouvoirs, lesquels désigneront les corps auxquels ces militaires appartiendront, et le lieu de leur cantonnement ou résidence; et après la vérification que la caisse d'amortissement aura fait faire sur les états de liquidation déposés à la trésorerie, elle pourvoira à ce que le remboursement du capital qui pourra être dû à chaque militaire, s'opère à son profit dans la proportion établie ci-dessus.

Les lettres portant officiellement avis de liquidation ou conversion de solde arriérée en une rente à 5 pour cent au profit d'un militaire, et qui seront déposées à la caisse d'amortissement dans les cas et pour l'emploi ci-dessus énoncés, devront être souscrites de cette formule :

« *Transféré par moi* (indiquer les nom et prénom, le corps, le grade, la résidence) *à la caisse d'amor-*
» *tissement.* »

Je vous invite, Monsieur, à vouloir bien seconder de tout votre pouvoir les intentions bienfaisantes de sa Majesté, en leur donnant la publicité nécessaire pour qu'elles soient connues des militaires qu'elles concernent.

J'ai l'honneur de vous saluer,

Le M.ᵃˡ BERTHIER.

Le Maréchal Gouverneur de Paris, invite les généraux commandant les subdivisions employées sous ses ordres, à donner la plus grande publicité possible des dispositions de la lettre ci-dessus transcrite, parmi les troupes qui se trouvent stationnées dans leur arrondissement respectif.

Signé J. MURAT.

Pour copie conforme :

*Le Général de Brigade Chef de l'État-major général du Gouvernement de Paris,
et de la 1.ʳᵉ Division militaire,*

CÉSAR BERTHIER.

GOUVERNEMENT DE PARIS.

1.re DIVISION MILITAIRE.
ÉTAT-MAJOR GÉNÉRAL.

Au quartier général, à Paris, le 11 Vendémiaire an 13.

SERVICE DE L'ÉTAT-MAJOR GÉNÉRAL.

Du 11 au 12 Vendémiaire.

Le Capitaine Adjoint de service à l'Etat-major général................ Augias.
Officier de santé de service à l'État-major....................... Poisson.
Secrétaire de service à l'État-major............................... Dubois.

Du 12 au 13 Vendémiaire.

Le Capitaine Adjoint de service à l'Etat-major général............... Wathiez.
Officier de santé de service à l'État-major....................... Dantreville.
Secrétaire de service à l'État-major.............................. Corbet.

Rien de nouveau.

Le Général de Brigade Chef de l'État-major général du Gouvernement de Paris et de la 1.re Division militaire,

César BERTHIER.

GOUVERNEMENT DE PARIS.

1.re DIVISION MILITAIRE.

ÉTAT - MAJOR GÉNÉRAL.

Au quartier général, à Paris, le 12 Vendémiaire an 13.

SERVICE DE L'ÉTAT-MAJOR GÉNÉRAL.

Du 12 au 13 Vendémiaire.

Le Capitaine Adjoint de service à l'Etat - major général................. WATHIEZ.
Officier de santé de service à l'État - major........................ DANTREVILLE.
Secrétaire de service à l'État - major.............................. CORBET.

Du 13 au 14 Vendémiaire.

Le Capitaine Adjoint de service à l'Etat - major général .... GUIARDELLE.
Officier de santé de service à l'État - major........................ POISSON.
Secrétaire de service à l'État - major.............................. BRUNEL.

ORDRE GÉNÉRAL.

D'après les intentions du Ministre de la Guerre, et conformément aux ordres de M. le Maréchal Gouverneur, les Chefs des Corps employés dans la 1.re Division militaire, sont invités à adresser dans le plus bref délai, au Chef de l'État-major général de ladite Division, l'état des enfans de chaque Corps, de l'âge de 14 à 16 ans, susceptibles d'être admis comme élèves à l'école des trompettes.

Les Généraux commandant les Subdivisions sont chargés de tenir la main à l'exécution de cette disposition.

Le Général de Brigade Chef de l'État-major général du Gouvernement de Paris et de la 1.re Division militaire ,

CÉSAR BERTHIER.

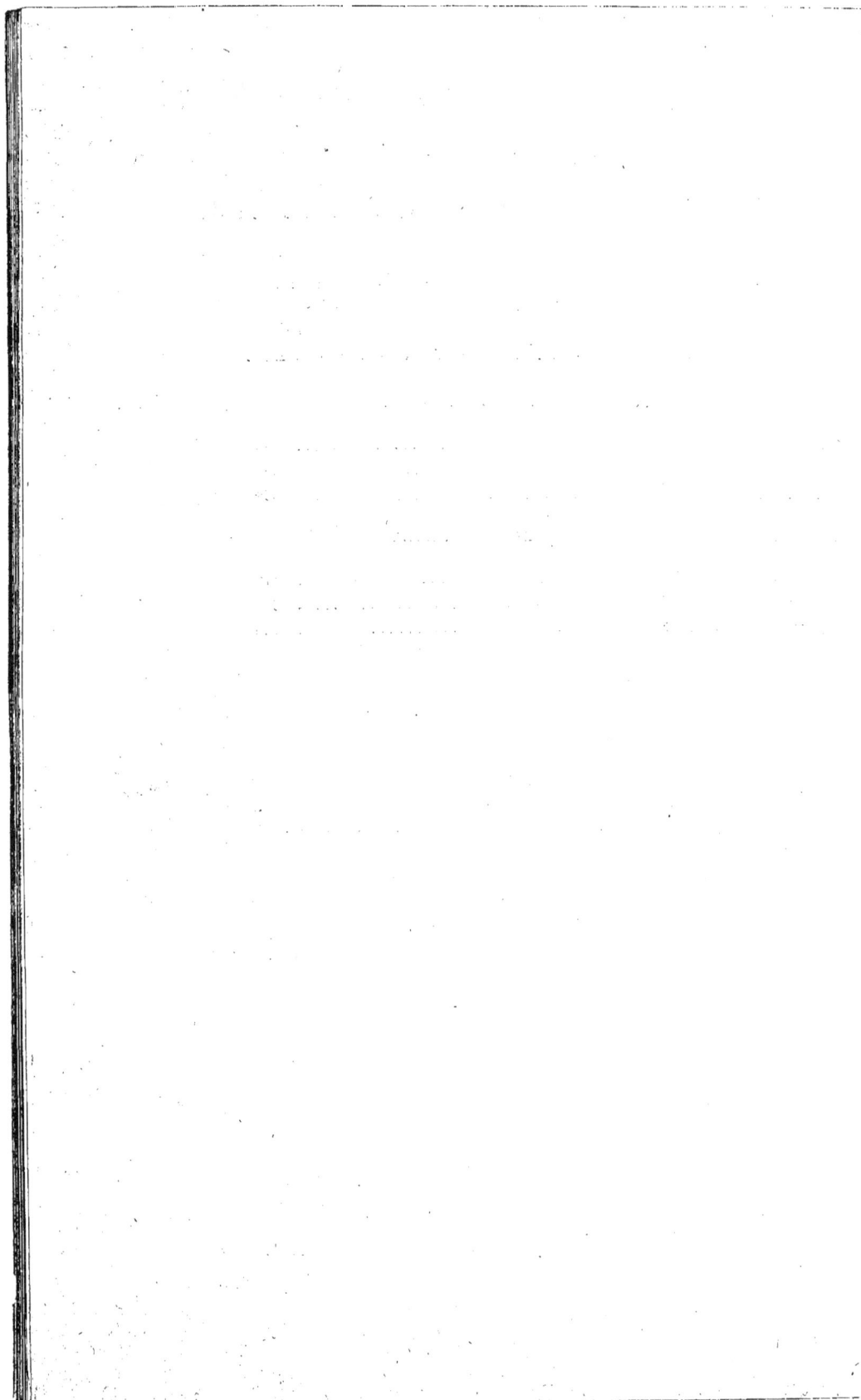

GOUVERNEMENT DE PARIS.

1.re *DIVISION MILITAIRE.*

ÉTAT - MAJOR GÉNÉRAL.

Au quartier général, à Paris, le 13 Vendémiaire an 13.

SERVICE DE L'ÉTAT-MAJOR GÉNÉRAL.

Du 13 au 14 Vendémiaire.

Le Capitaine Adjoint de service à l'Etat - major général .... GUIARDELLE.
Officier de santé de service à l'État - major .... POISSON.
Secrétaire de service à l'État - major. .... BRUNEL.

Du 14 au 15 Vendémiaire.

Le Capitaine Adjoint de service à l'Etat - major général. .... DELORME.
Officier de santé de service à l'État - major .... DANTREVILLE.
Secrétaire de service à l'État - major. .... PLANTIER.

Rien de nouveau.

Le Général de Brigade Chef de l'État-major général du Gouvernement de Paris et de la 1.re Division militaire,

CÉSAR BERTHIER.

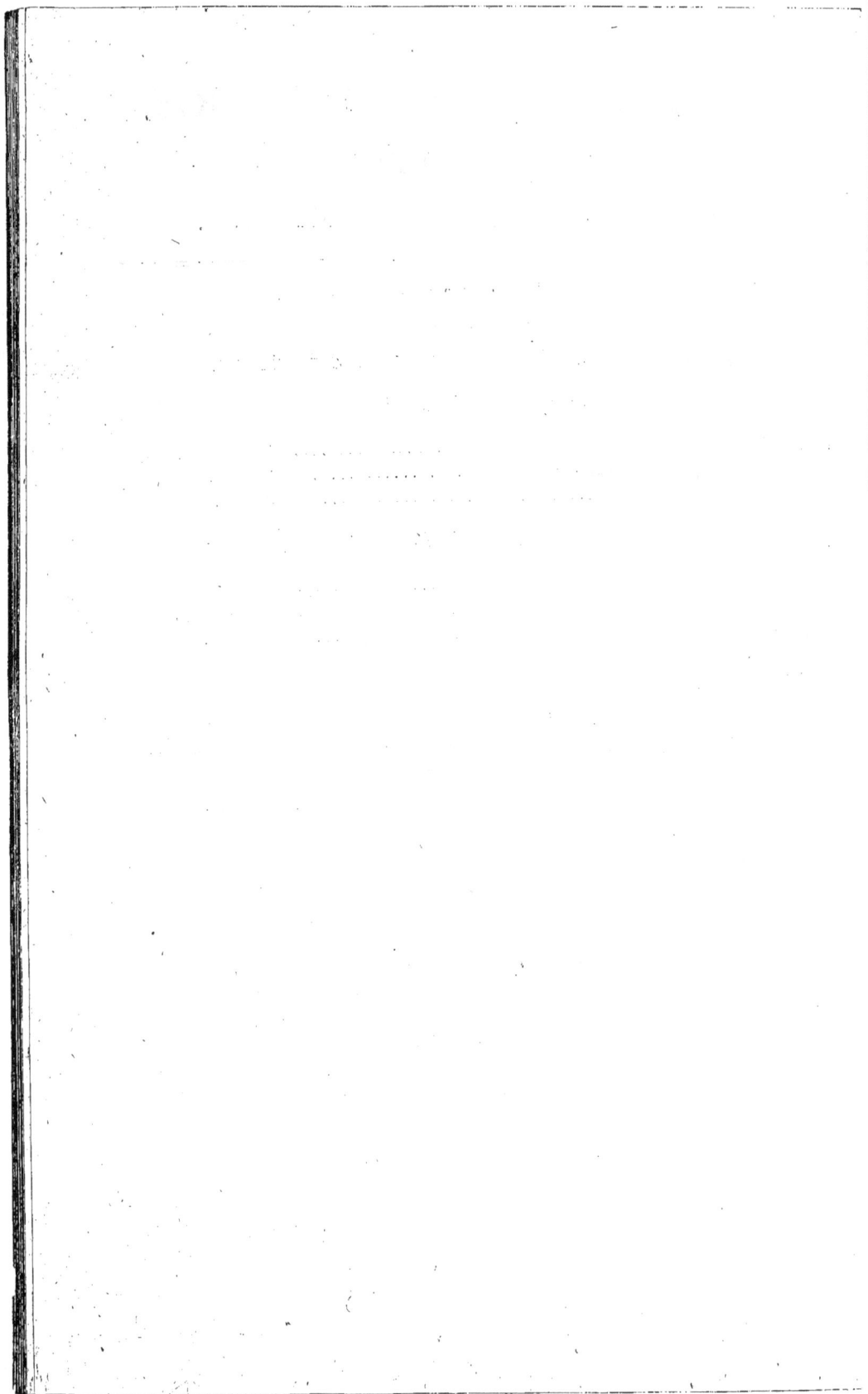

GOUVERNEMENT DE PARIS.

1.re DIVISION MILITAIRE.

ÉTAT - MAJOR GÉNÉRAL.

Au quartier général, à Paris, le 14 Vendémiaire an 13.

SERVICE DE L'ÉTAT - MAJOR GÉNÉRAL.

Du 14 au 15 Vendémiaire.

Le Capitaine Adjoint de service à l'Etat - major général................ DELORME.
Officier de santé de service à l'État - major....................... DANTREVILLE.
Secrétaire de service à l'État - major.............................. PLANTIER.

Du 15 au 16 Vendémiaire.

Le Capitaine Adjoint de service à l'Etat - major général................ AUCLER.
Officier de santé de service à l'État - major....................... POISSON.
Secrétaire de service à l'État - major.............................. LECLERC.

Rien de nouveau.

Le Général de Brigade Chef de l'État-major général du Gouvernement de Paris et de la 1.re Division militaire,

CÉSAR BERTHIER.

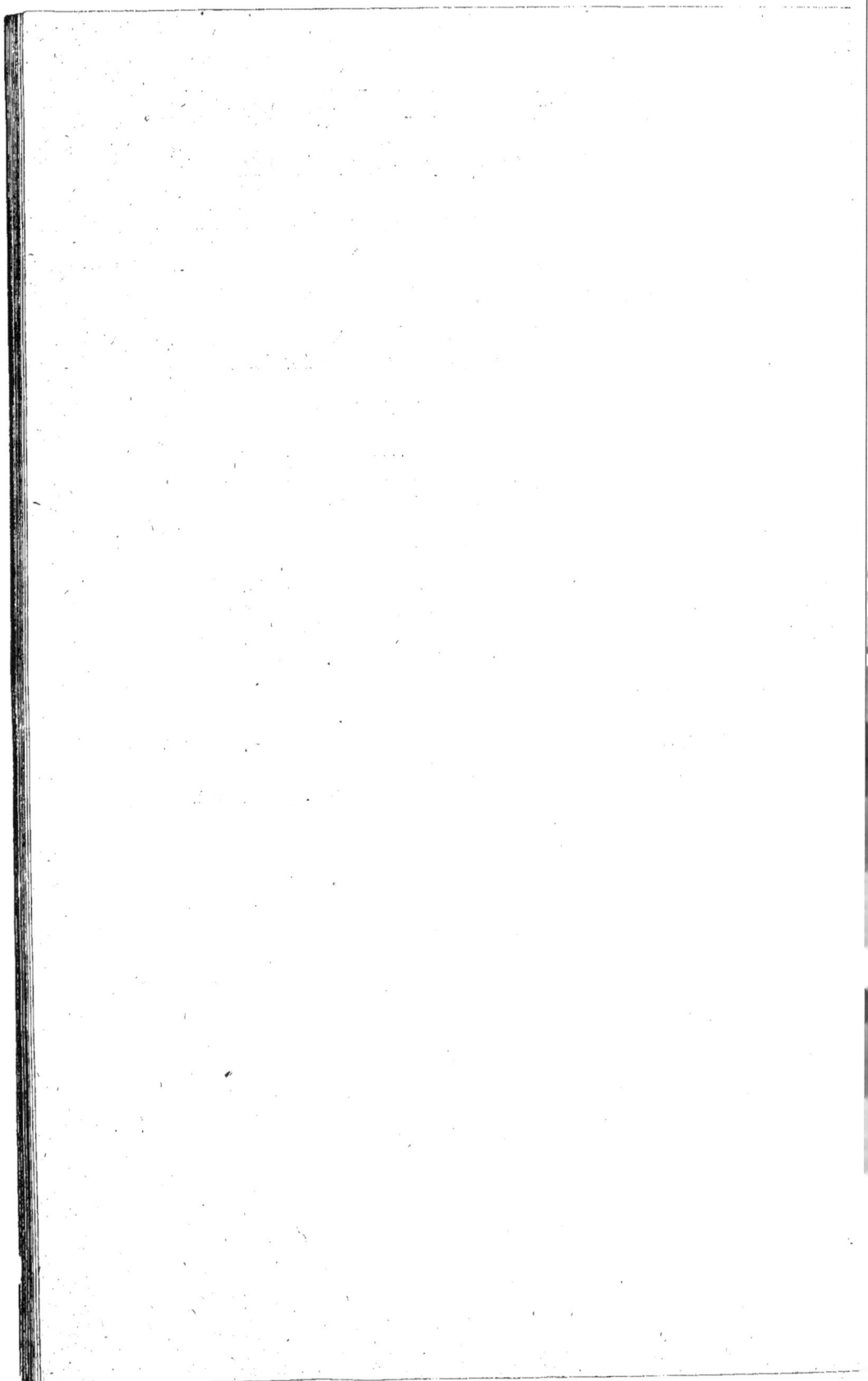

GOUVERNEMENT DE PARIS.

1.re DIVISION MILITAIRE.

ÉTAT - MAJOR GÉNÉRAL.

Au quartier général, à Paris, le 15 Vendémiaire an 13.

SERVICE DE L'ÉTAT-MAJOR GÉNÉRAL.

Du 15 au 16 Vendémiaire.

Le Capitaine Adjoint de service à l'Etat - major général . . . . AUCLER,

Officier de santé de service à l'État - major . . . . POISSON,

Secrétaire de service à l'État - major . . . . DUBOIS.

Du 16 au 17 Vendémiaire.

Le Capitaine Adjoint de service à l'Etat - major général . . . . LONGCHAMP,

Officier de santé de service à l'État - major . . . . DANTREVILLE,

Secrétaire de service à l'État - major . . . . LECLERC.

Rien de nouveau.

Le Général de Brigade Chef de l'État-major général du Gouvernement de Paris et de la 1.re Division militaire ,

CÉSAR BERTHIER.

GOUVERNEMENT DE PARIS.

1.ʳᵉ DIVISION MILITAIRE.

ÉTAT - MAJOR GÉNÉRAL.

Au quartier général, à Paris, le 16 Vendémiaire an 13.

SERVICE DE L'ÉTAT-MAJOR GÉNÉRAL.

Du 16 au 17 Vendémiaire.

Le Capitaine Adjoint de service à l'Etat - major général................ LONGCHAMP.
Officier de santé de service à l'État - major......................... DANTREVILLE.
Secrétaire de service à l'État - major............................... LECLERC.

Du 17 au 18 Vendémiaire.

Le Capitaine Adjoint de service à l'Etat - major général................ FORGEOT.
Officier de santé de service à l'État - major......................... POISSON.
Secrétaire de service à l'État - major............................... DESMOULINS.

Rien de nouveau.

*Le Général de Brigade Chef de l'État-major général du Gouvernement de Paris
et de la 1.ʳᵉ Division militaire,*

CÉSAR BERTHIER.

GOUVERNEMENT DE PARIS.

Ire *DIVISION MILITAIRE.*

ÉTAT-MAJOR GÉNÉRAL.

Au quartier général, à Paris, le 17 Vendémiaire an 13.

SERVICE DE L'ÉTAT-MAJOR GÉNÉRAL.

Du 17 au 18 Vendémiaire.

Le Capitaine Adjoint de service à l'État-major général .... FORGEOT.
Officier de santé de service à l'État-major .... POISSON.
Secrétaire de service à l'État-major............................... DESMOULINS.

Du 18 au 19 Vendémiaire.

Le Capitaine Adjoint de service à l'Etat-major général .... GALDEMAR.
Officier de santé de service à l'État-major .... DANTREVILLE.
Secrétaire de service à l'État-major............................... DUBOIS.

Rien de nouveau.

Le Général de Brigade Chef de l'État-major général du Gouvernement de Paris et de la Ire *Division militaire,*

CÉSAR BERTHIER.

GOUVERNEMENT DE PARIS.

1.re DIVISION MILITAIRE.

ÉTAT - MAJOR GÉNÉRAL.

Au quartier général, à Paris, le 18 Vendémiaire an 13.

SERVICE DE L'ÉTAT-MAJOR GÉNÉRAL.

Du 18 au 19 Vendémiaire.

Le Capitaine Adjoint de service à l'État-major général................. GALDEMAR.
Officier de santé de service à l'État-major....................... DANTREVILLE.
Secrétaire de service à l'État-major.............................. DUBOIS.

Du 19 au 20 Vendémiaire.

Le Capitaine Adjoint de service à l'État-major général................ AUGIAS.
Officier de santé de service à l'État-major....................... POISSON.
Secrétaire de service à l'État-major.............................. CORBET.

Rien de nouveau.

Le Général de Brigade Chef de l'État-major général du Gouvernement de Paris
et de la 1.re Division militaire ,

CÉSAR BERTHIER.

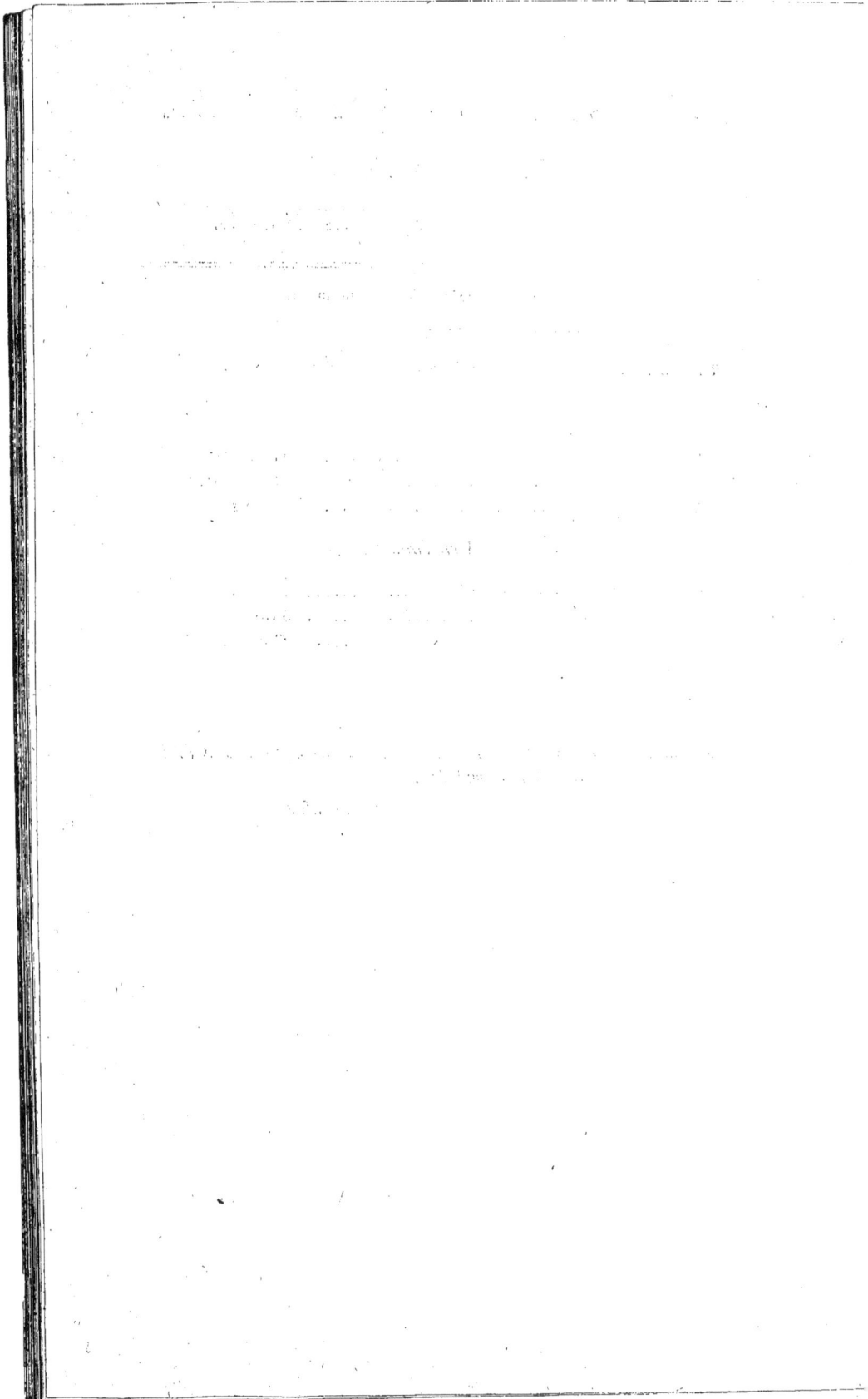

GOUVERNEMENT DE PARIS,

1.ʳᵉ DIVISION MILITAIRE,

ÉTAT - MAJOR GÉNÉRAL,

Au quartier général, à Paris, le 19 Vendémiaire an 13,

SERVICE DE L'ÉTAT-MAJOR GÉNÉRAL,

Du 19 au 20 Vendémiaire,

Le Capitaine Adjoint de service à l'État - major général .... AUGIAS.

Officier de santé de service à l'État - major .... POISSON,

Secrétaire de service à l'État - major............................. CORBET.

Du 20 au 21 Vendémiaire.

Le Capitaine Adjoint de service à l'État - major général .... WATHIEZ,

Officier de santé de service à l'État - major .... DANTREVILLE,

Secrétaire de service à l'État - major............................. BRUNEL.

Rien de nouveau.

Le Général de Brigade Chef de l'État-major général du Gouvernement de Paris et de la 1.ʳᵉ Division militaire,

CÉSAR BERTHIER.

GOUVERNEMENT DE PARIS.

1.ʳᵉ DIVISION MILITAIRE.

ÉTAT - MAJOR GÉNÉRAL.

Au quartier général, à Paris, le 20 Vendémiaire an 13.

SERVICE DE L'ÉTAT-MAJOR GÉNÉRAL.

Du 20 au 21 Vendémiaire.

Le Capitaine Adjoint de service à l'État - major général . . . . WATHIEZ.
Officier de santé de service à l'État - major . . . . DANTREVILLE.
Secrétaire de service à l'État - major . . . . BRUNEL.

Du 21 au 22 Vendémiaire.

Le Capitaine Adjoint de service à l'État - major général . . . . GUIARDELLE.
Officier de santé de service à l'État - major . . . . POISSON.
Secrétaire de service à l'État - major . . . . PLANTIER.

Rien de nouveau.

Le Général de Brigade Chef de l'État-major général du Gouvernement de Paris et de la 1.ʳᵉ Division militaire ,

CÉSAR BERTHIER.

GOUVERNEMENT DE PARIS.

1.re DIVISION MILITAIRE.

ÉTAT-MAJOR GÉNÉRAL.

Au quartier général, à Paris, le 21 Vendémiaire an 13.

SERVICE DE L'ÉTAT-MAJOR GÉNÉRAL.

Du 21 au 22 Vendémiaire.

Le Capitaine Adjoint de service à l'État-major général .... GUIARDELLE.
Officier de santé de service à l'État-major .... POISSON.
Secrétaire de service à l'État-major .... PLANTIER.

Du 22 au 23 Vendémiaire.

Le Capitaine Adjoint de service à l'État-major général .... DELORME.
Officier de santé de service à l'État-major .... DANTREVILLE.
Secrétaire de service à l'État-major .... BRUNEL.

Rien de nouveau.

Le Général de Brigade Chef de l'État-major général du Gouvernement de Paris et de la 1.re Division militaire,

CÉSAR BERTHIER.

GOUVERNEMENT DE PARIS.

1.ʳᵉ DIVISION MILITAIRE.

ÉTAT - MAJOR GÉNÉRAL.

Au quartier général, à Paris, le 22 Vendémiaire an 13.

SERVICE DE L'ÉTAT-MAJOR GÉNÉRAL.

Du 22 au 23 Vendémiaire.

Le Capitaine Adjoint de service à l'État - major général................ DELORME.
Officier de santé de service à l'État - major........................... DANTREVILLE.
Secrétaire de service à l'État - major................................. BRUNEL.

Du 23 au 24 Vendémiaire.

Le Capitaine Adjoint de service à l'État - major général................ AUCLER.
Officier de santé de service à l'État - major.......................... POISSON.
Secrétaire de service à l'État - major................................. LECLERC.

Rien de nouveau.

Le Général de Brigade Chef de l'État-major général du Gouvernement de Paris et de la 1.ʳᵉ Division militaire ,

CÉSAR BERTHIER.

GOUVERNEMENT DE PARIS.

Ire DIVISION MILITAIRE.

ÉTAT-MAJOR GÉNÉRAL.

Au quartier général, à Paris, le 23 Vendémiaire an 13.

SERVICE DE L'ÉTAT-MAJOR GÉNÉRAL.

Du 23 au 24 Vendémiaire.

Le Capitaine Adjoint de service à l'État-major général . . . . AUCLER.
Officier de santé de service à l'État-major . . . . POISSON.
Secrétaire de service à l'État-major . . . . LECLERC.

Du 24 au 25 Vendémiaire.

Le Capitaine Adjoint de service à l'État-major général . . . . LONGCHAMP.
Officier de santé de service à l'État-major . . . . DANTREVILLE.
Secrétaire de service à l'État-major . . . . DESMOULINS.

Rien de nouveau.

Le Général de Brigade Chef de l'État-major général du Gouvernement de Paris et de la Ire Division militaire ,

CÉSAR BERTHIER.

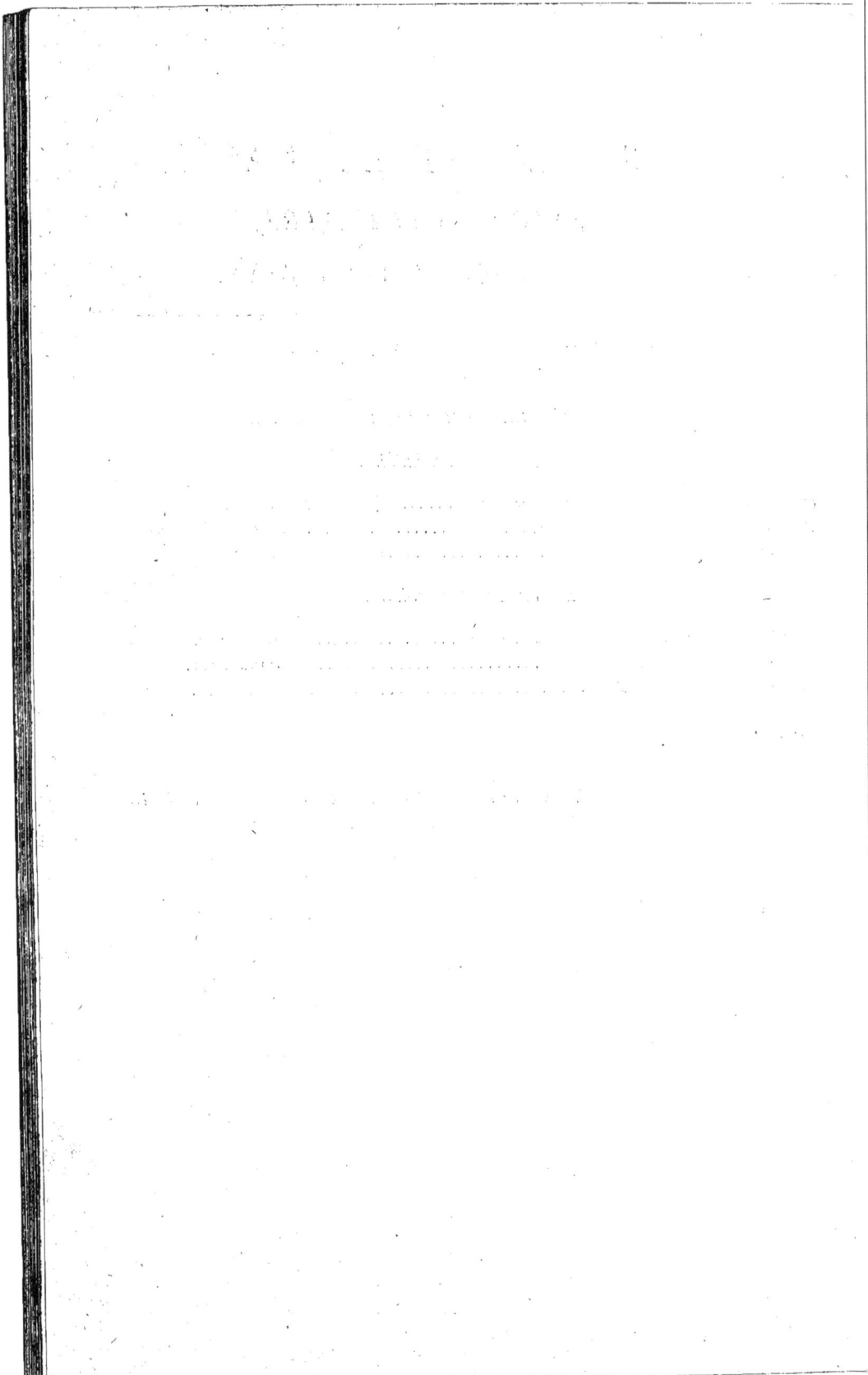

GOUVERNEMENT DE PARIS.

1.re DIVISION MILITAIRE.

ÉTAT-MAJOR GÉNÉRAL.

Au quartier général, à Paris, le 24 Vendémiaire an 13.

SERVICE DE L'ÉTAT-MAJOR GÉNÉRAL.

Du 24 au 25 Vendémiaire.

Le Capitaine Adjoint de service à l'État-major général................ LONGCHAMP.
Officier de santé de service à l'État-major........................ DANTREVILLE.
Secrétaire de service à l'État-major.............................. DESMOULINS.

Du 25 au 26 Vendémiaire.

Le Capitaine Adjoint de service à l'État-major général................ FORGEOT.
Officier de santé de service à l'État-major........................ POISSON.
Secrétaire de service à l'État-major.............................. DUBOIS.

Rien de nouveau.

Le Général de Brigade Chef de l'État-major général du Gouvernement de Paris et de la 1.re Division militaire,

CÉSAR BERTHIER.

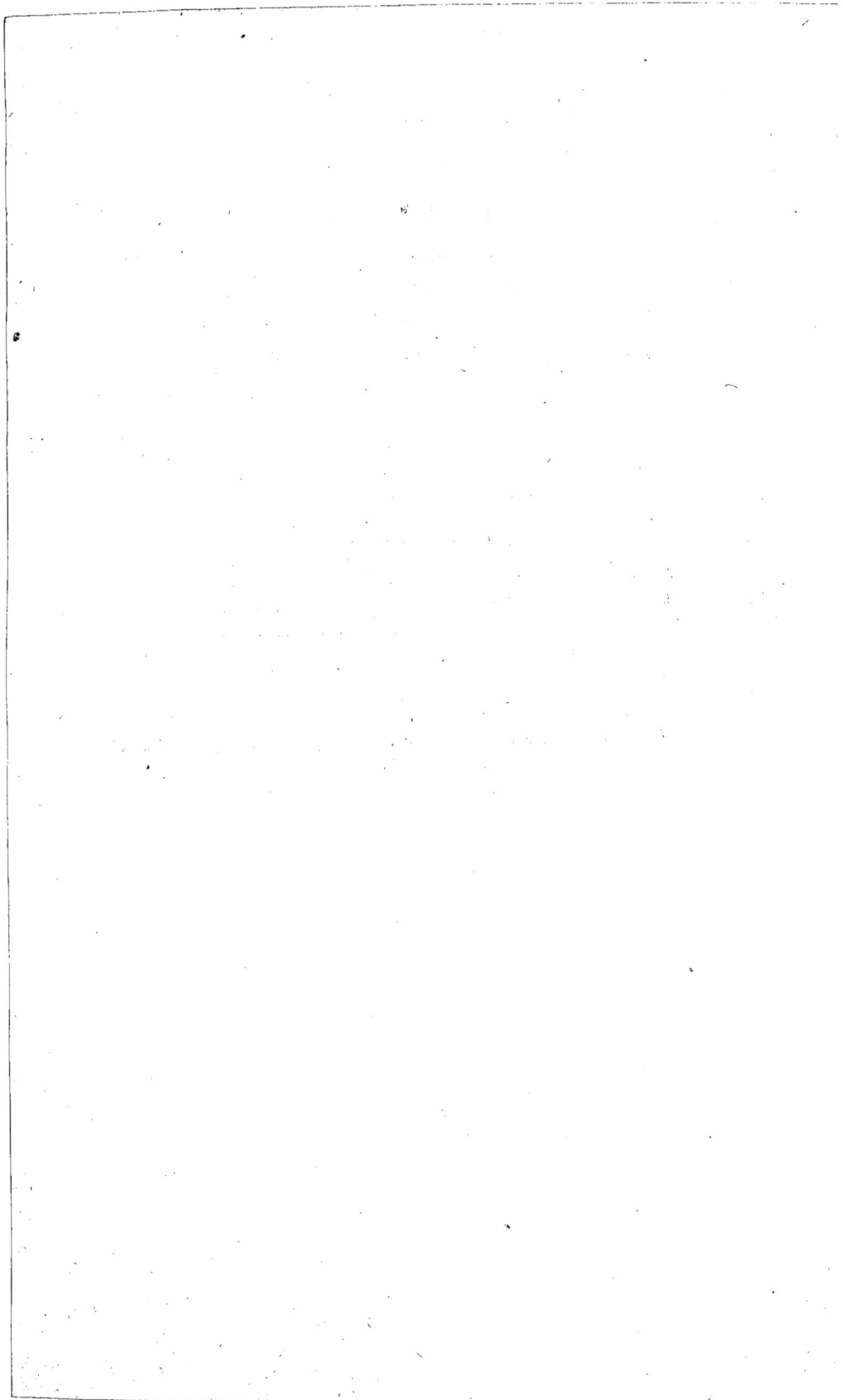

GOUVERNEMENT DE PARIS.

1.re DIVISION MILITAIRE.

ÉTAT-MAJOR GÉNÉRAL.

Au quartier général, à Paris, le 25 Vendémiaire an 13.

SERVICE DE L'ÉTAT-MAJOR GÉNÉRAL.

Du 25 au 26 Vendémiaire.

Le Capitaine Adjoint de service à l'État - major général . . . . FORGEOT.
Officier de santé de service à l'État - major . . . . POISSON.
Secrétaire de service à l'État - major . . . . DUBOIS.

Du 26 au 27 Vendémiaire.

Le Capitaine Adjoint de service à l'Etat - major général . . . . GALDEMAR.
Officier de santé de service à l'État - major . . . . DANTREVILLE.
Secrétaire de service à l'État - major . . . . CORBET.

Rien de nouveau.

Le Général de Brigade Chef de l'État-major général du Gouvernement de Paris
et de la 1.re Division militaire ,

CÉSAR BERTHIER.

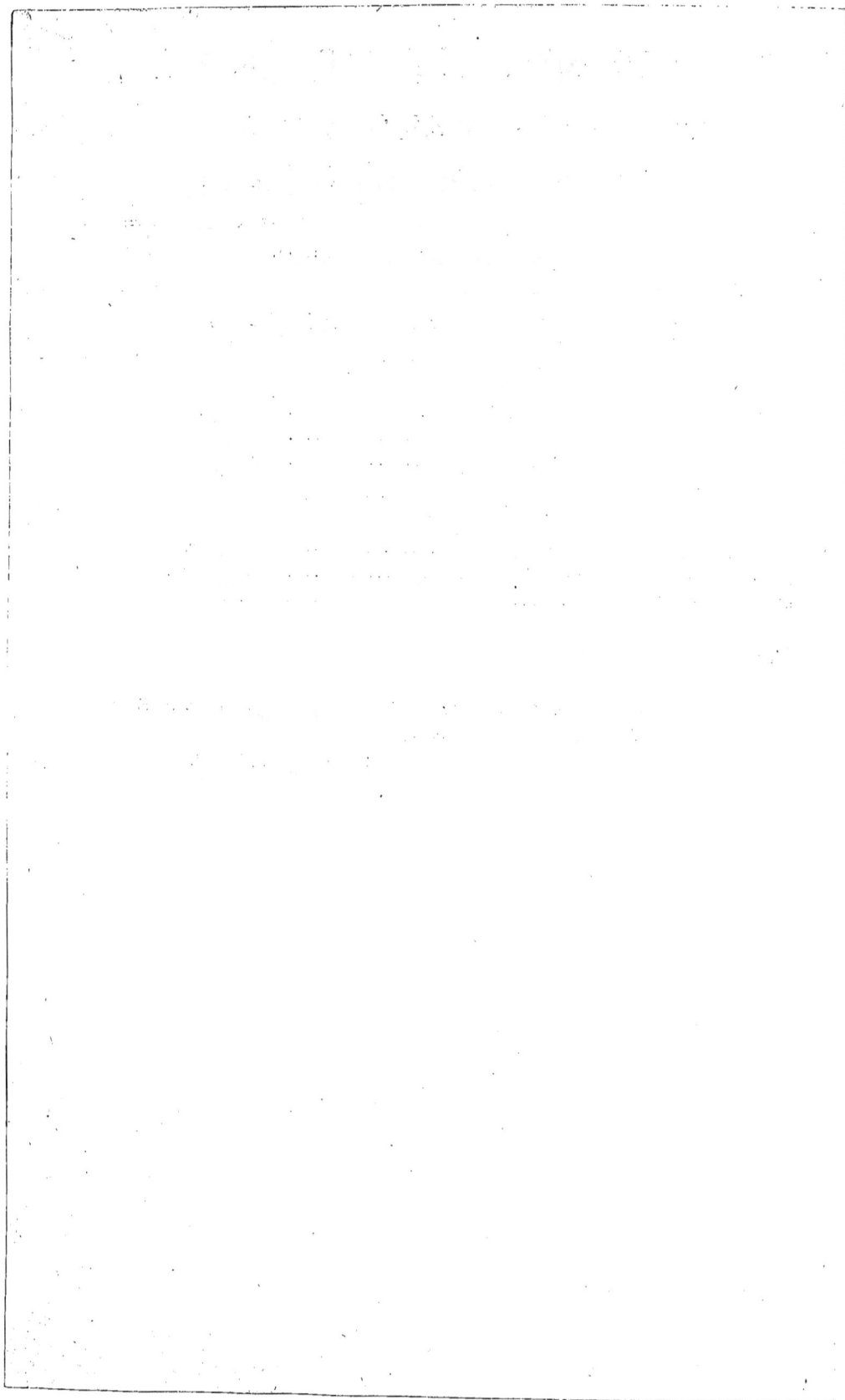

GOUVERNEMENT DE PARIS.

1.ʳᵉ *DIVISION MILITAIRE.*

ÉTAT-MAJOR GÉNÉRAL.

Au quartier général, à Paris, le 26 Vendémiaire an 13.

SERVICE DE L'ÉTAT-MAJOR GÉNÉRAL.

Du 26 au 27 Vendémiaire.

Le Capitaine Adjoint de service à l'Etat-major général................. GALDEMAR.
Officier de santé de service à l'État-major......................... DANTREVILLE.
Secrétaire de service à l'État-major.............................. CORBET.

Du 27 au 28 Vendémiaire.

Le Capitaine Adjoint de service à l'État-major général................ AUGIAS.
Officier de santé de service à l'État-major......................... POISSON.
Secrétaire de service à l'État-major.............................. BRUNELLE.

Rien de nouveau.

Le Général de Brigade Chef de l'État-major général du Gouvernement de Paris et de la 1.ʳᵉ Division militaire,

CÉSAR BERTHIER.

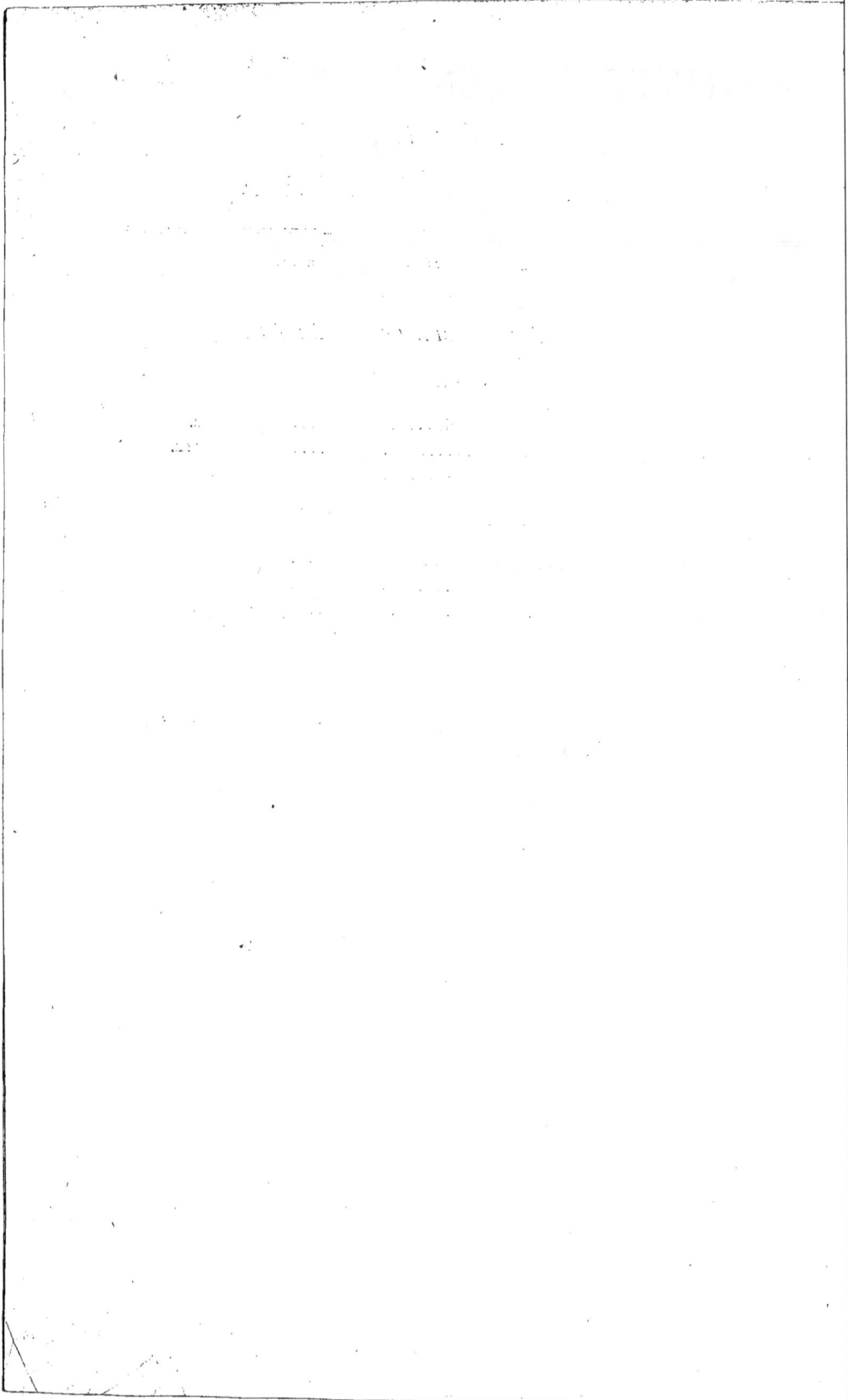

GOUVERNEMENT DE PARIS.

1.re DIVISION MILITAIRE.

ÉTAT-MAJOR GÉNÉRAL.

Au quartier général, à Paris, le 27 Vendémiaire an 13.

SERVICE DE L'ÉTAT-MAJOR GÉNÉRAL.

Du 27 au 28 Vendémiaire.

Le Capitaine Adjoint de service à l'État-major général . . . . AUGIAS.

Officier de santé de service à l'État-major . . . . POISSON.

Secrétaire de service à l'État-major . . . . BRUNEL.

Du 28 au 29 Vendémiaire.

Le Capitaine Adjoint de service à l'État-major général . . . . WATHIEZ.

Officier de santé de service à l'État-major . . . . DANTREVILLE.

Secrétaire de service à l'État-major . . . . PLANTIER.

Rien de nouveau.

Le Général de Brigade Chef de l'État-major général du Gouvernement de Paris
et de la 1.re Division militaire,

CÉSAR BERTHIER.

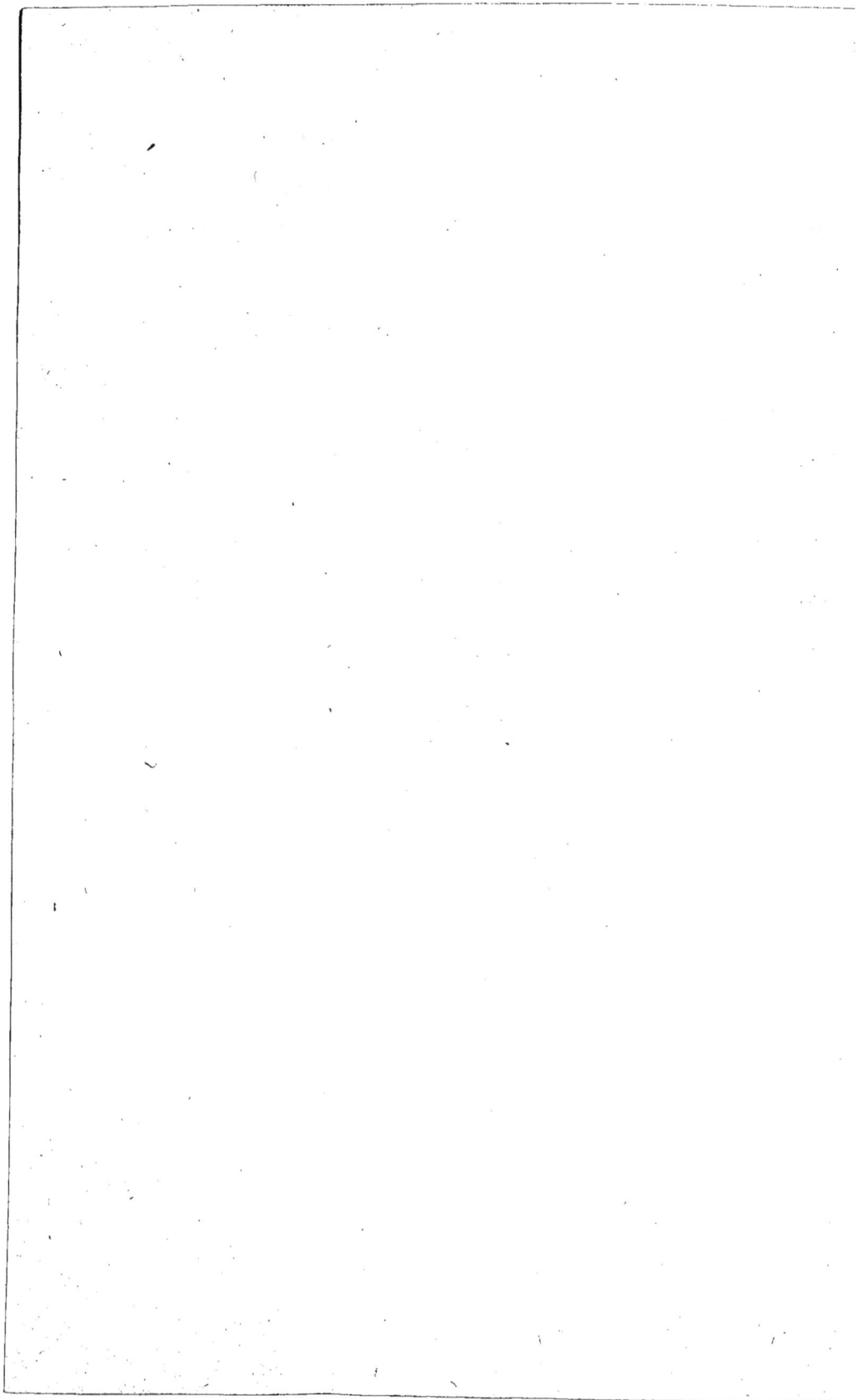

GOUVERNEMENT DE PARIS.

1.re DIVISION MILITAIRE.

ÉTAT-MAJOR GÉNÉRAL.

Au quartier général, à Paris, le 28 Vendémiaire an 13.

SERVICE DE L'ÉTAT-MAJOR GÉNÉRAL.

Du 28 au 29 Vendémiaire.

Le Capitaine Adjoint de service à l'Etat-major général................ WATHIEZ.
Officier de santé de service à l'État-major........................ DANTREVILLE.
Secrétaire de service à l'État-major............................. PLANTIER.

Du 29 au 30 Vendémiaire.

Le Capitaine Adjoint de service à l'État-major général................ GUIARDELLE.
Officier de santé de service à l'État-major........................ POISSON.
Secrétaire de service à l'État-major............................. DESMOULINS.

Rien de nouveau.

Le Général de Brigade Chef de l'État-major général du Gouvernement de Paris et de la 1.re Division militaire ,

CÉSAR BERTHIER.

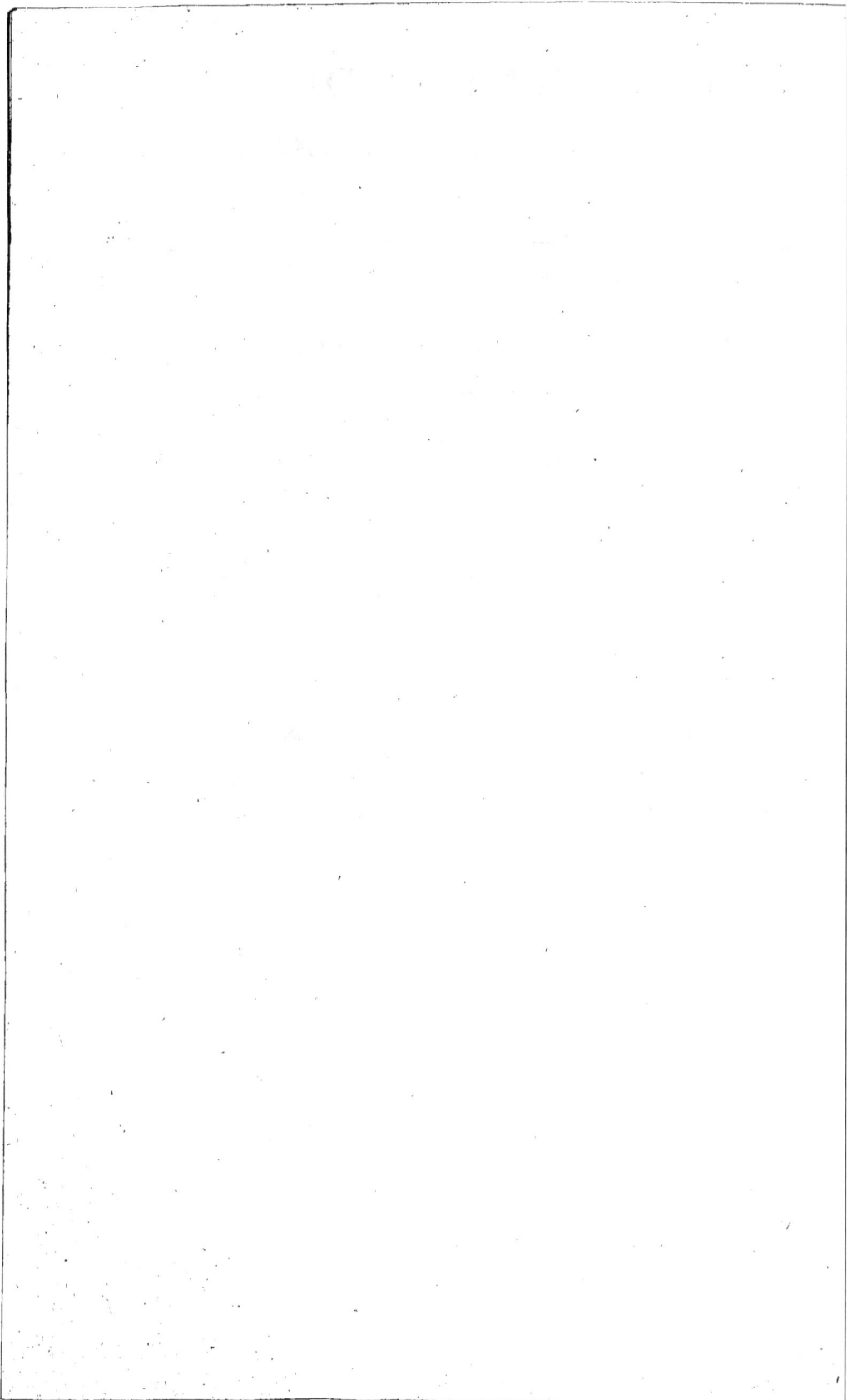

GOUVERNEMENT DE PARIS.

1.re DIVISION MILITAIRE.

ÉTAT - MAJOR GÉNÉRAL.

Au quartier général, à Paris, le 29 Vendémiaire an 13.

SERVICE DE L'ÉTAT-MAJOR GÉNÉRAL.

Du 29 au 30 Vendémiaire.

Le Capitaine Adjoint de service à l'État - major général .... GUIARDELLE.
Officier de santé de service à l'État - major .... POISSON.
Secrétaire de service à l'État - major............................ DESMOULINS.

Du 30 Vendémiaire au 1.er Brumaire.

Le Capitaine Adjoint de service à l'État - major général .... DELORME.
Officier de santé de service à l'État - major .... DANTREVILLE.
Secrétaire de service à l'État - major............................ LECLERC.

Rien de nouveau.

Le Général de Brigade Chef de l'État-major général du Gouvernement de Paris et de la 1.re Division militaire ,

CÉSAR BERTHIER.

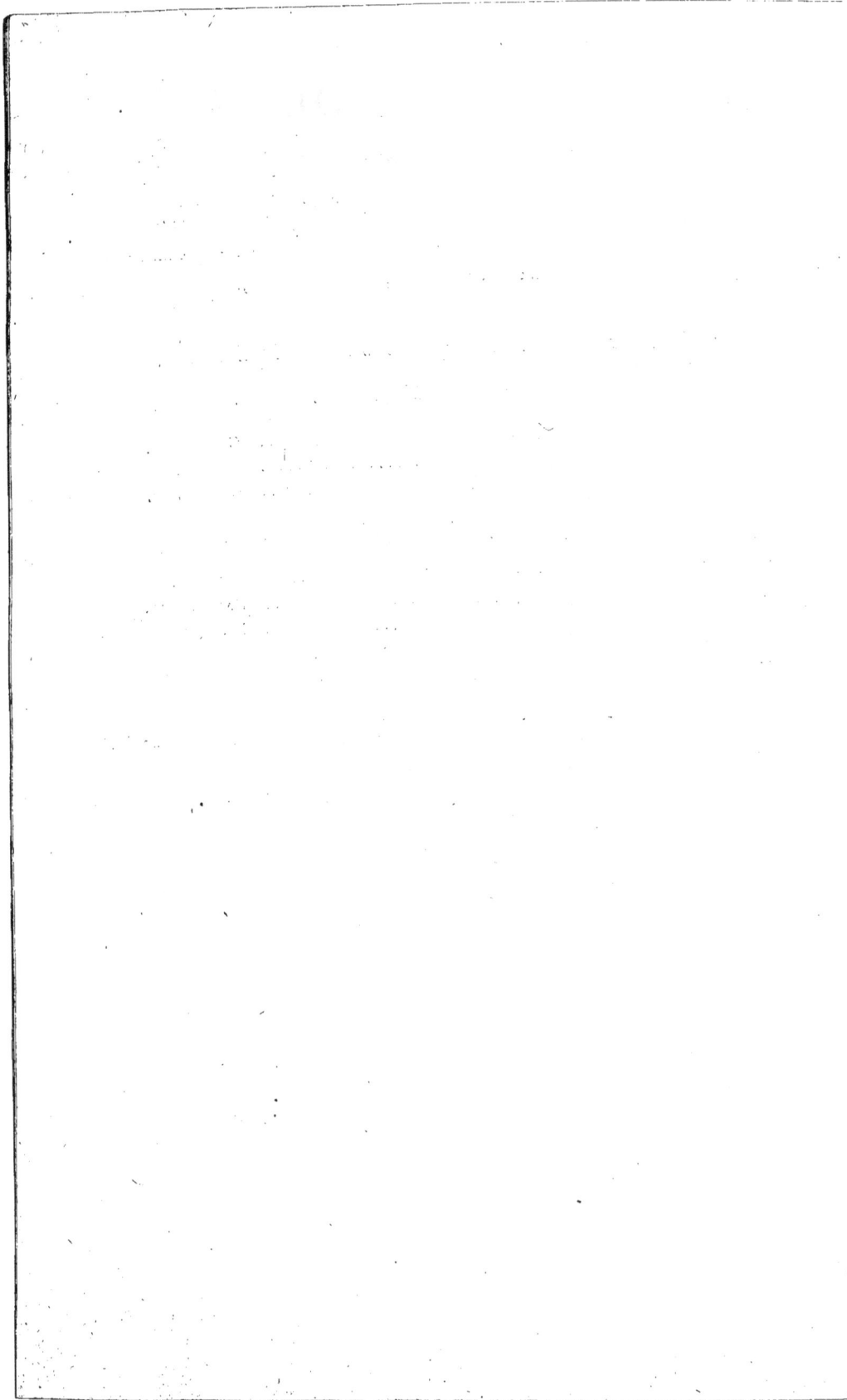

GOUVERNEMENT DE PARIS.

I.ʳᵉ DIVISION MILITAIRE.

ÉTAT-MAJOR GÉNÉRAL.

Au quartier général, à Paris, le 30 Vendémiaire an 13.

SERVICE DE L'ÉTAT-MAJOR GÉNÉRAL.

Du 30 Vendémiaire au 1.ᵉʳ Brumaire.

Le Capitaine Adjoint de service à l'Etat-major général................. DELORME.
Officier de santé de service à l'État-major........................ DANTREVILLE.
Secrétaire de service à l'État-major............................... LECLERC.

Du 1.ᵉʳ au 2 Brumaire.

Le Capitaine Adjoint de service à l'État-major général................ AUCLER.
Officier de santé de service à l'État-major....................... POISSON.
Secrétaire de service à l'État-major............................... DESMOULINS.

Rien de nouveau.

Le Général de Brigade Chef de l'État-major général du Gouvernement de Paris et de la 1.ʳᵉ Division militaire,

CÉSAR BERTHIER.

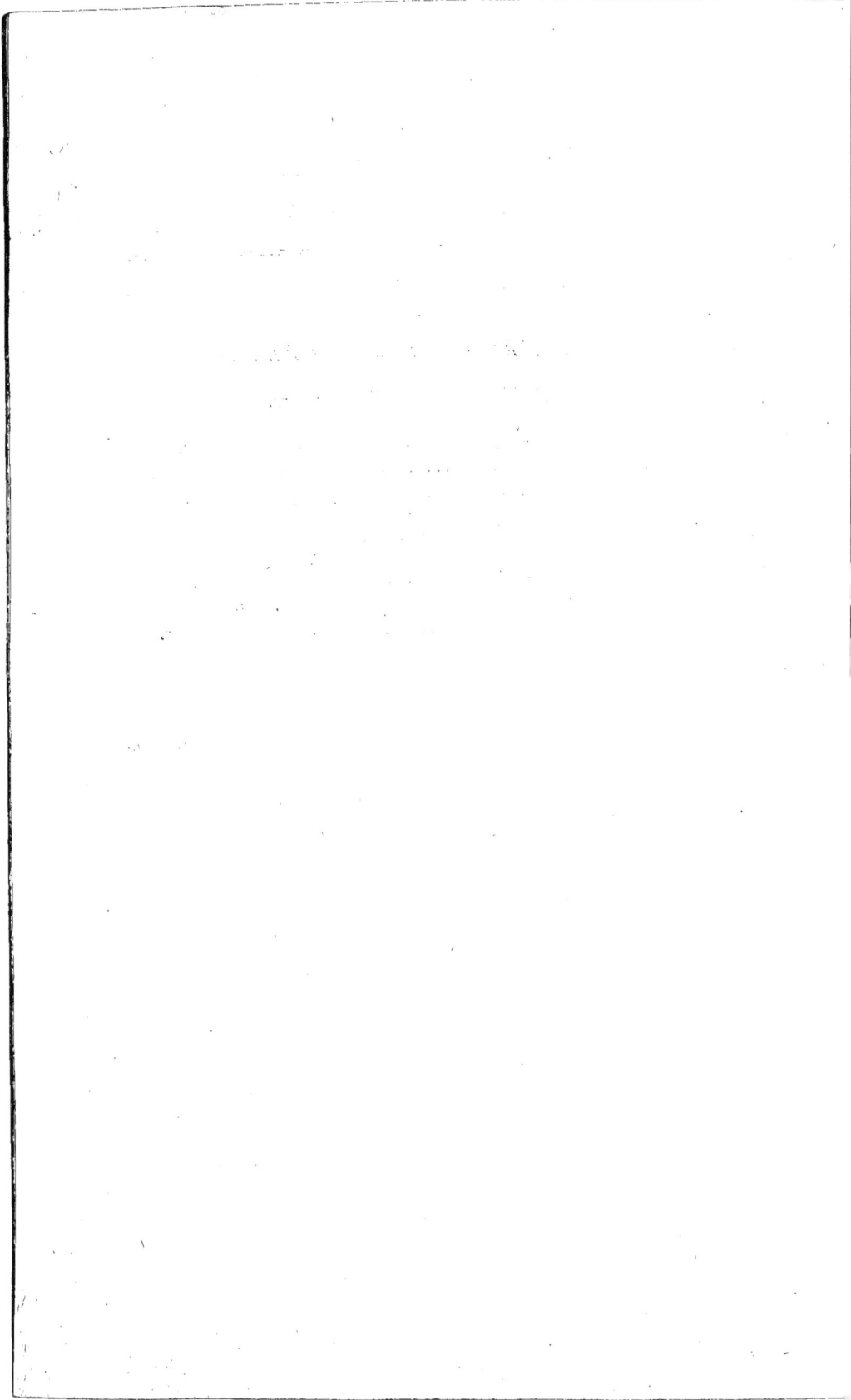

GOUVERNEMENT DE PARIS.
1.ᵣₑ *DIVISION MILITAIRE.*
ÉTAT-MAJOR GÉNÉRAL.

Au quartier général, à Paris, le 1.ᵉʳ Brumaire an 13.

SERVICE DE L'ÉTAT-MAJOR GÉNÉRAL.

Du 1.ᵉʳ au 2 Brumaire.

Le Capitaine Adjoint de service à l'État-major général..............	AUCLER.
Officier de santé de service à l'État-major......................	POISSON.
Secrétaire de service à l'État-major...........................	DESMOULINS.

Du 2 au 3 Brumaire.

Le Capitaine Adjoint de service à l'État-major général..............	FORGEOT.
Officier de santé de service à l'État-major......................	DANTREVILLE.
Secrétaire de service à l'État-major...........................	DUBOIS.

EXTRAITS des Jugemens rendus par le 1.ᵉʳ Conseil de guerre de la 1.ᵣₑ Division militaire, pendant le mois de Vendémiaire an 13.

NUMÉROS DES JUGEMENS.	DATES.	NOMS ET PRÉNOMS des INDIVIDUS JUGÉS.	QUALITÉ MILITAIRE ou PROFESSION.	LIEUX de NAISSANCE.	ANALYSE DES JUGEMENS.	
1805.	25.	Prevost (Gervais-Louis)..	Fusilier au 4.ᵉ régiment de Vétérans.	Mortagne, dép. de l'Orne.	Prévenu de voies de faits graves envers ses camarades, et de désobéissance envers ses chefs.	Acquitté de l'accusation dirigée contre lui, mais considérant que ce militaire a manqué, étant ivre, au respect qu'il devait à ses chefs, condamné par forme de discipline militaire, à garder prison pendant huit jours, à l'expiration desquels il sera renvoyé à son corps.
1806.	Idem.	Perrier (Louis-Charles)...	Fusil. au 1.ᵉʳ rég. de la garde municip. de Paris,	Anet, départem. d'Eure-et-Loir.	Convaincu de vol envers un de ses camarades.	Condamné à six années de fers, et à la dégradation militaire.
1807.	Idem.	Farnoux (Jean-François)... (contumax.)	Caporal au 10.ᵉ régiment de Vétérans.	Romainville, dép. (inconnu.)	Convaincu du vol de l'argent de l'ordinaire.	Condamné à six mois de fers, à la dégradation militaire, et à la restitution de la somme volée.
1808.	Idem.	Damé (Pierre-Antoine)... (contumax)	Cuirassier au 11.ᵉ régiment.	Maricourt, dép. de la Somme.	Convaincu de tentatives d'assassinat sur la personne d'une demoiselle âgée.	Condamné à la peine de mort, et à être préalablement dégradé à la tête de la garde assemblée sous les armes.
1809.	26.	Manteau (Louis-René)...	Sergent au 1.ᵉʳ régiment de la garde municipale de Paris.	Nantes, départ. de la Loire-inférieure.	Convaincu du vol du prêt appartenant à sa compagnie.	Condamné à six années de fers, à la dégradation militaire, et au remboursement de la somme volée.
1810.	Idem.	Bollandro (Jean-Baptiste)..	Fusilier au 18.ᵉ régiment d'infanterie de ligne.	Moulins, dép. de l'Allier.	Convaincu de désobéissance simple.	Condamné par forme de discipline militaire, à la peine du cachot pendant trois jours et à celle de la prison pendant quinze autres jours, au pain et à l'eau, et ensuite renvoyé à son corps.

Total des jugemens rendus par le 1.ᵉʳ Conseil de guerre pendant le mois de Vendémiaire, an 13, ci.. 6.

Total des individus jugés pendant le même mois par ce Conseil, ci........ { présens... 4. / contumax. 2. } 6.

Pour extraits conformes aux expéditions desdits jugemens ;

Le Général de Brigade Chef de l'État-major général du Gouvernemsnt de Paris et de la première Division militaire. CÉSAR BERTHIER.

GOUVERNEMENT DE PARIS.

1.re DIVISION MILITAIRE.

ÉTAT-MAJOR GÉNÉRAL.

Au quartier général, à Paris, le 2 Brumaire an 13.

SERVICE DE L'ÉTAT-MAJOR GÉNÉRAL.

Du 2 au 3 Brumaire.

Le Capitaine Adjoint de service à l'Etat-major général................	FORGEOT.
Officier de santé de service à l'État-major........................	DANTREVILLE.
Secrétaire de service à l'État-major............................	DUBOIS.

Du 3 au 4 Brumaire.

Le Capitaine Adjoint de service à l'État-major général................	GALDEMAR.
Officier de santé de service à l'État-major........................	POISSON.
Secrétaire de service à l'État-major............................	CORBET.

ORDRE GÉNÉRAL.

L'Adjudant commandant *Curto*, employé près le Ministre de la guerre, ayant été mis à la disposition de Monsieur le Maréchal *Murat*, Gouverneur de Paris, pour être chargé de tous les détails de police, discipline, organisation et ordre de députations militaires et gardes nationales qui doivent assister au couronnement de sa Majesté impériale, c'est par son intermédiaire que les ordres seront adressés aux différentes députations, et que tous les rapports qui les concernent seront faits à Monsieur le Maréchal Gouverneur de Paris.

Les députations de chaque arme feront une seule brigade, commandée par le plus ancien Colonel; les brigades seront divisées en sections composées de dix régimens, en commençant par le premier, et commandées par le plus ancien Colonel des dix régimens.

L'adjudant commandant *Curto* fera dresser de suite un tableau qui, en désignant les brigades et sections, indiquera les n.os des régimens qui les composent, ainsi que le nom des Colonels qui doivent les commander. Ce tableau sera mis à l'ordre du jour. L'Adjudant commandant *Curto* veillera à ce que les députations de la même brigade soient logées dans le même quartier. Il fera dresser à l'avance un tableau général de tous les logemens qu'elles doivent occuper, et indiquera les noms des militaires, le nom de la rue et numéros de la maison. Quand un militaire, n'importe son grade, aura reçu son billet de logement, il lui sera défendu de loger ailleurs.

Les Commandans des différentes députations correspondront directement avec le Colonel commandant la section de laquelle ils font partie; ce dernier avec le Colonel commandant la brigade; les Colonels des brigades avec l'Adjudant commandant *Curto*, qui rendra compte tous les jours à Monsieur le Maréchal Gouverneur de Paris.

Signé MURAT, M.al d'Empire, Gouverneur de Paris.

Pour copie conforme :

Le Général de Brigade Chef de l'État-major général de la première Division militaire et du Gouvernement de Paris,

CÉSAR BERTHIER.

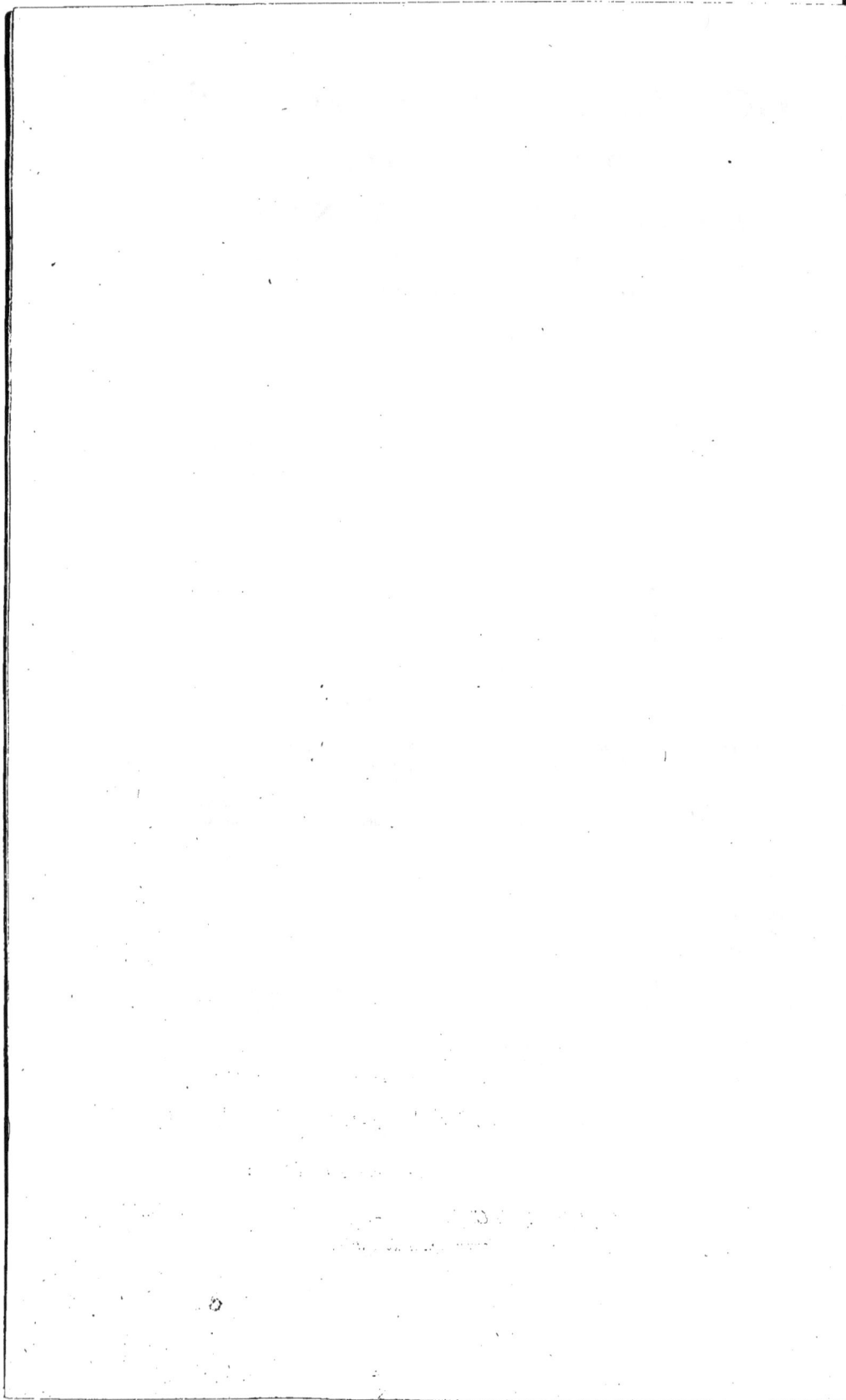

GOUVERNEMENT DE PARIS.

1.ʳᵉ DIVISION MILITAIRE.

ÉTAT-MAJOR GÉNÉRAL.

Au quartier général, à Paris, le 3 Brumaire an 13.

SERVICE DE L'ÉTAT-MAJOR GÉNÉRAL.

Du 3 au 4 Brumaire.

Le Capitaine Adjoint de service à l'État-major général . . . . GALDEMAR,
Officier de santé de service à l'État-major . . . . POISSON.
Secrétaire de service à l'État-major. . . . . CORBET.

Du 4 au 5 Brumaire.

Le Capitaine Adjoint de service à l'État-major général . . . . AUGIAS.
Officier de santé de service à l'État-major . . . . DANTREVILLE,
Secrétaire de service à l'État-major. . . . . BRUNEL.

ORDRE GÉNÉRAL.

M. le Maréchal Gouverneur de Paris, en conformité de l'instruction de M. le Maréchal-Ministre de la guerre, en date du 5 floréal an 9, fait connaître, par la voie de l'Ordre général, l'Ordonnance d'appel en justice, rendue le 25 Vendémiaire dernier par le Capitaine-Rapporteur du premier Conseil de guerre, séant à Paris, contre un militaire contumax.

1.ᵉʳ CONSEIL DE GUERRE PERMANENT DE LA 1.ᵉʳᵉ DIVISION MILITAIRE.

Ordonnance d'appel en justice.

Cejourd'hui, vingt-cinq du mois de Vendémiaire an treize ;

Nous, *Jacques-Remy Bertrand*, Capitaine-Rapporteur, enjoignons au nommé *Lagotte*, dit *Valdincourt*, se disant Chef de bataillon au 112.ᵉ régiment d'infanterie de ligne, contumax, de se représenter à la justice, en se rendant sans délai au greffe du premier Conseil, séant rue du Cherche-Midi, n.º 804, faubourg Saint-Germain, à Paris, devant lequel il sera traduit comme prévenu d'escroqueries différentes.

Fait à Paris, en notre cabinet, les jour, mois et an que dessus, sous nos seing et scel, et le seing du Greffier. Ainsi *signé* BERTRAND et FOUCHER.

Pour expédition collationnée : *Le Greffier*, FOUCHER.

EXTRAITS des Jugemens rendus par le 2.ᶜ Conseil de guerre de la 1.ʳᵉ Division militaire, pendant le mois de Vendémiaire an 13.

NUMÉROS des Jugemens.	DATES.	NOMS ET PRÉNOMS des INDIVIDUS JUGÉS.	QUALITÉ MILITAIRE ou PROFESSION.	LIEUX de NAISSANCE.	ANALYSE DES JUGEMENS.	
801.	17.	Porel *(Nicolas)*........	Vétéran au 1.ᵉʳ Régiment.	Saint-Diez, dép.ᵗ des Vosges.	Prévenu de voies de fait graves envers un particulier.	Acquitté de l'accusation dirigée contre lui, et renvoyé à son corps pour y continuer son service.
802.	*Idem.*	Pinard *(Louis)*.......	*Idem*..........	Aubreuil, dép.ᵗ de Seine-et-Oise.	Convaincu d'insultes envers son Capitaine.	Condamné à deux années de prison, et déclaré incapable de servir dans les armées de la République.
803.	*Idem.*	Bilaine, *dit Bilheim (Nicolas)*.	Brigadier au 17.ᵉ rég. de Dragons.	Peuil-la-Mer, département de la Moselle.	Prévenu de vol d'une montre appartenant à un de ses camarades.	Acquitté de l'accusation dirigée contre lui, mais attendu qu'ayant trouvé la montre en question, et connaissant son propriétaire, il ne s'est pas mis en devoir de la restituer, condamné, par forme de discipline militaire à garder prison pendant quinze jours, après lequel temps il sera renvoyé à son corps pour y continuer son service.

Total des jugemens rendus par le 2.ᶜ Conseil de guerre pendant le mois de Vendémiaire an 13, ci. 3.

Total des individus jugés pendant le même mois par ce Conseil, ci...... { présens 3. } { contumax 0. } 3.

Pour extraits conformes aux expéditions desdits jugemens :

Le Général de Brigade Chef de l'État-major général du Gouvernemsnt de Paris et de la première Division militaire.

Césař BERTHIER.

GOUVERNEMENT DE PARIS.

1.re DIVISION MILITAIRE.

ÉTAT-MAJOR GÉNÉRAL.

Au quartier général, à Paris, le 4 Brumaire an 13.

SERVICE DE L'ÉTAT-MAJOR GÉNÉRAL.

Du 4 au 5 Brumaire.

Le Capitaine Adjoint de service à l'Etat-major général............... AUGIAS.
Officier de santé de service à l'État-major....................... DANTREVILLE.
Secrétaire de service à l'État-major............................. BRUNEL.

Du 5 au 6 Brumaire.

Le Capitaine Adjoint de service à l'Etat-major général............... WATHIEZ.
Officier de santé de service à l'État-major....................... POISSON.
Secrétaire de service à l'État-major............................. PLANTIER.

Rien de nouveau.

Le Général de Brigade Chef de l'État-major général du Gouvernement de Paris et de la première Division militaire.

CÉSAR BERTHIER.

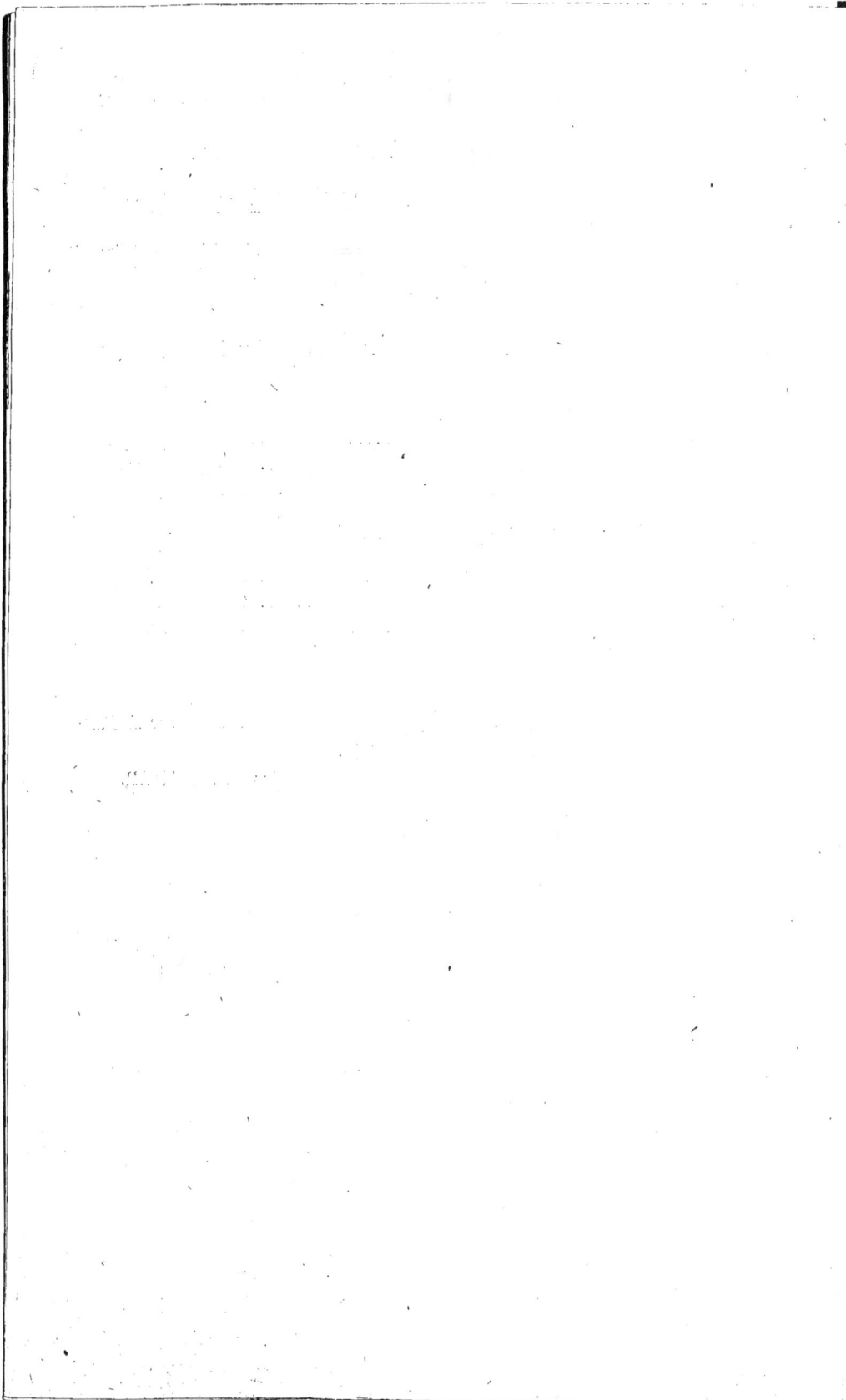

GOUVERNEMENT DE PARIS.

1.ʳᵉ DIVISION MILITAIRE.

ÉTAT - MAJOR GÉNÉRAL.

Au quartier général, à Paris, le 5 Brumaire an 13.

SERVICE DE L'ÉTAT-MAJOR GÉNÉRAL.

Du 5 au 6 Brumaire.

Le Capitaine Adjoint de service à l'Etat-major général . . . . WATHIEZ.

Officier de santé de service à l'État-major . . . . POISSON.

Secrétaire de service à l'État-major. . . . . PLANTIER.

Du 6 au 7 Brumaire.

Le Capitaine Adjoint de service à l'Etat-major général . . . . GUIARDELLE.

Officier de santé de service à l'État-major . . . . DANTREVILLE.

Secrétaire de service à l'État-major. . . . . CORBET.

ORDRE GÉNÉRAL.

Conformément aux ordres de Monsieur le Maréchal Gouverneur, la distribution du vinaigre aux troupes employées dans la première Division, ainsi qu'aux militaires détenus dans les maisons d'arrêt, cessera d'avoir lieu à compter de ce jour.

Le Général de Brigade Chef de l'État-major général du Gouvernement de Paris
et de la première Division militaire,

CÉSAR BERTHIER,

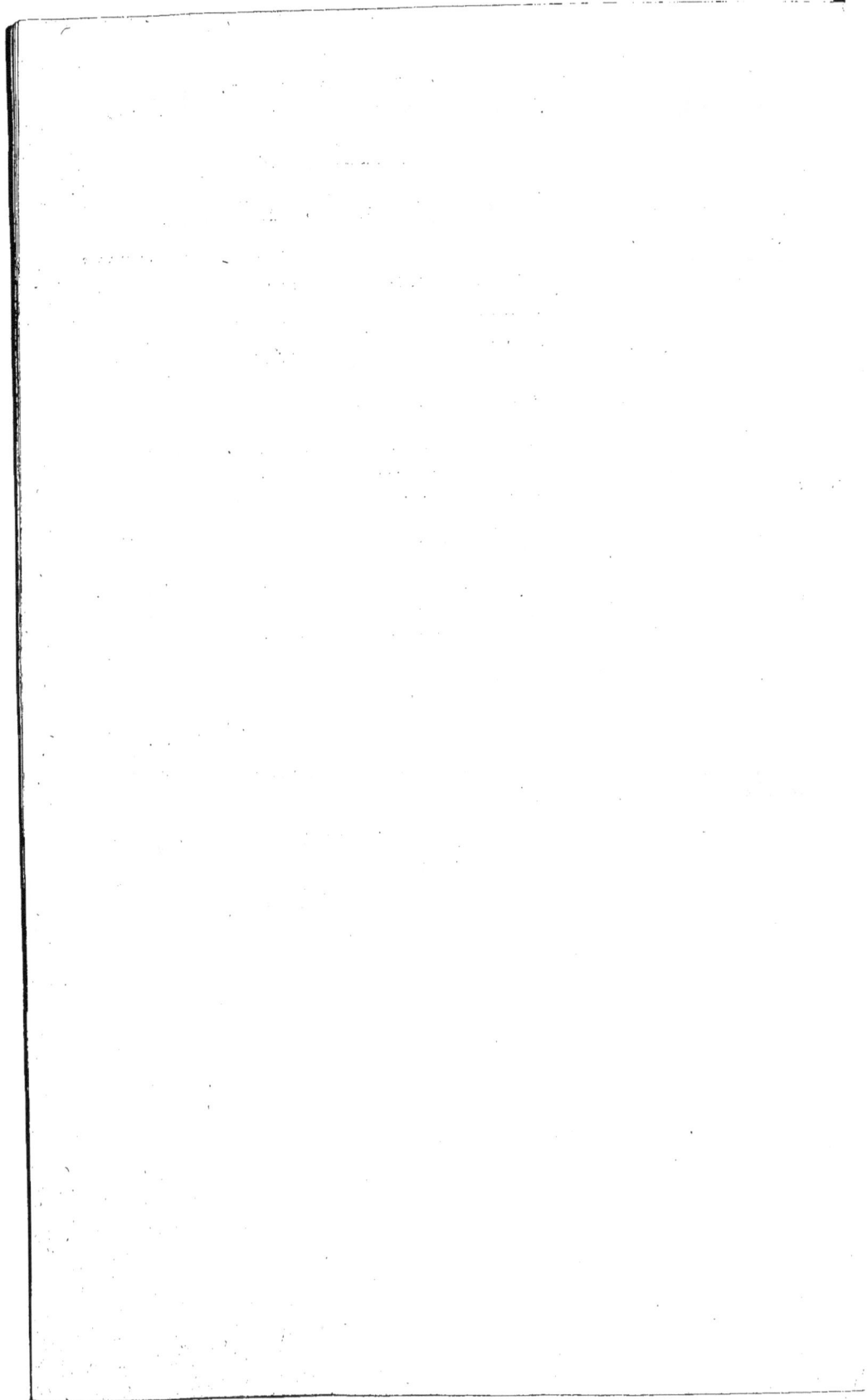

GOUVERNEMENT DE PARIS.

1.ʳᵉ *DIVISION MILITAIRE.*

ÉTAT-MAJOR GÉNÉRAL.

Au quartier général, à Paris, le 6 Brumaire an 13.

SERVICE DE L'ÉTAT-MAJOR GÉNÉRAL.

Du 6 au 7 Brumaire.

Le Capitaine Adjoint de service à l'État-major général................. GUIARDELLE.
Officier de santé de service à l'État-major........................ DANTREVILLE.
Secrétaire de service à l'État-major............................... CORBET.

Du 7 au 8 Brumaire.

Le Capitaine Adjoint de service à l'Etat-major général................. DELORME.
Officier de santé de service à l'État-major...................... POISSON.
Secrétaire de service à l'État-major............................... LECLERC.

ORDRE GÉNÉRAL.

Monsieur le Maréchal Gouverneur, informé qu'un grand nombre de Conscrits de différentes classes, des départemens qui avoisinent Paris, se rendent dans cette ville dans l'espoir de se soustraire au service, et qu'ils cherchent même à provoquer la désertion de ceux de leurs camarades sous les drapeaux, ordonne aux Commandans des postes de la garnison de faire faire dans Paris de fréquentes patrouilles, à l'effet d'arrêter et conduire à l'État-major du Gouvernement, quai Voltaire, tous les jeunes gens qu'elles rencontreraient sans papiers en règle, et qu'elles présumeraient appartenir à des corps, ou aux classes de conscription appelées.

Le Général de Brigade Chef de l'État-major général du Gouvernement de Paris et de la première Division militaire,

CÉSAR BERTHIER.

GOUVERNEMENT DE PARIS.

I.re DIVISION MILITAIRE.

ÉTAT-MAJOR GÉNÉRAL.

Au quartier général, à Paris, le 7 Brumaire an 13.

SERVICE DE L'ÉTAT-MAJOR GÉNÉRAL.

Du 7 au 8 Brumaire.

Le Capitaine Adjoint de service à l'État-major général................ DELORME,
Officier de santé de service à l'État-major........................ POISSON.
Secrétaire de service à l'État-major............................. LECLERC.

Du 8 au 9 Brumaire.

Le Capitaine Adjoint de service à l'État-major général................ AUCLER.
Officier de santé de service à l'État-major....................... DANTREVILLE,
Secrétaire de service à l'État-major........................... DESMOULINS.

ORDRE GÉNÉRAL.

Rien de nouveau.

Le Général de Brigade Chef de l'État-major général du Gouvernement de Paris et de la première Division militaire,

César BERTHIER.

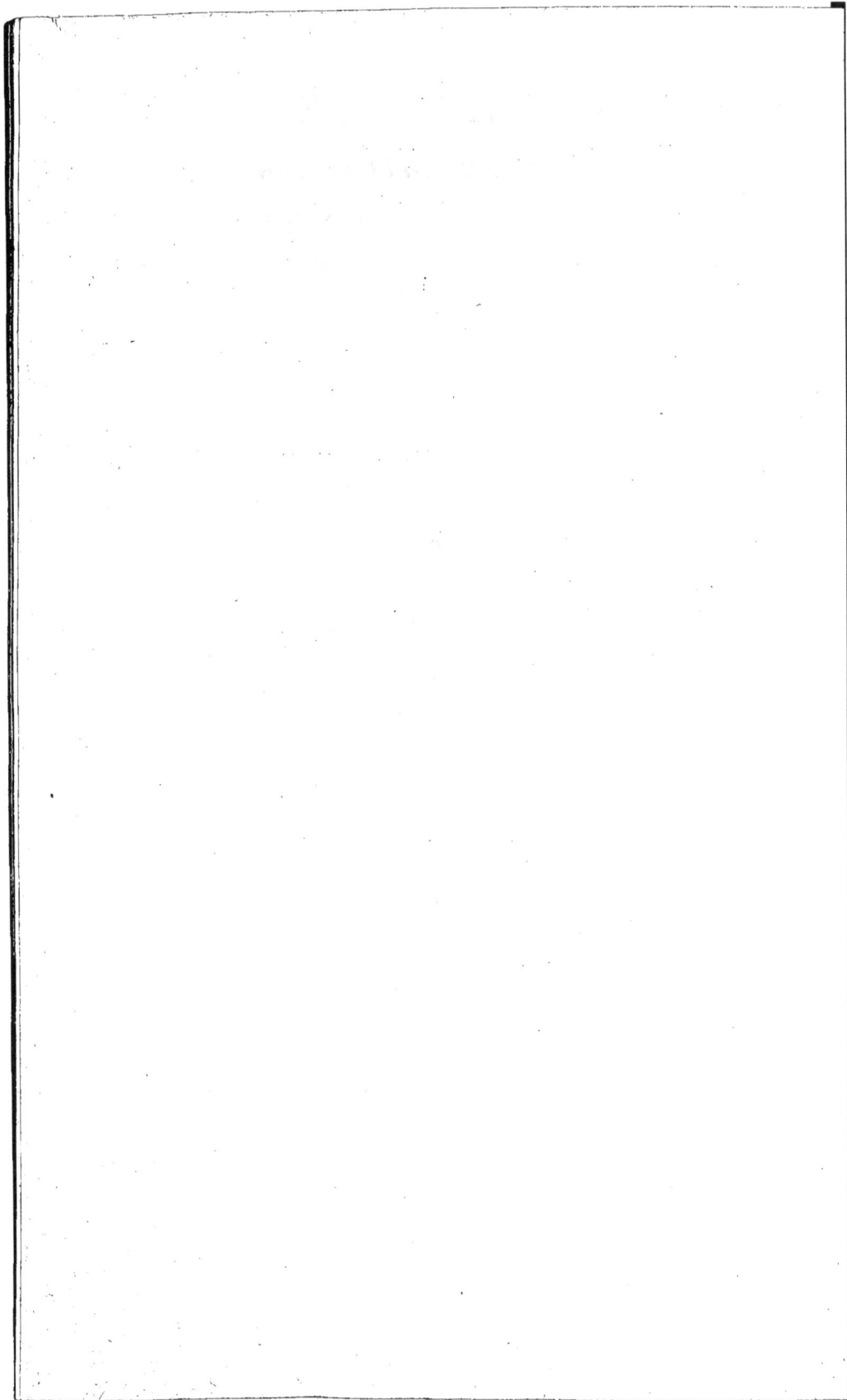

GOUVERNEMENT DE PARIS.

1.re DIVISION MILITAIRE.

ÉTAT-MAJOR GÉNÉRAL.

Au quartier général, à Paris, le 8 Brumaire an 13.

SERVICE DE L'ÉTAT-MAJOR GÉNÉRAL.

Du 8 au 9 Brumaire.

Le Capitaine Adjoint de service à l'État-major général................ AUCLER.
Officier de santé de service à l'État-major........................ DANTREVILLE.
Secrétaire de service à l'État-major............................... DESMOULINS.

Du 9 au 10 Brumaire.

Le Capitaine Adjoint de service à l'État-major général................ FORGEOT.
Officier de santé de service à l'État-major........................ POISSON.
Secrétaire de service à l'État-major............................... DUBOIS.

Rien de nouveau.

Le Général de Brigade Chef de l'État-major général du Gouvernement de Paris et de la première Division militaire,

CÉSAR BERTHIER.

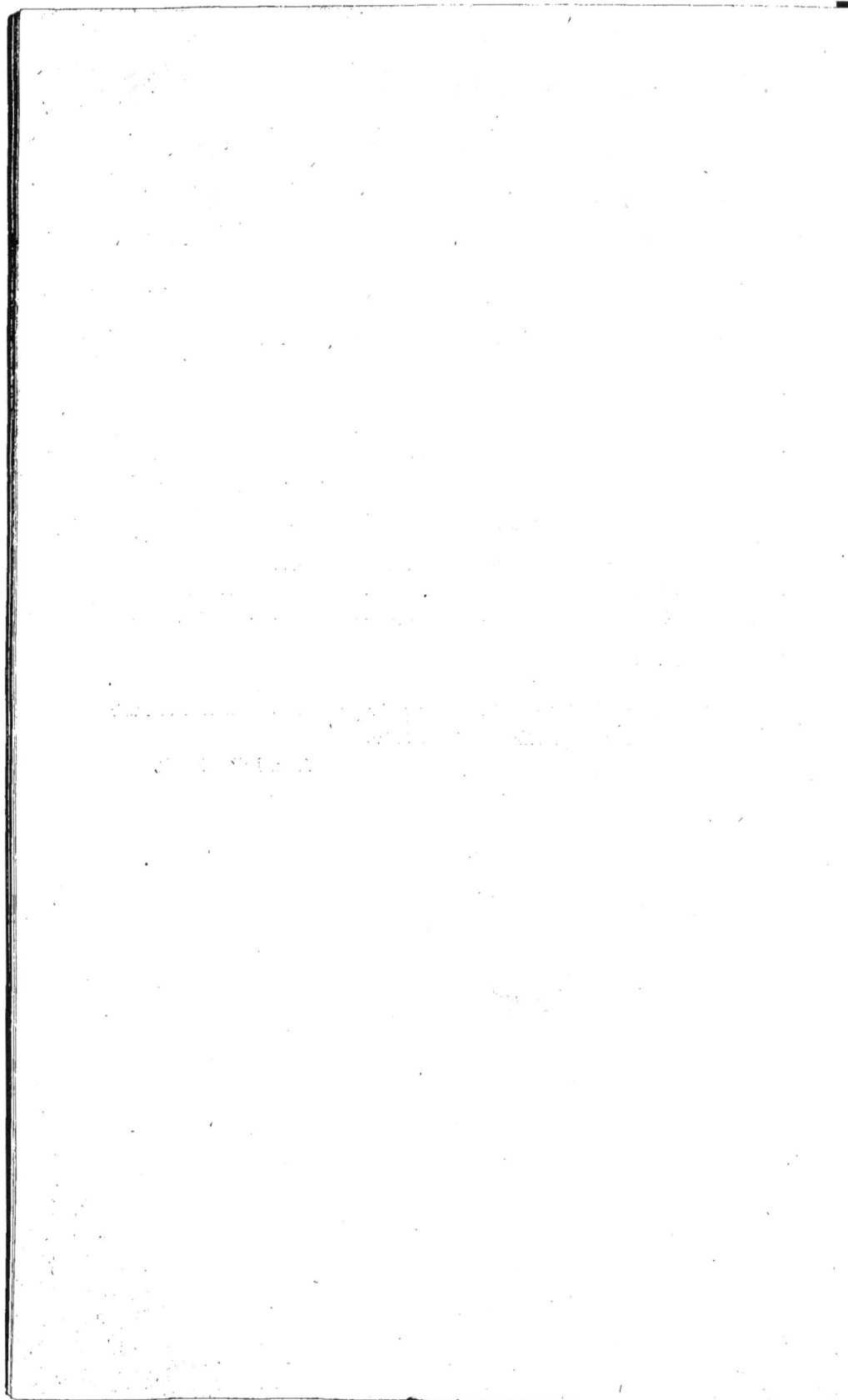

GOUVERNEMENT DE PARIS.

I.ʳᵉ DIVISION MILITAIRE.

ÉTAT-MAJOR GÉNÉRAL.

Au quartier général, à Paris, le 9 Brumaire an 13.

SERVICE DE L'ÉTAT-MAJOR GÉNÉRAL.

Du 9 au 10 Brumaire.

Le Capitaine Adjoint de service à l'État-major général .... FORGEOT.
Officier de santé de service à l'État-major .... POISSON.
Secrétaire de service à l'État-major. .... DUBOIS.

Du 10 au 11 Brumaire.

Le Capitaine Adjoint de service à l'État-major général .... GALDEMAR.
Officier de santé de service à l'État-major .... DANTREVILLE.
Secrétaire de service à l'État-major. .... DUBOIS.

ORDRE GÉNÉRAL.

Paris, le 5 Brumaire an 13.

LE MINISTRE de la Guerre,

'A Monsieur le Maréchal MURAT, Gouverneur de Paris.

JE vous ai informé, Monsieur le Maréchal, par ma dépêche du 12 Vendémiaire dernier, que SA MAJESTÉ impériale avait accordé des gratifications aux Officiers, Sous-officiers et Soldats composant les Députations envoyées par les Corps de l'armée pour assister au Couronnement.

Les nouveaux ordres donnés par l'Empereur pour l'époque de cette cérémonie, exigeant que ces Députations restent plus long-temps dans la 1.ᵉʳᵉ Division qu'il n'avait d'abord été fixé, il a paru convenable d'arrêter de nouvelles dispositions pour le paiement de ces gratifications, en ce qui concerne les Sous-Officiers et Soldats.

J'ai donc, de concert avec le Ministre-Directeur de l'administration de la guerre, déterminé qu'au lieu de la gratification qui avait été fixée pour les Sous-officiers et Soldats, il leur serait accordé, *par chaque* jour, pour leur tenir lieu des vivres de campagne, *un franc* à compter du lendemain de leur arrivée dans les divers cantonnemens qui leur ont été assignés, et pendant tout le temps qu'ils y resteront ; et *un franc vingt-cinq centimes* pour chaque jour qu'ils passeront à Paris, lorsqu'ils y seront appelés.

Ces indemnités sont indépendantes de la solde attribuée aux divers grades dont sont pourvus ces militaires ; elles seront payées entre les mains des Colonels ou Commandans de chaque députation, d'après les revues dressées par les Inspecteurs employés à Paris : la gratification d'un mois d'appointemens accordée aux Officiers sera également payée entre les mains de ces Colonels.

Les réclamations que pourront avoir à former les Députations, tant pour solde que pour supplément d'étape, devront être adressées aux Inspecteurs aux revues qui ont reçu des instructions pour y faire droit.

Je vous prie, Monsieur le Maréchal, de vouloir bien donner les ordres que vous jugerez nécessaires pour que ces différentes dispositions soient connues de tous les militaires qu'elles peuvent concerner.

Signé le M.ᵃˡ BERTHIER.

Les Sous-inspecteurs aux revues chargés de l'exécution des dispositions contenues dans la lettre ci-dessus transcrite, sont :

Pour l'Infanterie de ligne,
L'Infanterie légère,
Les troupes auxiliaires,
L'École Polytechnique,
Et l'École spéciale militaire.
} M. DUFRESNE, *rue de Varenne, maison Liancourt.*

Pour les Carabiniers,
Les Cuirassiers,
Dragons,
Chasseurs,
Hussards,
Artillerie à cheval,
Et Train d'artillerie.
} M. MARTIAL DARU, *rue de Lille, N.ᵉ 505.*

Pour l'Artillerie à pied,
Pontonniers,
Ouvriers,
Sapeurs,
Mineurs,
Vétérans,
Gendarmerie,
Invalides.
} M. BREMONT, *rue de la Ferme des Mathurins, N.ᵉ 15,*
Chaussée d'Antin.

Monsieur le Maréchal Gouverneur de Paris ordonne ce qui suit :

L'ex-Adjudant commandant CURTO, Colonel du 8.ᵉ régiment de Chasseurs à cheval, chargé de la police, discipline et organisation des Députations militaires et Gardes nationales qui doivent assister au Couronnement de SA MAJESTÉ impériale, se rendra, les jours ci-après désignés, dans les cantonnemens que ces députations occuperont jusqu'à leur entrée dans Paris : afin de les passer en revue et prendre les mesures nécessaires pour que les militaires et citoyens qui les composent soient logés, traités et se conforment exactement à tout ce qui est prescrit par le réglement de police et discipline militaire, il se rendra à cet effet,

le 15 à Meaux,
16 à Melun,
17 à Versailles et Saint-Germain,
18 à Pontoise.

Les Colonels ainsi que les Militaires et Citoyens de la Garde nationale, n'importe leurs grades, qui ayant devancé leurs députations, se trouvant à Paris, sont tenus d'être rendus à leurs cantonnemens les jours ci-dessus indiqués ; ceux qui ne s'y trouveraient pas, seraient privés du précieux avantage d'assister aux cérémonies qui doivent avoir lieu pour le Sacre et le Couronnement.

Les Députations seront réunies aux heures indiquées par le Colonel *Curto*, et commandées par le plus ancien Colonel des Députations qui se trouvent dans le même cantonnement, dans l'ordre suivant :

1.° Les Gardes nationales par divisions militaires et par lettre alphabétique des départemens ;
2.° Les Députations des demi-brigades des Vétérans par rang de Corps ;
3.° L'Infanterie de ligne ;
4.° L'Infanterie légère ;
5.° L'Artillerie à pied ;
6.° L'Artillerie légère ;
7.° Les troupes du Génie ;
8.° Les Carabiniers, Cuirassiers, Dragons, Chasseurs et Hussards ;
9.° Les Députations des différentes Légions.

Les Commandans des Députations remettront au Colonel *Curto* un état nominatif des Officiers, Sous-officiers et Soldats, ou Gardes nationales qui composent la Députation dans les cantonnemens où se trouvent déjà des Officiers généraux ou supérieurs ayant le commandement des troupes stationnées dans lesdits cantonnemens : l'Officier supérieur commandant des Députations lui rendra compte, et se conformera exactement aux règles de police et de discipline établies dans la Place.

Les Commandans des Députations s'assureront par des appels, à ce que les Sous-officiers et Soldats ne quittent point leurs cantonnemens sans une permission signée de l'Officier supérieur ou Général commandant le cantonnement.

Tous les jours, après l'appel du matin, les Commandans des Députations feront remettre à l'Officier supérieur désigné pour commander les Députations réunies dans les différens cantonnemens, un rapport de ce qu'il y sera survenu de nouveau dans les vingt-quatre heures : ces rapports seront adressés tous les deux jours au Colonel *Curto*, Bureau de la Guerre, *rue de l'Université*, ou chez lui, *rue Faydeau, n.° 223.*

CANTONNEMENS où doivent se réunir les Députations.

CANTONNEMENT DE VERSAILLES.

DÉPUTATIONS.	DATES de leur arrivée.	DÉPUTATIONS.	DATES de leur arrivée.	DÉPUTATIONS.	DATES de leur arrivée.	DÉPUTATIONS.	DATES de leur arrivée.
25.e Rég.t de chasseurs..		3.e B.on du 63.e Rég.t..		3.e et 4.e B.ons du 37.e de ligne..............		6. Regiment de ligne...	
Gardes n.les. de l'Ardèche.		82. Régiment.........		2 et 3.e idem du 47.e....		3. Bat.on de la 7.e Demi-brigade de Vétérans...	
Idem du Gard.........		4. idem de chasseurs....	10	Idem du 65.e.........		Gardes nationales du Lot.	13
Idem de l'Hérault......		22. idem...........	B.re	Idem du 70.e.........		Idem de la Dordogne...	B.re
62.e Régiment de ligne..		G.des n.les des 2 Sèvres..		20.e Rég.t de chasseurs..		Idem de la Corrèze.....	
Gardes n.les de la Lozère.		Idem de la Vienne.....		1.er idem d'hussards...		Idem Lot-et-Garonne...	
Idem de l'Aveyron.....				2.e B.on de la 3.e demi-brigade de vétérans....	12	8.e Légion de gendarm.c.	
11.e Lég.on de gendarm.ie		42.e Régiment de ligne..		6.e Rég.t d'artil.ie à pied.	B.re		
Gardes n.les du Tarn...	13	66. idem...........		8.e B.on du train......		3. B.on du 26.e de ligne.	12.
3.e Bataillon de la 5.e demi-brigade de vétérans.	B.re	93. idem...........		4.e Lég.on de gendarm.ie			
3.e Rég.t d'inf. de légère.		Gardes nationales de la Charente-Inférieure....	10.	G.des n.les Côtes-du-Nord		3. Bataillon du 105.....	12.
23. idem...........		Canonniers gardes-côtes de la Rochelle........		Idem du Finistère......		Gardes n.les de Charente.	
G.des n.les des Pyrén. Or.				Idem Ile et Vilaine.....			
3.e R.t d'artillerie à pied.				Idem du Morbihan.....		30.e Rég.nt de Dragons..	
1.er B.on de la 7.e demi-brigade de vétérans...		1.re demi-brigade Suisse.	12.			Gardes n.les de l'Allier..	
Gardes, n.les de l'Arriége.				Canon.ers gardes-côtes de la division de Brest....	11.	Idem de la Nièvre......	
Idem de l'Aude........		12. d'infanterie légère...				13.e Légion de gendarm.	
Idem de la H.te-Garonne.		3. B.on du 24.e idem...				3. Bat. du 44.e Régiment.	
		3. idem de la 3.e demi-brigade de vétérans...		2. 1.er B.ons du 7.e d'infanterie légère........		3. Bat.on de la 2.e Demi-brigade de Vétérans...	13.
Gardes n.les du Gers..		G.des n.les de la Vendée.	10.	2. idem du 16.e idem...	12.	Gardes n.les H.te-Vienne.	
Idem des H.tes-Pyrénées.		Idem de la Loire-Infér...		15.e Régiment de ligne..		Idem du Cher.........	
9.e Lég.on de gendarm.ie	13.	Canonniers gardes-côtes de Nantes..........				20.e Régiment de ligne..	
10. idem...........				24. Régiment de ligne..		Gardes n.les de l'Indre...	
				2. 1.er Bat. du 37.e idem.			
86.e Régiment de ligne..	12.	2. 1.er B.on du 26.e de ligne..............		1.er Bataillon du 47. idem.		Gardes nat. de la Creuse.	13.
Gardes n.les des Landes.				1.er Bataillon du 65. idem.			
				1.er Bataillon du 70. idem.		28.e Rég. de dragons....	
3.e et 4.e B.on du 79.e R.t.		2. 1.er idem du 105.....		7.e Rég.nt de Chasseurs..	12.	1.er Bat. de la 3.e Demi-brigade de Vétérans...	10.
4.e Escadron du 24.e de chasseurs..........	12.	2 1.er idem du 79.....		3. Rég. d'Artillerie à pied.		Gardes nat. d'Indre-et-L.	
G.des n.les de la Gironde.		2. 1.er Escadron dn 24.e de chasseurs........	12.	3. Bat. du 56 Rég. de ligne.		6.e Légion de gendarm...	
7.e Lég.on de gendarm.ie		7.e B.on du train d'artil.ie		23. Rég.nt de Dragons..			
				2. Bat.on de la 2.e Demi-brigade de Vétérans...		Gardes nat. de Maine-et-Loire.............	
7.e Régiment de ligne...		3.e et 4.e B.ons du 7.e Régiment d'inf. légère....		Gardes n.les du Rhône..		Idem de la Sarthe......	10.
5. idem d'inf. légère....		Idem du 16.e.........	12.	Idem du Cantal........		5.e Légion de gendarm.c.	
2. B.on de la 7.e demi-brigade de vétérans....	13.	29.e Régiment de ligne..		Gardes n.les de la Loire.		Gardes nat. de Mayenne.	
G.des n.les B.ses-Pyrén.				Idem Haute-Loire......			
				Idem Puy-de-Dôme....	12.		
				12.e Légion de gendar.c..		Idem Loire-et-Cher.....	11.

CANTONNEMENT DE SAINT-GERMAIN.

DÉPUTATIONS.	DATES de leur arrivée.	DÉPUTATIONS.	DATES de leur arrivée.	DÉPUTATIONS.	DATES de leur arrivée.
11.e Régiment de ligne..		84.e Régiment de ligne..		8.e Rég. de Chasseurs...	
35. idem...........	14.	92. idem...........	14.	6. Régiment d'Hussards..	14.
50. idem...........		18. Infanterie légère....		7. Bat.on bis du Train...	

CANTONNEMENT DE PONTOISE.

DÉPUTATIONS.	DATES de leur arrivée.	DÉPUTATIONS.	DATES de leur arrivée.	DÉPUTATIONS.	DATES de leur arrivée.	DÉPUTATIONS.	DATES de leur arrivée.
8.e Régiment de ligne...		5.e Rég.t de Chasseurs...		4.e Esc. du 2. de Chass..		3 et 4.e B. du 17.e de lig.	14.
45. idem...........		2. Régiment d'Hussards..		3. Bat. du 13. Inf. légère.	12.	3. Bataillon du 48. idem.	
54. idem...........		4. idem...........		16. Légion de gendarm.c.		Gardes nat. de Jemmape.	
76. idem...........		5. idem...........	13.			3.e bat. du 112 de ligne.	
94. idem...........	13.	3. Rég.t d'Art.e à cheval..		3.e B. du 61.Rég. de ligne.		4. Esc. du 13. de Chas.'s.	13.
95. idem...........		2. Bataillon du train....		3. Bataillon du 108. idem.		2. Bat. de la 2.e Demi-brigade de Vétérans...	
100. idem...........		2. Bataillon bis du train..		4.e Esc. du 1.er de Chass..	13.	Gardes nat.les de la Dyle.	
103. idem...........		3. B.on du 33.R.t de ligne.	12.	4. Escadron du 12. idem.			
27. idem. Infant. légère.		Bataillon du 36 idem-..		Gardes n.les de l'Escaut..			
				Gardes n.les des Nèthes..			

CANTONNEMENT DE MELUN.

DÉPUTATIONS.	DATES de leur arrivée.	DÉPUTATIONS.	DATES de leur arrivée.	DÉPUTATIONS.	DATES de leur arrivée.	DÉPUTATIONS.	DATES de leur arrivée.
1.er Régiment de ligne..		1.er Rég.t d'Art. à cheval.		Gardes n.les de la Drôme.		Gardes nat.les du Var...	
10. idem...........		6. Bataillon bis du train..	10.	Idem de l'Isère........		Idem de Vaucluse......	
52. idem...........		2. Bat. des Pontonniers,.		2.e Régiment de ligne...		23.e légère de gendarm..	10.
53. idem...........				23. idem...........		24. idem...........	
67. idem...........		56.e de ligne..........		1.er idem légère.......		Gardes n.les des B.-Alpes.	
101. idem...........		4. d'Artillerie à pied....		8. idem...........			
106. idem...........	10.	2. d'Artillerie à cheval...		14. idem...........	10.	Canonniers gardes-côtes de la Div.on de Toulon.	12.
24. Régiment de Dragons............		1.er B.on de la 5. de Vét.	8.	19. de Chasseurs......			
3. Rég.nt de Chasseurs..		Gardes n.les du Léman..		2. Bataillon de la 5.e de Vétérans..........			
15. de ligne..........		Idem du Mont-Blanc...		Gardes n.les Alpes-Marit.			
2. d'Artillerie à pied....		22.e Lég. de gendarmerie.		Idem Bouches-du-Rhône.			
		Gardes n.les des H.Alpes.	10.				

CANTONNEMENT DE MEAUX.

DÉPUTATIONS.	DATES de leur arrivée.	DÉPUTATIONS.	DATES de leur arrivée.	DÉPUTATIONS.	DATES de leur arrivée.	DÉPUTATIONS.	DATES de leur arrivée.
3.e Bat. du 59. Régiment.		15.e Rég. d'inf. légère..		G.des n.les de la H.-Saone.		2 et 3.e Bataillon du 19.e de ligne............	
3. Bataillon du 69. idem..		22. Rég.nt de Dragons..		20.e Lég. de gendarmerie.		3. Bat. du 21. légère....	
3. Bataillon du 85. idem..		Gardes n.les du H.-Rhin.		Gardes n.les de l'Ain....		4. Bataillons de Sapeurs.	
6. Rég.t de Cuirassiers.		3.e B. du 17. R. d'inf. lég.		1.re Légion du Midi....		3. Bat. du 30. de ligne..	
1.er Bat. de la 9.e de Vét.	10. B.re	9. Régiment de ligne....	12. B.re	2. Bat.on de la 9.e de Vét.	12. B.re	58. Régiment de ligne..	13. B.re
Gardes n.les des Forêts..		3. Bataillon du 88. idem.		Gardes n.les de l'Aube..		23. idem de Chasseurs..	
13.e Régiment de ligne..		10. Rég. de Cuirassiers..		Idem Côte-d'Or......		3. Bat. de la 9. des Vét.	
4.e de Cuirassiers......		26. Rég. de Dragons...		Idem Haute-Marne.....		Gardes n.les de la Roer.	
Mineurs...........		7. Rég. d'artil.e à pied..		14.e Lég. de gendarmerie.		Idem du Rhin-et-Moselle.	
Gardes n.les de la Moselle.		3. id. d'artil.e à cheval..		21. idem...........		25.e légère de gendarm..	
18.e Lég. de gendarmerie.		Gardes n.les du b.-Rhin.		Gardes n.les de l'Yonne..			
				Idem de Saone-et-Loire..			
8.e Rég.t de Cuirassiers..		25. Rég. de Dragons...		3.e Bat. du 14.e de ligne.		3 et 4.e Bat. du 34. lég..	
1.er idem de Carabiniers.		3. Bat. du 27. de ligne...	14.	4. Esc. du 7. de Hussards.		9. idem de Curassiers...	
2. idem............		81. Régiment de ligne..		G.des n.les de la Meuse-inf.		12. idem..........	
3. Bat. du 4.e de ligne..	11.	22. idem légère.......		Idem de Sambre-et-Meuse.	13.	Gardes nation. du Mont-Tonnerre...........	12.
19. Lég. de gendarmerie.		5. idem d'artil. à cheval.	12.	3.e Bat. de la 6.e de Vét.		26.e de Chasseurs.....	
Gardes nationales de la Meurthe...........		1.er Bat. de la 2. de Vét.		Gardes n.les de l'Ourte..		Gardes n.les de la Sarre..	
		Gardes n.les du Doubs..		17.e Lég. de gendarmerie.			
Idem des Vosges......	13.	Idem du Jura........				Légion hanovrienne....	16.

Les députations dont il n'est pas fait mention, ne partent de leurs garnisons, camps ou cantonnemens que pour arriver directement à Paris les 27 et 28 Brumaire.

Signé MURAT, *Maréchal d'Empire, Gouverneur de Paris.*

Pour copie conforme :

Le Général de Brigade Chef de l'État-major général du Gouvernement de Paris et de la première Division militaire,

CÉSAR BERTHIER.

GOUVERNEMENT DE PARIS.
1.re DIVISION MILITAIRE.
ÉTAT-MAJOR GÉNÉRAL.

Au quartier général, à Paris, le 10 Brumaire an 13.

SERVICE DE L'ÉTAT-MAJOR GÉNÉRAL.

Du 10 au 11 Brumaire.

Le Capitaine Adjoint de service à l'État-major général............... GALDEMAR.
Officier de santé de service à l'État-major........................ DANTREVILLE.
Secrétaire de service à l'État-major.............................. DUBOIS.

Du 11 au 12 Brumaire.

Le Capitaine Adjoint de service à l'État-major général............... AUGIAS.
Officier de santé de service à l'État-major........................ POISSON.
Secrétaire de service à l'État-major.............................. BRUNEL.

ORDRE GÉNÉRAL.

M. le Maréchal Gouverneur de Paris, en conformité de l'instruction de M. le Maréchal-Ministre de la guerre, en date du 5 floréal an 9, fait connaître, par la voie de l'Ordre général, l'Ordonnance de perquisition, rendue le 1.er de ce mois, par le Président du 2.e Conseil de guerre, séant à Paris, contre deux militaires contumax.

2.e CONSEIL DE GUERRE PERMANENT DE LA 1.ere DIVISION MILITAIRE.

Ordonnance de perquisition.

Cejourd'hui, premier Brumaire de l'an treizième;

Nous, Jean-Baptiste-Noël *Borrel*, Adjudant-Commandant, Officier de la Légion d'honneur, Président du 2.e Conseil de guerre permanent;

Vu les pièces de la procédure relatives aux nommés *Pierre-Joseph Pepin*, âgé de 27 ans, natif de Villers-Rotreau, département du Nord, taille d'un mètre 75 centimètres, cheveux et sourcils châtains, front moyen, yeux bleus, nez petit, bouche moyenne, menton rond, figure ovale, et *Jacques Renviau*, âgé de 28 ans, natif de Paris, département de la Seine, taille d'un mètre 76 centimètres, cheveux et sourcils châtains, front découvert, yeux bleus, nez gros, bouche moyenne, menton rond, figure ovale; tous deux Dragons au 5.e Régiment, compagnie d'élite, traduits au Conseil de guerre, comme prévenus de vol avec effraction dans une maison habitée, absens et contumax.

Vu l'acte d'appel en justice sous la date du 20 fructidor de l'an 12.e;

Ordonnons, en vertu de l'article 462 de la loi du 3 brumaire an 4.e, que perquisition sera faite de la personne desdits *Pepin* et *Renviau*.

MANDONS et ordonnons de mettre la présente à exécution, laquelle, conformément à l'article 463 de ladite loi, sera publiée et affichée, tant au domicile présumé de chacun des contumaces, qu'à la porte de l'auditoire du Conseil.

Ordonnons en outre que copie d'icelle sera transmise à M.r le Général Chef de l'État-major général de la Division, à l'effet d'être rendue publique par la voie de l'Ordre général de la Division.

Chargeons M.r *Vantage*, Substitut du Rapporteur, de surveiller l'exécution de la présente dans tout son contenu.

Ainsi ordonné, à Paris, les jour, mois et an que dessus, sous notre seing et scellé. Signé J. B. BORREL.

Pour copie conforme :

le Greffier du 2.e Conseil de guerre, LHUILLIER,

Le Général de Brigade Chef de l'État-major général du Gouvernement de Paris et de la première Division militaire,

CÉSAR BERTHIER.

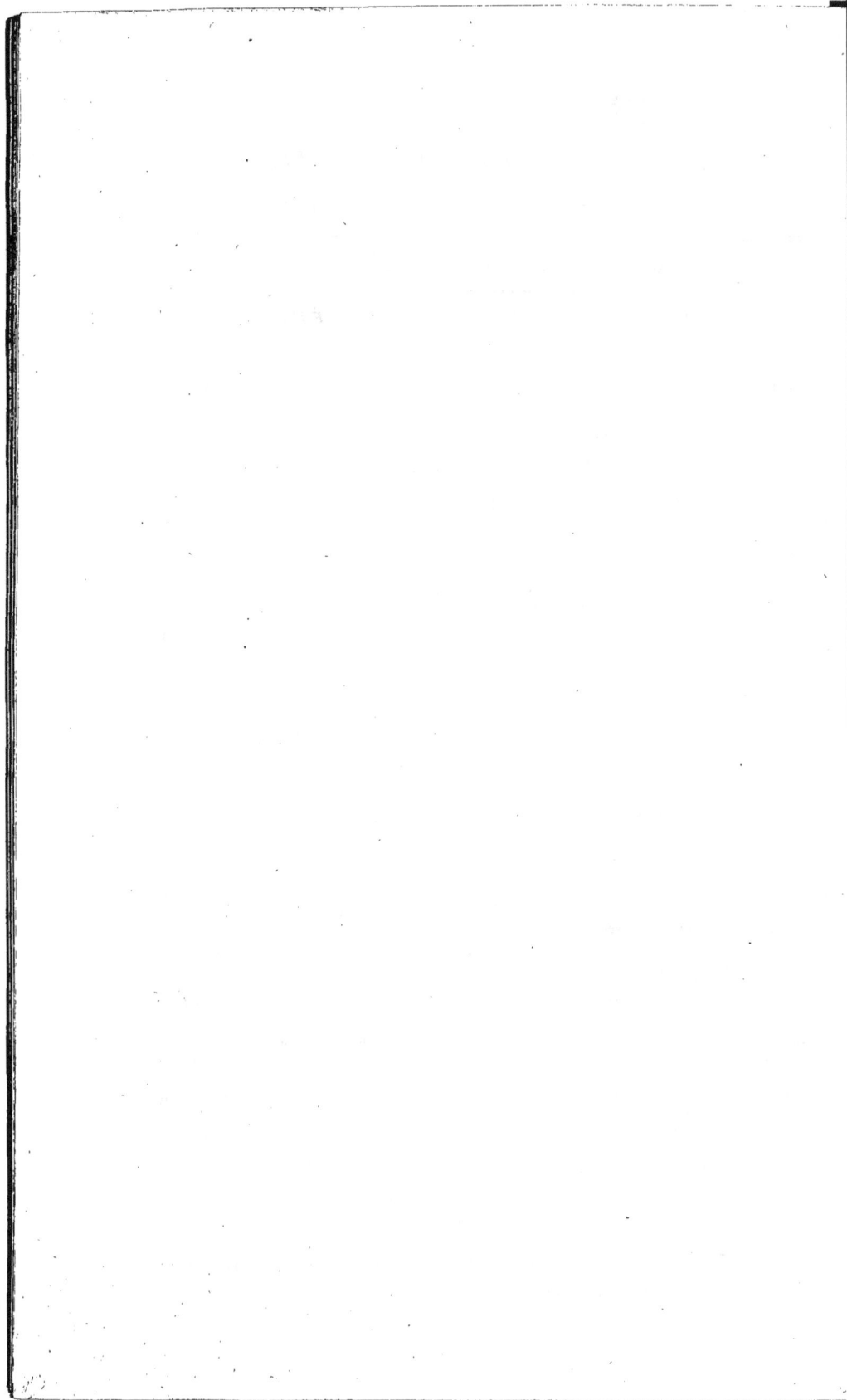

GOUVERNEMENT DE PARIS.

1.ʳᵉ DIVISION MILITAIRE.

ÉTAT - MAJOR GÉNÉRAL.

Au quartier général, à Paris, le 11 Brumaire an 13.

SERVICE DE L'ÉTAT-MAJOR GÉNÉRAL.

Du 11 au 12 Brumaire.

Le Capitaine Adjoint de service à l'État - major général................ Augias.
Officier de santé de service à l'État - major........................ Dantreville.
Secrétaire de service à l'État-major.............................. Brunel.

Du 12 au 13 Brumaire.

Le Capitaine Adjoint de service à l'État - major général................ Wathiez.
Officier de santé de service à l'État - major........................ Poisson.
Secrétaire de service à l'État-major.............................. Plantier.

Rien de nouveau.

*Le Général de Brigade Chef de l'État-major général du Gouvernement de Paris
et de la première Division militaire,*

César BERTHIER.

GOUVERNEMENT DE PARIS.

1.ʳᵉ DIVISION MILITAIRE.

ÉTAT-MAJOR GÉNÉRAL.

Au quartier général, à Paris, le 12 Brumaire an 13.

SERVICE DE L'ÉTAT-MAJOR GÉNÉRAL.

Du 12 au 13 Brumaire.

Le Capitaine Adjoint de service à l'État-major général................ WATHIEZ.
Officier de santé de service à l'État-major......................... POISSON.
Secrétaire de service à l'État-major............................... PLANTIER.

Du 13 au 14 Brumaire.

Le Capitaine Adjoint de service à l'État-major général................ GUIARDELLE.
Officier de santé de service à l'État-major........................ DANTREVILLE.
Secrétaire de service à l'État-major.............................. LECLERC.

Rien de nouveau.

Le Général de Brigade Chef de l'État-major général du Gouvernement de Paris et de la première Division militaire,

CÉSAR BERTHIER.

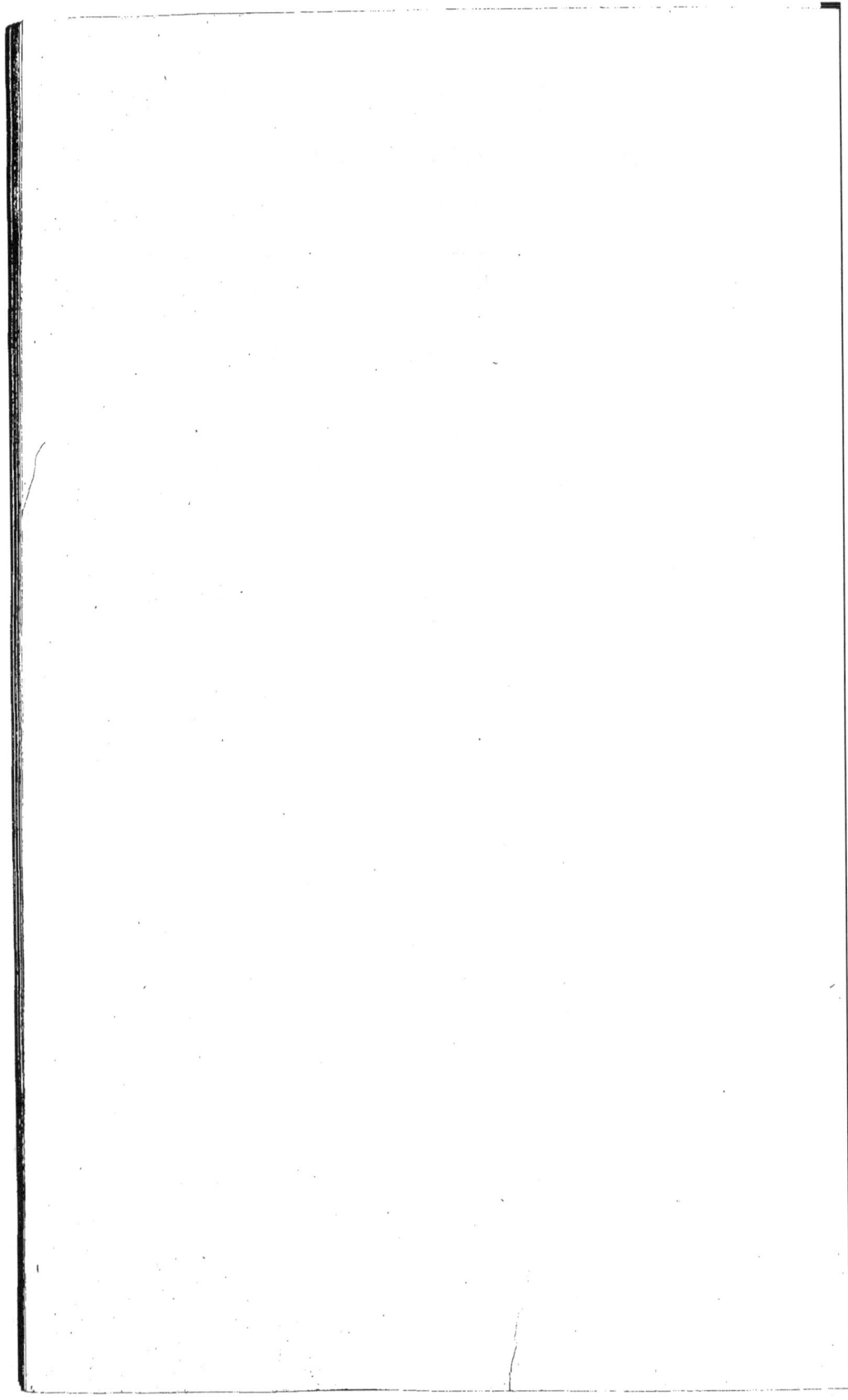

GOUVERNEMENT DE PARIS.
1.ʳᵉ DIVISION MILITAIRE.
ÉTAT-MAJOR GÉNÉRAL.

Au quartier général, à Paris, le 13 Brumaire an 13.

SERVICE DE L'ÉTAT-MAJOR GÉNÉRAL.

Du 13 au 14 Brumaire.

Le Capitaine Adjoint de service à l'État-major général................ GUIARDELLE.
Officier de santé de service à l'État-major....................... DANTREVILLE.
Secrétaire de service à l'État-major............................. LECLERC.

Du 14 au 15 Brumaire.

Le Capitaine Adjoint de service à l'État-major général................ DELORME.
Officier de santé de service à l'État-major....................... POISSON.
Secrétaire de service à l'État-major............................. LECLERC.

Paris, le 11 Brumaire an 13.

LE MINISTRE de la Guerre,

A Monsieur le Maréchal MURAT, Gouverneur de Paris.

J'AI l'honneur de vous prévenir, Monsieur le Maréchal, que Sa Majesté l'Empereur vient de détermi-ner les honneurs qui devront être rendus au Pape, dans le voyage que Sa Sainteté va entreprendre pour venir à Paris.

L'intention de Sa Majesté est que, lorsque Sa Sainteté entrera dans une Place, toute la garnison prenne les armes; la moitié de l'infanterie sera mise en bataille sur le glacis, à droite et à gauche de la porte par laquelle Sa Sainteté devra entrer, et l'autre moitié sur les places que Sa Sainteté devra traverser. Les Sous-officiers et Soldats présenteront les armes, les Officiers et les drapeaux salueront, les tambours battront aux champs.

Toute la cavalerie ira au-devant de Sa Sainteté, jusqu'à une demi-lieue de la Place, et l'escortera jus-qu'à son logis.

Les Officiers et les étendarts salueront, les trompettes sonneront la marche; il sera fait trois salves de toute l'artillerie de la Place, lorsque Sa Sainteté aura passé les ponts.

Si Sa Sainteté s'arrête dans la Place, les régimens d'infanterie de la garnison, à commencer par le pre-mier numéro, fourniront, chacun à leur tour, une garde composée d'un bataillon, avec son drapeau, et commandée par le colonel. Il sera mis pareillement devant le logis de Sa Sainteté, un escadron de cavale-rie de la garnison, commandé par le Colonel. Cet escadron fournira deux védettes, le sabre à la main, devant la porte de Sa Sainteté. Les escadrons de la garnison le relèveront chacun à leur tour.

Dès que Sa Sainteté sera arrivée, les Colonels qui commanderont ladite garde, prendront les ordres et la consigne du grand Officier militaire qui sera du cortège de Sa Sainteté. Si Sa Sainteté conserve tout ou partie de cette garde, elle sera particulièrement destinée à fournir des sentinelles autour du logis de Sa Sainteté.

Lorsque Sa Sainteté sortira de la Place, l'infanterie sera disposée dans le même ordre qu'à son entrée.

La cavalerie se portera sur son passage, hors de la place, pour la suivre jusqu'à une demi-lieue de la barrière.

Dès que Sa Sainteté en sera sortie, on la saluera de trois décharges de toute l'artillerie. Si Sa Sainteté passe devant les troupes en bataille, l'infanterie présentera les armes, les Officiers salueront ainsi que les drapeaux, les tambours battront aux champs; dans la cavalerie, les étendarts, les guidons et les Officiers salueront, les trompettes sonneront la marche.

Si Sa Sainteté passe devant une Troupe en marche, cette Troupe s'arrêtera, se formera en bataille, si elle n'y est pas, et rendra à Sa Sainteté les honneurs prescrits ci-dessus.

Si Sa Sainteté passe devant un corps-de-garde, poste ou piquet, les Troupes prendront les armes et les présenteront, les tambours battront aux champs.

La cavalerie montera à cheval et mettra le sabre à la main, les trompettes sonneront la marche; les Officiers salueront de l'épée ou du sabre, les sentinelles présenteront les armes.

Pendant le voyage de Sa Sainteté, la gendarmerie nationale de chaque arrondissement sur lequel Sa Sainteté passera, se portera sur la grande route, au point le plus voisin de la résidence, et s'y mettra en bataille.

Un Officier supérieur ou subalterne de gendarmerie, pris parmi ceux employés dans le département, pourra précéder à cheval immédiatement la voiture de Sa Sainteté. Cette voiture pourra être immédiatement suivie par deux Officiers ou Sous-officiers de la gendarmerie du département, marchant après le piquet de la garde.

Lorsque le Général de la Division dans laquelle le Pape se trouvera, accompagnera Sa Sainteté, il se placera et marchera près la portière de gauche; les autres places autour de la voiture de Sa Sainteté, seront occupées par les personnes qui auront été nommées spécialement pour l'accompagner.

Je vous prie, en conséquence, Monsieur le Maréchal, de donner tous les ordres nécessaires pour assurer l'exécution de ces dispositions, au passage de Sa Sainteté, dans l'étendue de la 1.re Division militaire.

J'ai l'honneur de vous saluer,

Signé M.al BERTHIER.

M. le Maréchal Gouverneur de Paris, recommande aux Généraux commandans les subdivisions de la 1.re Division militaire par lesquelles passera Sa Sainteté, de tenir la main à ce que les instructions mentionnées dans la Lettre du Ministre de la guerre, ci-dessus transcrite, soient ponctuellement suivies, chacun en ce qui le concerne.

Signé MURAT.

Pour copie conforme :

Le Général de Brigade Chef de l'État-major général du Gouvernement de Paris et de la première Division militaire,

César BERTHIER.

GOUVERNEMENT DE PARIS.

1.ʳᵉ *DIVISION MILITAIRE.*

ÉTAT - MAJOR GÉNÉRAL.

Au quartier général, à Paris, le 14 Brumaire an 13.

SERVICE DE L'ÉTAT-MAJOR GÉNÉRAL.

Du 14 au 15 Brumaire.

Le Capitaine Adjoint de service à l'État - major général................ DELORME.

Officier de santé de service à l'État - major........................ POISSON.

Secrétaire de service à l'État-major............................... LECLERC.

Du 15 au 16 Brumaire.

Le Capitaine Adjoint de service à l'État - major général................ AUCLER.

Officier de santé de service à l'État - major........................ DANTREVILLE.

Secrétaire de service à l'État-major.............................. DESMOULINS.

Rien de nouveau.

Le Général de Brigade Chef de l'État-major général du Gouvernement de Paris et de la première Division militaire,

CÉSAR BERTHIER.

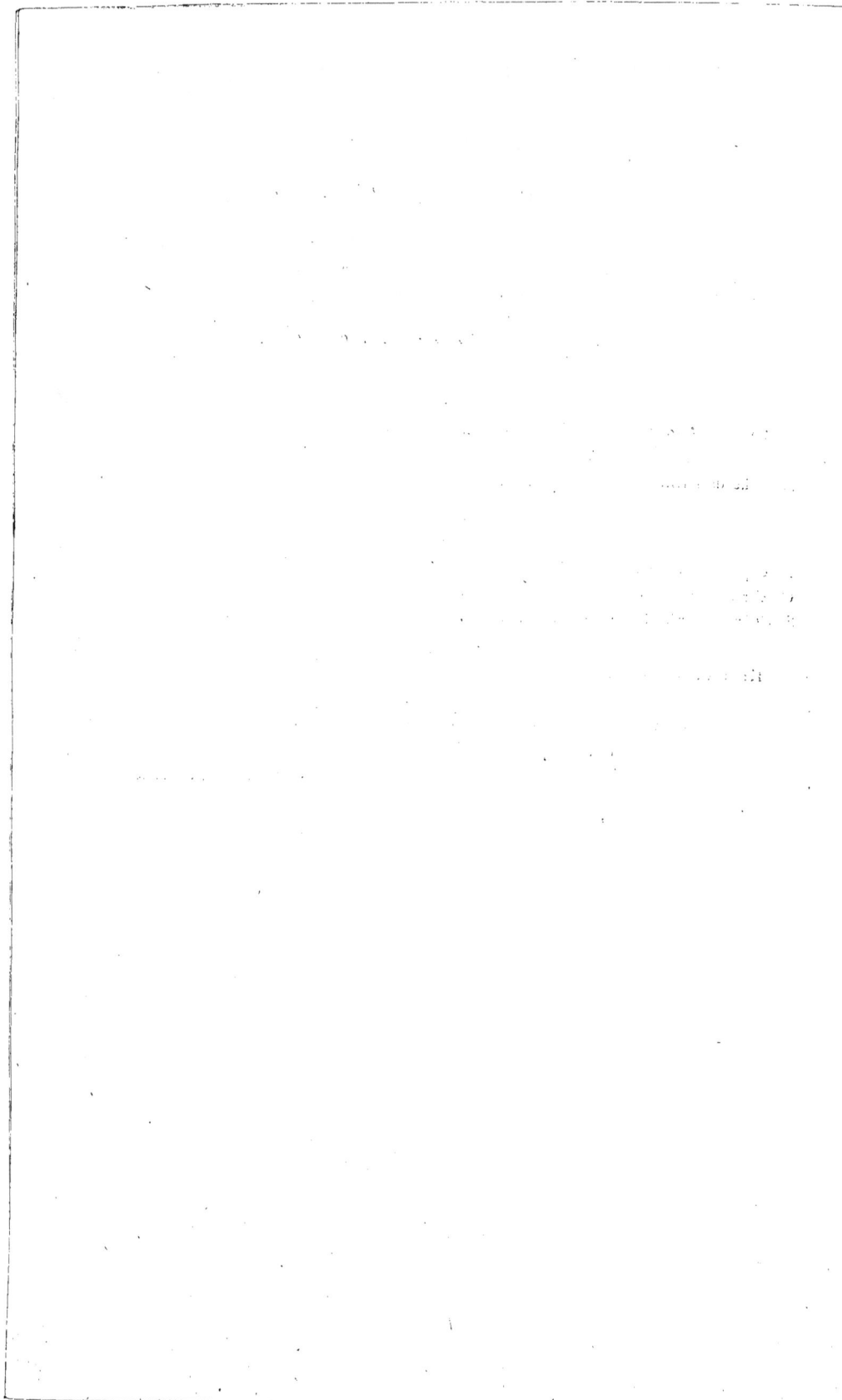

GOUVERNEMENT DE PARIS.

Ire DIVISION MILITAIRE.

ÉTAT-MAJOR GÉNÉRAL.

Au quartier général, à Paris, le 15 Brumaire an 13.

SERVICE DE L'ÉTAT-MAJOR GÉNÉRAL.

Du 15 au 16 Brumaire.

Le Capitaine Adjoint de service à l'État-major général............... DELORME.
Officier de santé de service à l'État-major....................... DANTREVILLE.
Secrétaire de service à l'État-major............................. DESMOULINS.

Du 16 au 17 Brumaire.

Le Capitaine Adjoint de service à l'État-major général............... LONGCHAMP.
Officier de santé de service à l'État-major....................... POISSON.
Secrétaire de service à l'État-major............................. DUBOIS.

Rien de nouveau.

Le Général de Brigade Chef de l'État-major général du Gouvernement de Paris et de la première Division militaire,

CÉSAR BERTHIER.

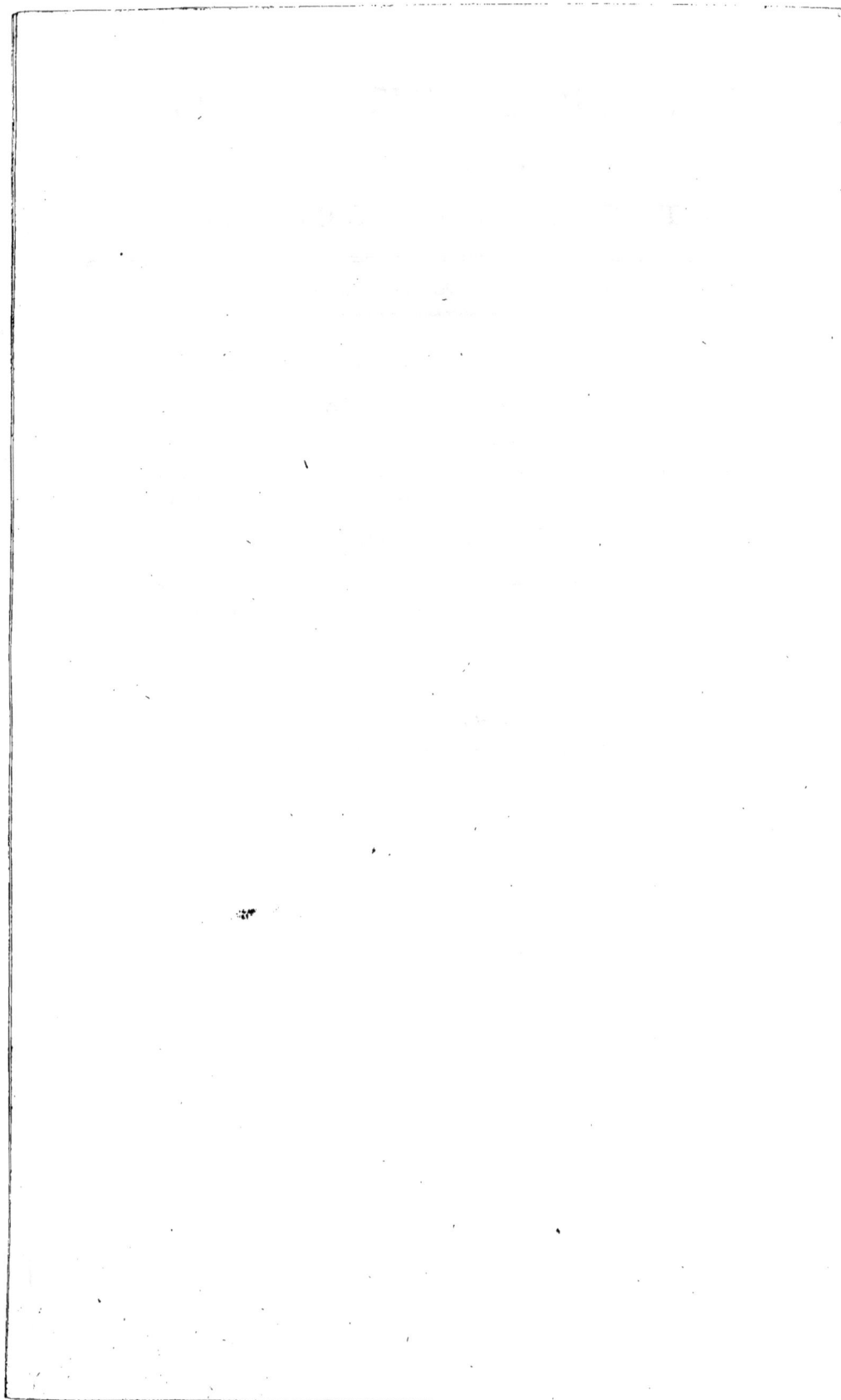

GOUVERNEMENT DE PARIS.
1.ʳᵉ DIVISION MILITAIRE.
ÉTAT-MAJOR GÉNÉRAL.

SERVICE DE L'ÉTAT-MAJOR GÉNÉRAL.
Du 16 au 17 Brumaire.

Le Capitaine Adjoint de service à l'État-major général.............. LONGCHAMP.
Officier de santé de service à l'État-major...................... POISSON.
Secrétaire de service à l'État-major........................... DUBOIS.

Du 17 au 18 Brumaire.

Le Capitaine Adjoint de service à l'État-major général.............. FORGEOT.
Officier de santé de service à l'État-major...................... DANTREVILLE.
Secrétaire de service à l'État-major........................... CORBET.

ORDRE GÉNÉRAL.

M. le Maréchal Gouverneur de Paris, en conformité de l'instruction de M. le Maréchal-Ministre de la guerre, en date du 5 floréal an 9, fait connaître, par la voie de l'Ordre général, les Ordonnances de perquisition et de séquestre rendues les 8 et 12 brumaire courant, par le Président du 2.ᵉ Conseil de guerre, contre quatre militaires contumax.

2.ᵉ CONSEIL DE GUERRE PERMANENT DE LA 1.ᵉʳᵉ DIVISION MILITAIRE.
1.ʳᵉ Ordonnance de perquisition.

Cejourd'hui huit brumaire de l'an treizième ;

Nous, Jean-Baptiste-Joseph-Noël *Borrel*, Adjudant-Commandant, Officier de la Légion d'honneur, Président du 2.ᵉ Conseil de guerre permanent ;

Vu les pièces de la procédure relative au nommé *Pierre-François Badin*, caporal-fourrier au 4.ᵉ régiment d'infanterie légère, premier bataillon, compagnie des Voltigeurs ; âgé de vingt-quatre ans, natif de Vannes, département du Morbihan ; taille d'un mètre 62 centimètres, cheveux et sourcils châtains, front couvert, yeux gris, nez épaté, bouche moyenne, menton rond, figure ovale, traduit au Conseil de guerre comme prévenu d'avoir volé le prêt de la compagnie dont il fait partie ;

Vu l'acte d'appel en justice, en date du 28 vendémiaire dernier,

Ordonnons, en vertu de l'article 462 de la loi du 3 brumaire an 4.ᵉ, que perquisition sera faite de la personne dudit *Badin ;*

MANDONS et ordonnons de mettre la présente à exécution, laquelle, conformément à l'article 463 de la loi précitée, sera publiée et affichée, tant à Vannes, domicile présumé du contumax, qu'à la porte de l'auditoire du Conseil.

Ordonnons, en outre, que copie d'icelle sera transmise à M. le Général Chef de l'État-major général de la Division, à l'effet de la rendre publique par la voie de l'ordre du jour ;

Chargeons M. *Rousset*, Capitaine-Rapporteur, de surveiller l'exécution de la présente dans tout son contenu.

Ainsi ordonné, à Paris, les jour, mois et an que dessus, sous notre seing, et scellé du timbre du Conseil ; ainsi *signé* J. B. BORREL.

Pour copie conforme : *Le Greffier du 2.ᵉ Conseil de guerre*, LHUILLIER,

2.ᵉ Ordonnance de perquisition.

Cejourd'hui huit brumaire de l'an treizième ;

Nous, Jean-Baptiste-Joseph-Noël *Borrel*, Adjudant-Commandant, Président du 2.ᵉ Conseil de guerre, Officier de la Légion d'honneur ;

Vu les pièces de la procédure relative au nommé *François Leger*, caporal au 18.ᵉ régiment d'infanterie de ligne, 2.ᵉ bataillon, 4.ᵉ compagnie ; âgé de 33 ans, natif de Monceau, canton d'Augard, département de Seine et Marne, taille d'un mètre 66 centimètres, cheveux et sourcils châtains, front moyen, yeux bruns, nez petit, bouche moyenne, menton rond, figure ovale, traduit au 2.ᵉ Conseil de guerre comme prévenu d'avoir volé le prêt de son escouade ;

Vu l'acte d'appel en justice, en date du 28 vendémiaire dernier ;

Ordonnons, en vertu de l'article 462 de la loi du 3 brumaire an 4.ᵉ, que perquisition sera faite de la personne dudit *François Léger* ;

MANDONS et ordonnons de mettre la présente à exécution, laquelle, conformément à l'article 463 de ladite loi, sera publiée et affichée, tant au domicile présumé du contumax, qu'à la porte de l'auditoire du Conseil.

Ordonnons, en outre, que copie d'icelle sera transmise à M. le Général Chef de l'État-Major général de la Division, pour être rendue publique par la voie de l'ordre du jour ;

Chargeons M. *Vantage*, Substitut-Rapporteur, de surveiller l'exécution de la présente dans tout son contenu.

Ainsi ordonné, à Paris, les jour, mois et an que dessus, sous notre seing, et scellé du timbre du Conseil ; ainsi *Signé* J. B. BORREL.

Pour copie conforme : *Le Greffier du 2.ᵉ Conseil de guerre*, LHUILLIER.

Ordonnance de Séquestre.

Aujourd'hui douze brumaire de l'an treize ;

Nous, *Jean-Baptiste-Joseph-Noël Borrel*, Adjudant-Commandant, Officier de la Légion d'honneur, Président du 2,ᵉ Conseil de guerre permanent ;

Vu l'article 464 de la loi du 3 brumaire au 4.ᵉ, et notre Ordonnance de perquisition, en date du 1.ᵉʳ de ce mois ;

Ordonnons que les nommés *Pierre-Joseph Pepin* et *Jacques Renviau*, tous deux dragons au 5.ᵉ régiment, compagnie d'élite ; le premier âgé de 27 ans, natif de Villers-Rotrou, département du Nord ; le deuxième âgé de 28 ans, natif de Paris, département de la Seine ; traduits au Conseil de guerre comme prévenus de vol avec effraction dans une maison habitée, absens et contumax, soient déclarés rebelles à la loi ; qu'en conséquence ils soient déchus du titre et des droits de citoyens français ; que leurs biens soient et demeurent séquestrés au profit de la République pendant tout le temps de leur *contumace ;* que toute action en justice leur soit interdite pendant le même temps, et qu'il soit procédé contre eux malgré leur absence.

MANDONS et ordonnons de mettre la présente à exécution, laquelle, conformément à l'art. 465 de la même loi, sera publiée et affichée, tant au domicile des *contumax* qu'à la porte de l'auditoire du Conseil.

Ordonnons que copie d'icelle sera transmise à M. le Général Chef de l'État-major général de la Division, pour être rendue publique par la voie de l'Ordre du jour.

Chargeons M. *Vantage*, Substitut-Rapporteur, de surveiller l'exécution de la présente dans tout son contenu.

Ainsi ordonné, à Paris, les jour, mois et an que dessus, sous notre seing, et scellé du timbre du Conseil. *Signé* J. B. BORREL.

Pour copie conforme : *Le Greffier du 2.ᵉ Conseil de guerre*, LHUILLIER.

Paris, le 14 Brumaire an 13.

LE MINISTRE de la guerre,

A Monsieur le Maréchal MURAT, *Gouverneur de Paris.*

J'ai l'honneur de vous prévenir, Monsieur le Maréchal, que sa Majesté impériale a décidé, qu'indépendamment de l'indemnité d'*un franc* à payer par chaque jour aux Sous-officiers et Soldats faisant partie des députations appelées au couronnement, pendant le temps qu'ils séjourneront dans les villes hors de Paris, et de celle de 1 franc 25 centimes pour chacun des jours qu'ils resteront à Paris, il serait accordé à ces Sous-officiers et Soldats une ration de pain en nature.

Je vous prie, Monsieur le Maréchal, de vouloir bien donner tous les ordres nécessaires pour que cette disposition soit connue de tous les militaires qui doivent y participer.

J'ai l'honneur de vous saluer.

Le M.ᵃˡ BERTHIER.

Monsieur le Maréchal Gouverneur de Paris recommande aux Généraux commandant les subdivisions de la première Division militaire, de donner connaissance des dispositions de la lettre du Ministre aux différentes députations appelées au couronnement, qui se trouvent sous leurs ordres.

Signé MURAT, *M.ᵃˡ d'Empire, Gouverneur de Paris.*

Pour copie conforme :

Le Général de Brigade Chef de l'État-major général du Gouvernement de Paris et de la première Division militaire,

CÉSAR BERTHIER.

GOUVERNEMENT DE PARIS.

1.ʳᵉ DIVISION MILITAIRE.

ÉTAT - MAJOR GÉNÉRAL.

Au quartier général, à Paris, le 17 Brumaire an 13.

SERVICE DE L'ÉTAT-MAJOR GÉNÉRAL.

Du 17 au 18 Brumaire.

Le Capitaine Adjoint de service à l'État - major général .... FORGEOT.
Officier de santé de service à l'État - major .... DANTREVILLE.
Secrétaire de service à l'État -major. .... CORBET.

Du 18 au 19 Brumaire.

Le Capitaine Adjoint de service à l'État - major général .... GALDEMAR.
Officier de santé de service à l'État - major .... POISSON.
Secrétaire de service à l'État -major. .... BRUNEL.

Rien de nouveau.

Le Général de Brigade Chef de l'État-major général du Gouvernement de Paris et de la première Division militaire,

CÉSAR BERTHIER.

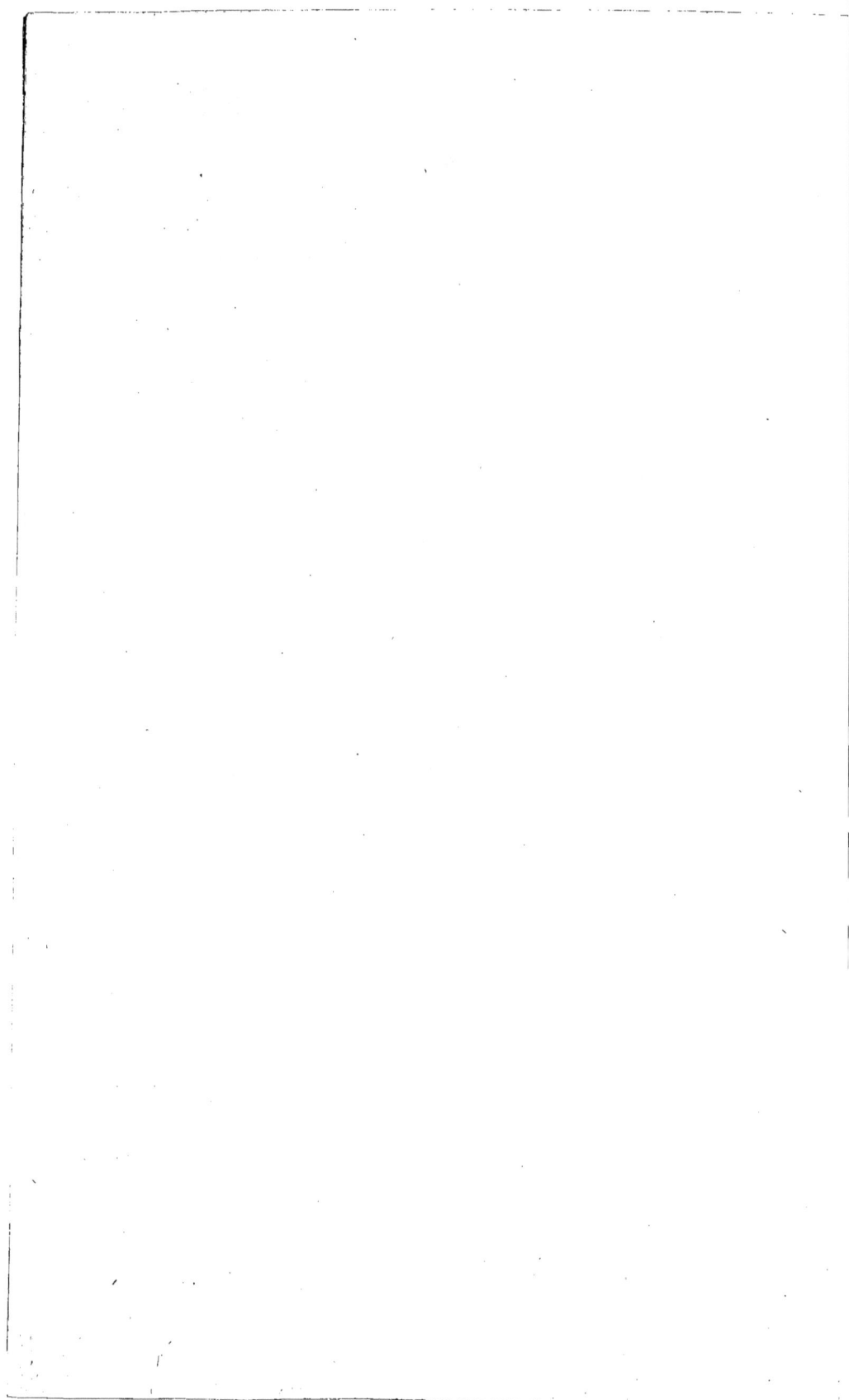

GOUVERNEMENT DE PARIS.

1.re DIVISION MILITAIRE.

ÉTAT - MAJOR GÉNÉRAL.

Au quartier général, à Paris, le 18 Brumaire an 13.

SERVICE DE L'ÉTAT-MAJOR GÉNÉRAL.

Du 18 au 19 Brumaire.

Le Capitaine Adjoint de service à l'État - major général................ GALDEMAR.
Officier de santé de service à l'État - major....................... POISSON.
Secrétaire de service à l'État-major............................... BRUNEL.

Du 19 au 20 Brumaire.

Le Capitaine Adjoint de service à l'État - major général................ AUGIAS.
Officier de santé de service à l'État - major....................... DANTREVILLE.
Secrétaire de service à l'État-major.............................. PLANTIER.

Rien de nouveau.

Le Général de Brigade Chef de l'État-major général du Gouvernement de Paris et de la première Division militaire,

CÉSAR BERTHIER.

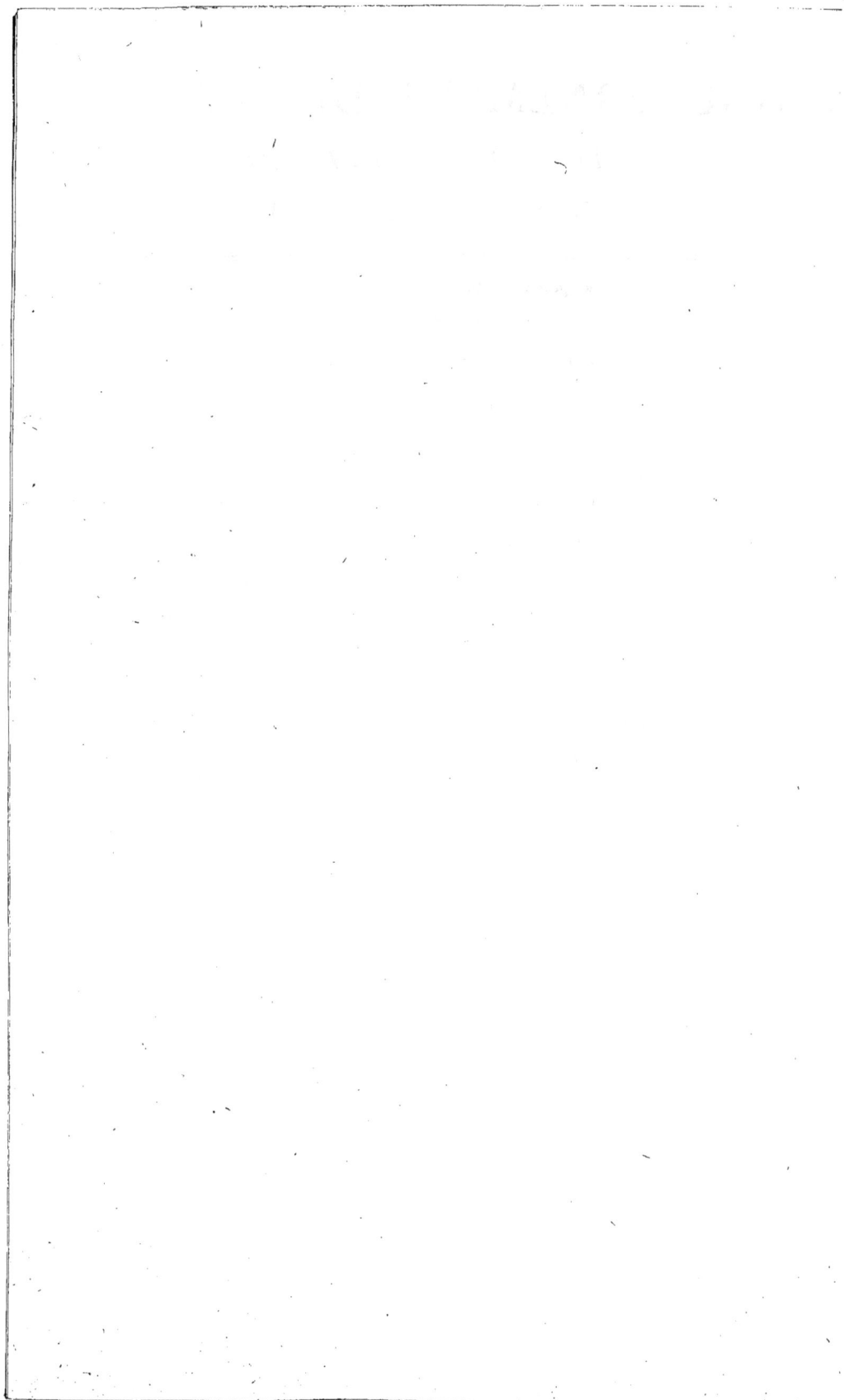

GOUVERNEMENT DE PARIS.

1.re DIVISION MILITAIRE.
ÉTAT - MAJOR GÉNÉRAL.

Au quartier général, à Paris, le 19 Brumaire an 13.

SERVICE DE L'ÉTAT-MAJOR GÉNÉRAL.

Du 19 au 20 Brumaire.

Le Capitaine Adjoint de service à l'État - major général	AUGIAS.
Officier de santé de service à l'État - major	DANTREVILLE.
Secrétaire de service à l'État - major.	PLANTIER.

Du 20 au 21 Brumaire.

Le Capitaine Adjoint de service à l'État - major général	WATHIEZ.
Officier de santé de service à l'État - major	POISSON.
Secrétaire de service à l'État - major.	BRUNEL.

Rien de nouveau.

Le Général de Brigade Chef de l'État-major général du Gouvernement de Paris et de la première Division militaire,

CÉSAR BERTHIER.

GOUVERNEMENT DE PARIS.

1.re DIVISION MILITAIRE.

ÉTAT-MAJOR GÉNÉRAL.

Au quartier général, à Paris, le 20 Brumaire an 13.

SERVICE DE L'ÉTAT-MAJOR GÉNÉRAL.

Du 20 au 21 Brumaire.

Capitaine Adjoint de service à l'État-major général................. WATHIEZ.

Officier de santé de service à l'État-major........................ POISSON.

Secrétaire de service à l'État-major.............................. BRUNEL.

Du 21 au 22 Brumaire.

Capitaine Adjoint de service à l'État-major général................ GUIARDELLE.

Officier de santé de service à l'État-major........................ DANTREVILLE.

Secrétaire de service à l'État-major.............................. LECLERC.

ORDRE GÉNÉRAL.

Monsieur le Maréchal Gouverneur de Paris ayant désigné Monsieur le Général *Lucotte* pour commander cantonnement de Meaux, Monsieur l'Adjudant commandant *Bonel* pour celui de Saint-Germain, et Monsieur l'Adjudant commandant *Dufour* pour celui de Pontoise, les Chefs des différentes députations cantonnées dans ces places s'adresseront respectivement à chacun de ces Officiers pour toutes les réclamations qu'ils auraient à faire. Les Chefs des députations cantonnées à Versailles et Melun s'adresseront aux Généraux *Charlot* et *Chanez*.

Monsieur le Maréchal Gouverneur de Paris me charge de prévenir les Officiers généraux et supérieurs commandant les cantonnemens de Versailles, Melun, Meaux, Saint-Germain et Pontoise, qu'il les autorise à délivrer des permissions de venir à Paris pour vaquer à leurs affaires, aux militaires composant les différentes députations qui sont sous leurs ordres; ils auront soin de n'en accorder qu'à un certain nombre de chaque députation à-la-fois, et d'attendre que les premiers soient rentrés à leur cantonnement, pour en donner de nouvelles.

En arrivant à Paris, les militaires et gardes nationales qui auront été autorisés à y venir, se présenteront au bureau de la police militaire, établi quai Voltaire, n.° 4, pour y faire viser leur permission.

Le Général de Brigade Chef de l'État-major général du Gouvernement de Paris et de la première Division militaire,

CÉSAR BERTHIER.

GOUVERNEMENT DE PARIS.

I.ʳᵉ *DIVISION MILITAIRE.*

ÉTAT - MAJOR GÉNÉRAL.

Au quartier général, à Paris, le 21 Brumaire an 13.

SERVICE DE L'ÉTAT-MAJOR GÉNÉRAL.

Du 21 au 22 Brumaire.

Le Capitaine Adjoint de service à l'État - major général . . . . GUIARDELLE.
Officier de santé de service à l'État - major . . . . DANTREVILLE.
Secrétaire de service à l'État - major. . . . . LECLERC.

Du 22 au 23 Brumaire.

Le Capitaine Adjoint de service à l'État - major général . . . . DELORME.
Officier de santé de service à l'État - major . . . . POISSON.
Secrétaire de service à l'État - major. . . . . DESMOULINS.

Rien de nouveau.

Le Général de Brigade Chef de l'État-major général du Gouvernement de Paris
et de la première Division militaire,

CÉSAR BERTHIER.

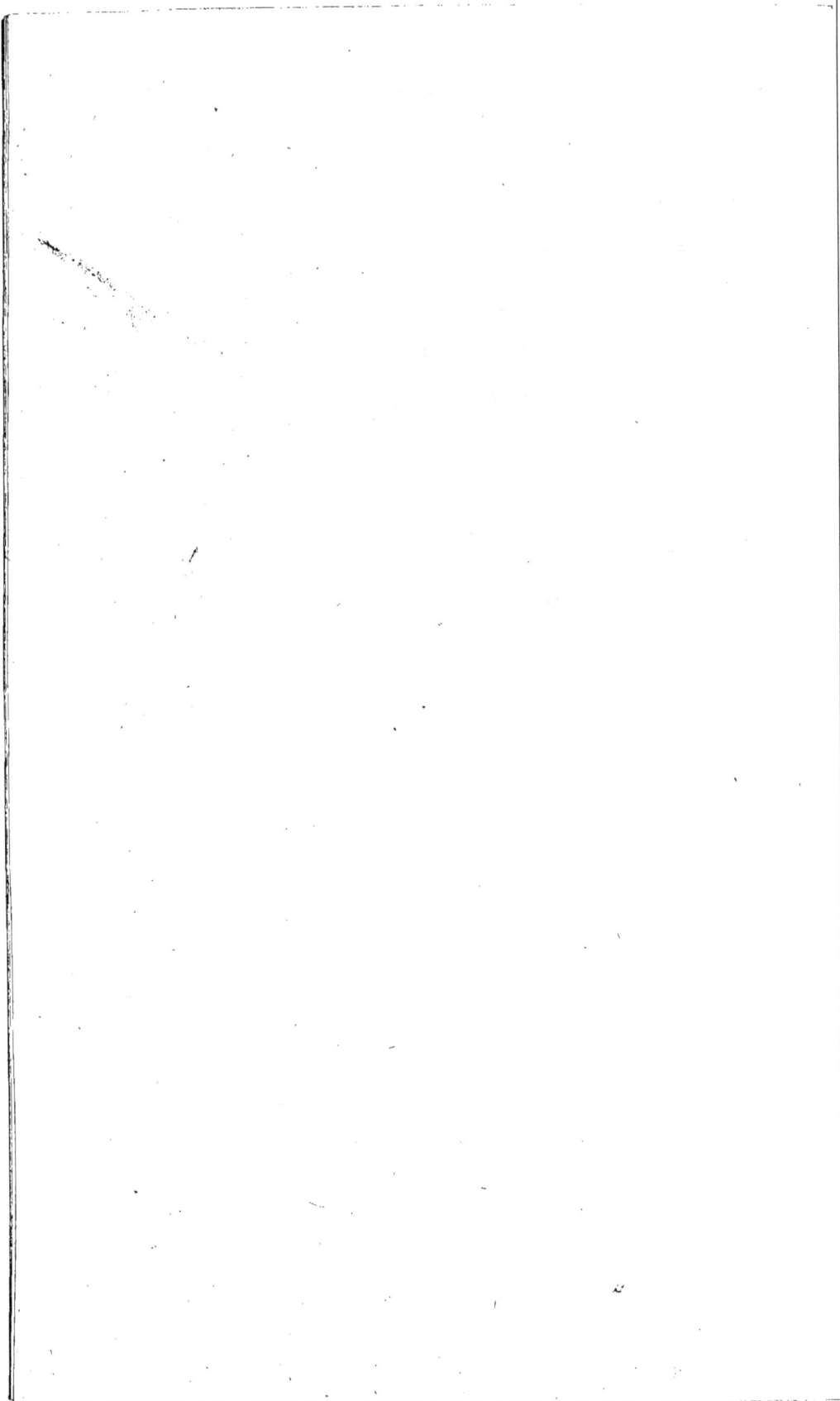

GOUVERNEMENT DE PARIS.

1.re DIVISION MILITAIRE.

ÉTAT-MAJOR GÉNÉRAL.

Au quartier général, à Paris, le 22 Brumaire an 13.

SERVICE DE L'ÉTAT-MAJOR GÉNÉRAL.

Du 22 au 23 Brumaire.

Le Capitaine Adjoint de service à l'État-major général................ GUIARDELLE.
Officier de santé de service à l'État-major......................... POISSON.
Secrétaire de service à l'État-major.............................. DESMOULINS.

Du 23 au 24 Brumaire.

Le Capitaine Adjoint de service à l'État-major général................ AUCLIR.
Officier de santé de service à l'État-major......................... DANTREVILLE.
Secrétaire de service à l'État-major.............................. DUBOIS.

ORDRE GÉNÉRAL.

Paris, le 18 Brumaire an 13.

LE MINISTRE de la Guerre,

A Monsieur le Maréchal MURAT, Gouverneur de Paris.

J'ai l'honneur de vous informer, M. le Maréchal, que sur l'observation que m'a faite de votre part le Chef de l'État-major général du Gouvernement de Paris et de la 1.re Division militaire, sur l'insuffisance des munitions accordées aux Régimens de Dragons pour leurs exercices et pour leur service journalier, j'ai décidé qu'à l'avenir, chaque Régiment de Dragons serait, pour cette fourniture, assimilé à un Bataillon d'Infanterie, et qu'il aurait droit chaque année à une délivrance de deux cent cinquante kilogrammes de poudre, et cent vingt-cinq kilogrammes de plomb.

J'ai l'honneur de vous saluer,

Signé M.^{al} BERTHIER.

Paris, le 21 Brumaire an 13.

LE MINISTRE de la Guerre,

A Monsieur le Maréchal MURAT, Gouverneur de Paris.

J'ai l'honneur de vous prévenir, M. le Maréchal, que, d'après les intentions de S. M., je donne des ordres pour faire passer une revue extraordinaire des députations de Gardes nationales qui sont déjà arrivées.

J'ai confié cette opération à M. *Denniée* fils, Commissaire des guerres, faisant les fonctions de Sous-inspecteur aux revues. Je le charge de se rendre à cet effet :

A Pontoise, le 25.   A Meaux, le 26.
A Melun, le 27.   Et à Versailles, le 24.

Je vous prie de donner les ordres nécessaires pour lui faciliter les moyens de remplir sa mission.

J'ai l'honneur de vous saluer,

Le Ministre de la Guerre,

Signé M.^{al} BERTHIER.

M. le Maréchal Gouverneur de Paris, en conséquence des dispositions de la lettre de M. le Maréchal Ministre de la Guerre, invite MM. les Officiers supérieurs, Officiers et Membres des députations de Gardes nationales, à se rendre dans leurs cantonnemens respectifs pour les époques ci-dessus désignées.

Signé MURAT.

Pour copies conformes :

Le Général de Brigade Chef de l'État-major général du Gouvernement de Paris et de la première Division militaire,

CÉSAR BERTHIER.

GOUVERNEMENT DE PARIS.

Ire DIVISION MILITAIRE.

ÉTAT-MAJOR GÉNÉRAL.

Au quartier général, à Paris, le 23 Brumaire an 13.

SERVICE DE L'ÉTAT-MAJOR GÉNÉRAL.

Du 23 au 24 Brumaire.

Le Capitaine Adjoint de service à l'État-major général . . . . AUCLER.
Officier de santé de service à l'État-major . . . . DANTREVILLE.
Secrétaire de service à l'État-major. . . . . DUBOIS.

Du 24 au 25 Brumaire.

Le Capitaine Adjoint de service à l'État-major général . . . . LONGCHAMP.
Officier de santé de service à l'État-major . . . . POISSON.
Secrétaire de service à l'État-major. . . . . BRUNEL.

ORDRE GÉNÉRAL.

Les Chefs des Corps composant la garnison de Paris, tant des Troupes de ligne que de la Garde municipale, devront adresser sans délai, à M. le Colonel *Curto*, rue Feydeau, n.° 223, l'état nominatif et par grade, des Membres des députations de ces Corps.

Le Général de Brigade Chef de l'État-major général du Gouvernement de Paris et de la première Division militaire,

CÉSAR BERTHIER.

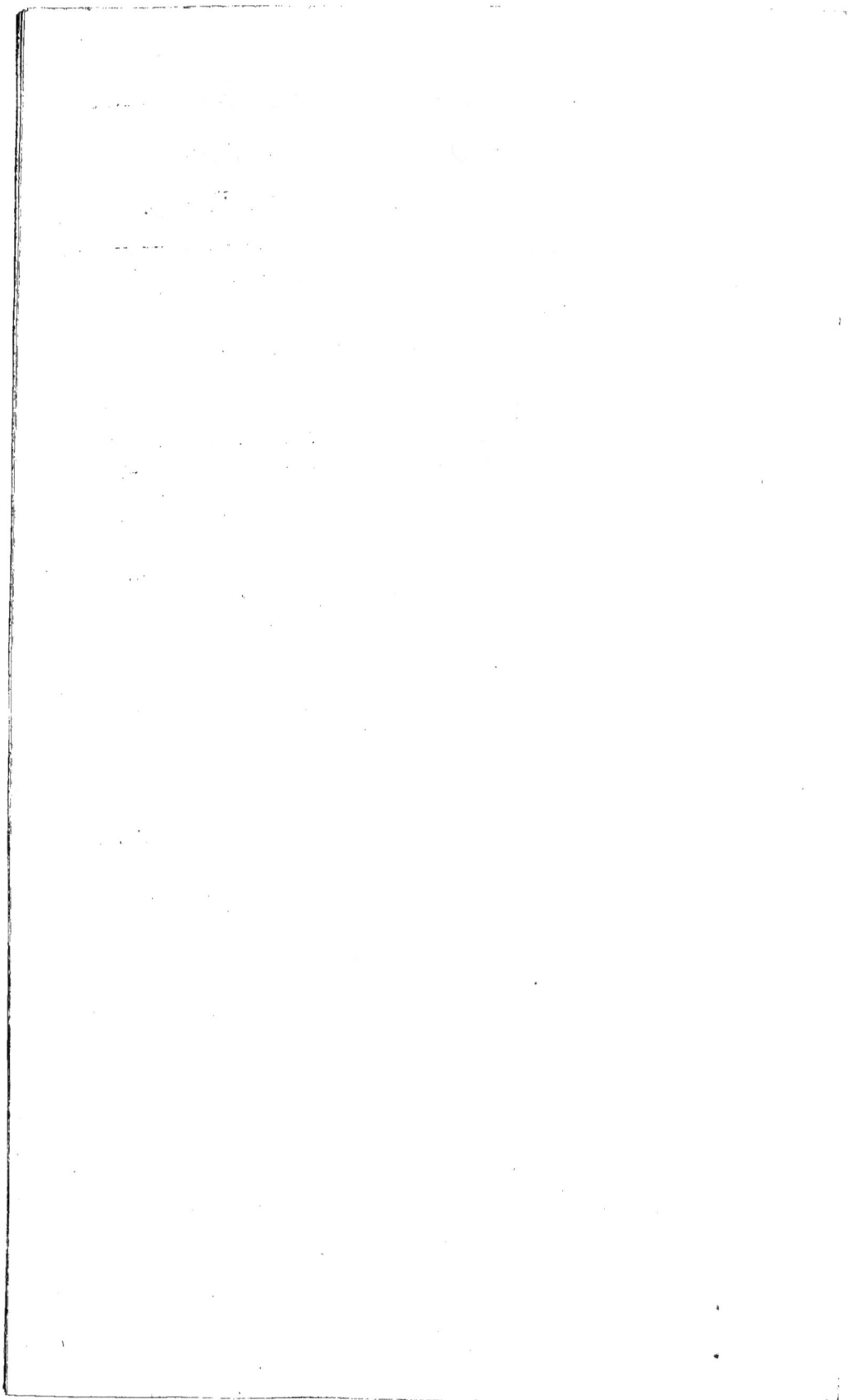

GOUVERNEMENT DE PARIS.
1.re DIVISION MILITAIRE.
ÉTAT-MAJOR GÉNÉRAL.

Au quartier général, à Paris, le 24 Brumaire an 13.

SERVICE DE L'ÉTAT-MAJOR GÉNÉRAL.
Du 24 au 25 Brumaire.

Le Capitaine Adjoint de service à l'État-major général................ LONGCHAMP.
Officier de santé de service à l'État-major........................ POISSON.
Secrétaire de service à l'État-major............................. CORBET.

Du 25 au 26 Brumaire.

Le Capitaine Adjoint de service à l'État-major général................ FORGEOT.
Officier de santé de service à l'État-major....................... DANTREVILLE.
Secrétaire de service à l'État-major............................. BRUNEL.

ORDRE GÉNÉRAL.

Paris, le 21 Brumaire an 13.

A Monsieur le Maréchal MURAT, Gouverneur de Paris.

J'ai rendu compte à l'Empereur, M. le Maréchal, des réclamations qui m'ont été adressées relativement à une disposition de l'ordonnance de 1768, qui attribue l'arme des officiers décédés à l'officier chargé du soin de leurs obsèques.

Sa Majesté a pensé que les armes d'honneur, toujours méritées par des actions éclatantes, et l'épée des officiers décédés après avoir bien servi leur pays, sont une propriété sacrée, et la portion la plus précieuse de leur héritage ; que l'aspect de ces armes doit nécessairement inspirer aux descendans de ceux qui les ont obtenues ou portées, le desir de suivre leurs glorieux exemples.

Sa Majesté a décidé en conséquence, le 5 Brumaire, d'après l'avis du conseil d'État :

1.° Que, dans aucun cas, les Officiers de service pour des obsèques, n'ont, à ce titre, aucune prétention à former sur l'épée, ni moins encore sur les armes d'honneur des militaires décédés ;

2.° Que les militaires qui ont obtenu des armes d'honneur, ont incontestablement le droit d'en disposer par testament ; que, lorsqu'ils n'en auront pas disposé ainsi, ces armes doivent être envoyées par le Commandant de la place ou du lieu, au Maire de la Commune du domicile du décédé, pour être, par ce magistrat, remises avec solennité, et en présence du Conseil municipal, à ses héritiers ; qu'il doit en être de même de l'épée de tout officier mort sur le champ de bataille ou des suites de ses blessures; et que celle des autres Officiers doit être remise à leurs héritiers avec les autres parties de leur héritage.

Je vous prie, monsieur le Maréchal, de faire mettre cette décision de l'Empereur à l'ordre de la 1.re Division, et de tenir la main à son exécution.

J'ai l'honneur de vous saluer,

Le Ministre de la Guerre,

Signé M.^{al} BERTHIER.

D'après les dispositions de la lettre du Ministre de la guerre, ci-dessus transcrite, M. le Maréchal Gouverneur de Paris recommande aux Généraux commandant les subdivisions de la 1.re division militaire, de tenir la main à ce que les intentions de sa Majesté soient ponctuellement suivies dans leur commandement respectif.

Signé M.^{al} MURAT.

Pour copies conformes :

Le Général de Brigade Chef de l'État-major général du Gouvernement de Paris et de la première Division militaire,

CÉSAR BERTHIER.

GOUVERNEMENT DE PARIS.

1.re DIVISION MILITAIRE.

ÉTAT-MAJOR GÉNÉRAL.

Au quartier général, à Paris, le 25 Brumaire an 13.

SERVICE DE L'ÉTAT-MAJOR GÉNÉRAL.

Du 25 au 26 Brumaire.

Le Capitaine Adjoint de service à l'État-major général . . . . FORGEOT.
Officier de santé de service à l'État-major . . . . DANTREVILLE.
Secrétaire de service à l'État-major. . . . . BRUNEL.

Du 26 au 27 Brumaire.

Le Capitaine Adjoint de service à l'État-major général. . . . . GALDEMAR.
Officier de santé de service à l'État-major. . . . . POISSON.
Secrétaire de service à l'État-major. . . . . PLANTIER.

ORDRE GÉNÉRAL.

D'après les ordres de M. le Maréchal Gouverneur de Paris, chacune des députations des Corps employés dans la 1.re Division militaire, devant, conformément à la lettre écrite hier aux Commandans des subdivisions, arriver le 6 frimaire prochain à Paris, enverra à l'avance un Sous-officier qui se présentera le 4, à huit heures du matin, au Quartier-général, rue des Capucines, pour recevoir l'ordre de logement de la députation dont il fera partie, et prendre par lui-même connaissance de son casernement.

Les députations cantonnées à Versailles, Saint-Germain, Pontoise, Melun et Meaux, devront être rendues le 5 frimaire à Paris ; chacune d'elles enverra également à l'avance un Sous-officier, qui devra se présenter le 3 au Quartier-général, pour le motif ci-dessus énoncé.

Les Commandans des subdivisions et cantonnemens sont chargés d'assurer l'exécution de cette mesure.

Le Général de Brigade Chef de l'État-major général du Gouvernement de Paris et de la première Division militaire,

CÉSAR BERTHIER.

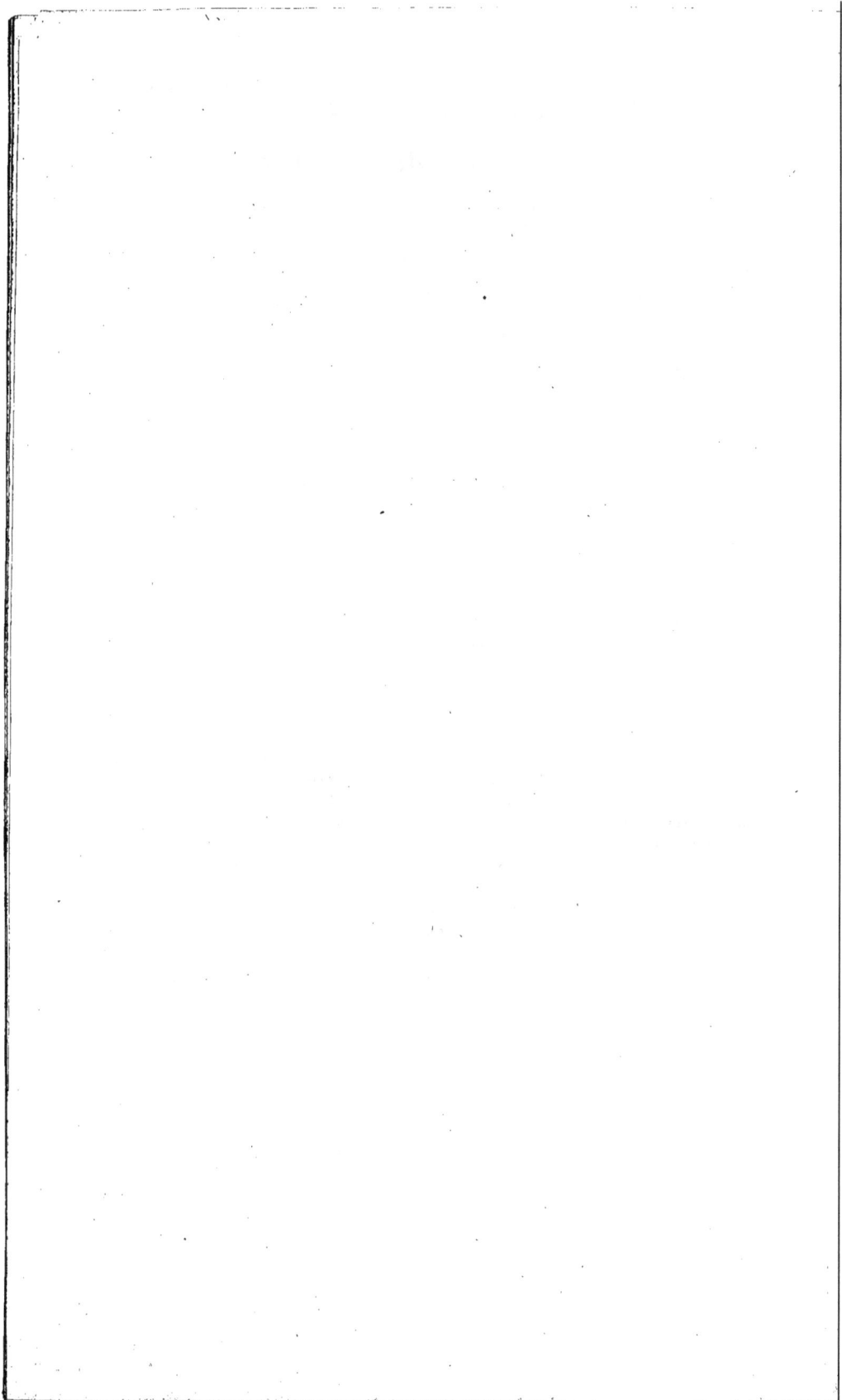

GOUVERNEMENT DE PARIS.

1.re DIVISION MILITAIRE.

ÉTAT-MAJOR GÉNÉRAL.

Au quartier général, à Paris, le 26 Brumaire an 13.

SERVICE DE L'ÉTAT-MAJOR GÉNÉRAL.

Du 26 au 27 Brumaire.

Le Capitaine Adjoint de service à l'État-major général.............. GALDEMAR.
Officier de santé de service à l'État-major...................... POISSON.
Secrétaire de service à l'État-major.......................... PLANTIER.

Du 27 au 28 Brumaire.

Le Capitaine Adjoint de service à l'État-major général.............. AUGIAS.
Officier de santé de service à l'État-major...................... DANTREVILLE.
Secrétaire de service à l'État-major.......................... DESMOULINS.

ORDRE GÉNÉRAL.

Le Colonel *Curto* fera connaître à son Excellence M. le Maréchal Gouverneur, le plutôt possible, l'état de situation des Gardes nationales par département ; il y sera fait sur-tout mention de l'état de leur habillement et équipement

M. le Maréchal Gouverneur prévient les Gardes nationales qui assisteront au couronnement, qu'elles doivent êtré en grande tenue et uniformément.

Il y aura grande parade dimanche au palais impérial des Tuileries ; les 18.e Régiment d'Infanterie de ligne, 4.e d'Infanterie légère, le 1.er Régiment de la Garde municipale, le 27.e Régiment de Dragons (à pied) ; les 1.er, 3.e et 11.e Régimens de Cuirassiers y seront passés en revue par sa Majesté l'Empereur.

M. le Maréchal Gouverneur, recommande la tenue la plus sévère.

Le Général de Brigade Chef de l'État-major général du Gouvernement de Paris
et de la première Division militaire,

CÉSAR BERTHIER.

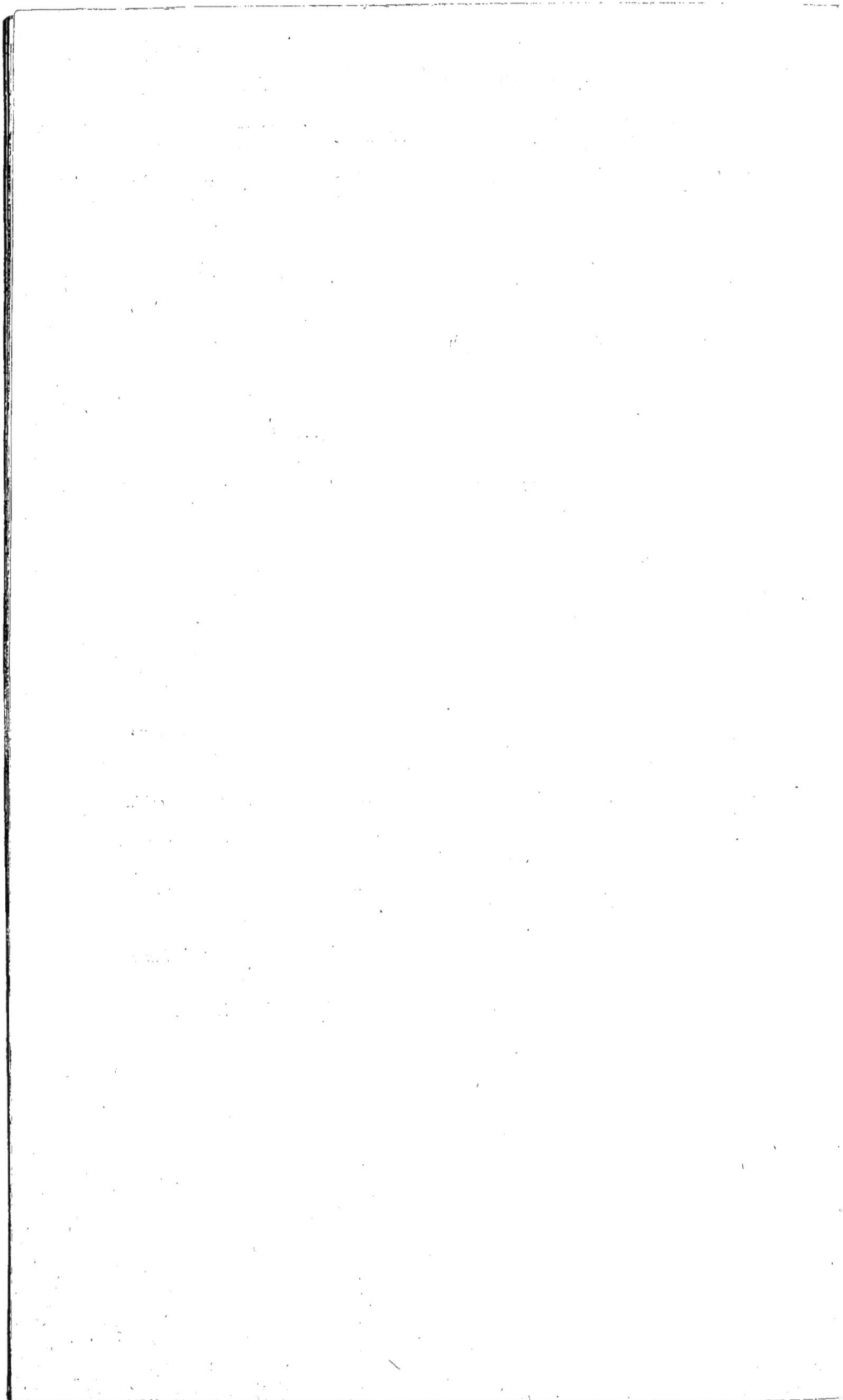

GOUVERNEMENT DE PARIS.

1.ʳᵉ *DIVISION MILITAIRE.*
ÉTAT-MAJOR GÉNÉRAL.

Au quartier général, à Paris, le 27 Brumaire an 13.

SERVICE DE L'ÉTAT-MAJOR GÉNÉRAL.

Du 27 au 28 Brumaire.

Le Capitaine Adjoint de service à l'État-major général................ AUGIAS.
Officier de santé de service à l'État-major........................ DANTREVILLE.
Secrétaire de service à l'État-major............................... DESMOULINS.

Du 28 au 29 Brumaire.

Le Capitaine Adjoint de service à l'État-major général................ WATHIEZ.
Officier de santé de service à l'État-major........................ POISSON.
Secrétaire de service à l'État-major............................... LECLERC.

Rien de nouveau.

Le Général de Brigade Chef de l'État-major général du Gouvernement de Paris et de la première Division militaire,

CÉSAR BERTHIER.

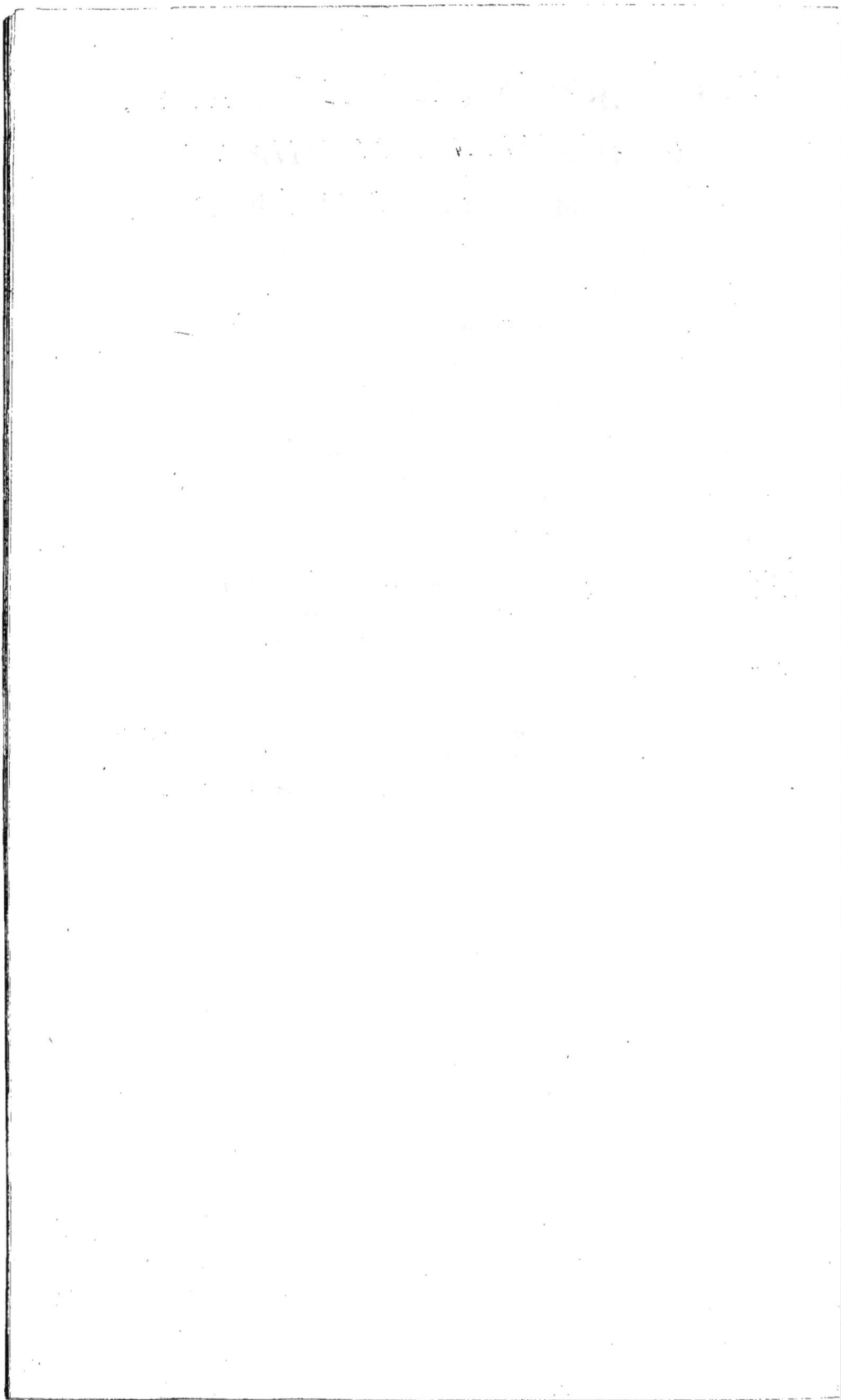

GOUVERNEMENT DE PARIS.

1.ʳᵉ *DIVISION MILITAIRE.*

ÉTAT-MAJOR GÉNÉRAL.

Au quartier général, à Paris, le 28 Brumaire an 13.

SERVICE DE L'ÉTAT-MAJOR GÉNÉRAL.

Du 28 au 29 Brumaire.

Le Capitaine Adjoint de service à l'État-major général................. WATHIEZ.
Officier de santé de service à l'État-major........................ POISSON.
Secrétaire de service à l'État-major............................... LECLERC.

Du 29 au 30 Brumaire.

Le Capitaine Adjoint de service à l'État-major général............... GUIARDELLE.
Officier de santé de service à l'État-major....................... DANTREVILLE.
Secrétaire de service à l'État-major.............................. DESMOULINS.

Rien de nouveau.

*Le Général de Brigade Chef de l'État-major général du Gouvernement de Paris
et de la première Division militaire,*

CÉSAR BERTHIER.

GOUVERNEMENT DE PARIS.
1.ʳᵉ DIVISION MILITAIRE.
ÉTAT - MAJOR GÉNÉRAL.

Au quartier général, à Paris, le 29 Brumaire an 13.

SERVICE DE L'ÉTAT-MAJOR GÉNÉRAL.
Du 29 au 30 Brumaire.

Le Capitaine Adjoint de service à l'État - major général . . . . GUIARDELLE.
Officier de santé de service à l'État - major . . . . DANTREVILLE.
Secrétaire de service à l'État - major . . . . DESMOULINS.

Du 30 Brumaire au 1.ᵉʳ Frimaire.

Le Capitaine Adjoint de service à l'État - major général . . . . DELORME.
Officier de santé de service à l'État - major . . . . POISSON.
Secrétaire de service à l'État - major . . . . DUBOIS.

ORDRE GÉNÉRAL.

Paris, le 25 Brumaire an 13.

Le Ministre de la guerre,
A Monsieur le Maréchal MURAT, Gouverneur de Paris.

J'ai l'honneur de vous informer, Monsieur le Maréchal, que, par une nouvelle décision du 16 de ce mois, SA MAJESTÉ vient de régler qu'il serait accordé aux Capitaines, Lieutenans et Sous - Lieutenans faisant partie des députations envoyées par les corps pour assister au couronnement de l'Empereur, une indemnité de 5 francs par chaque jour, et ce, à compter du lendemain de leur arrivée dans les cantonnemens.

Au moyen de quoi, cette indemnité remplacera, à l'égard de ces Officiers seulement, le mois d'appointemens qui avait d'abord été déterminé par la première décision du 5 vendémiaire; mais si, à raison du séjour qu'ils seront dans le cas de faire, tant dans les cantonnemens qu'à Paris, le paiement des 5 francs dont il s'agit, ne s'élevait pas à un mois d'appointemens de leur grade, chaque Officier recevrait, avant son départ, le complément de cette somme à titre de gratification.

J'ai fait passer au Comité des revues les instructions nécessaires pour l'exécution des ordres de SA MAJESTÉ; je vous prie, Monsieur le Maréchal, de vouloir bien donner ceux que vous jugerez à propos, pour que les Officiers qui font partie des députations, soient prévenus de cette nouvelle disposition.

J'ai l'honneur de vous saluer.

Signé M.ᵃˡ BERTHIER.

Pour copie conforme :

Le Général de Brigade Chef de l'État-major général du Gouvernement de Paris et de la première Division militaire,

CÉSAR BERTHIER.

GOUVERNEMENT DE PARIS.

1.re *DIVISION MILITAIRE.*

ÉTAT-MAJOR GÉNÉRAL.

Au quartier général, à Paris, le 30 Brumaire an 13.

SERVICE DE L'ÉTAT-MAJOR GÉNÉRAL.

Du 30 Brumaire au 1.er Frimaire.

Le Capitaine Adjoint de service à l'État-major général................ DELORME.
Officier de santé de service à l'État-major......................... POISSON.
Secrétaire de service à l'État-major............................... DUBOIS.

Du 1.er au 2 Frimaire.

Le Capitaine Adjoint de service à l'État-major général................ AUCLER.
Officier de santé de service à l'État-major......................... DANTREVILLE.
Secrétaire de service à l'État-major............................... CORBET.

Rien de nouveau.

Le Général de Brigade Chef de l'État-major général du Gouvernement de Paris et de la première Division militaire,

CÉSAR BERTHIER.

GOUVERNEMENT DE PARIS.

1.re DIVISION MILITAIRE.

ÉTAT-MAJOR GÉNÉRAL.

Au quartier général, à Paris, le 1.er Frimaire an 13.

SERVICE DE L'ÉTAT-MAJOR GÉNÉRAL.

Du 1.er au 2 Frimaire.

Le Capitaine Adjoint de service à l'État-major général . . . . AUCLER.
Officier de santé de service à l'État-major . . . . DANTREVILLE.
Secrétaire de service à l'État-major. . . . . CORBET.

Du 2 au 3 Frimaire.

Le Capitaine Adjoint de service à l'État-major général . . . . LONGCHAMP.
Officier de santé de service à l'État-major . . . . POISSON.
Secrétaire de service à l'État-major. . . . . BRUNEL.

Rien de nouveau.

Le Général de Brigade Chef de l'État-major général du Gouvernement de Paris
et de la première Division militaire,

CÉSAR BERTHIER.

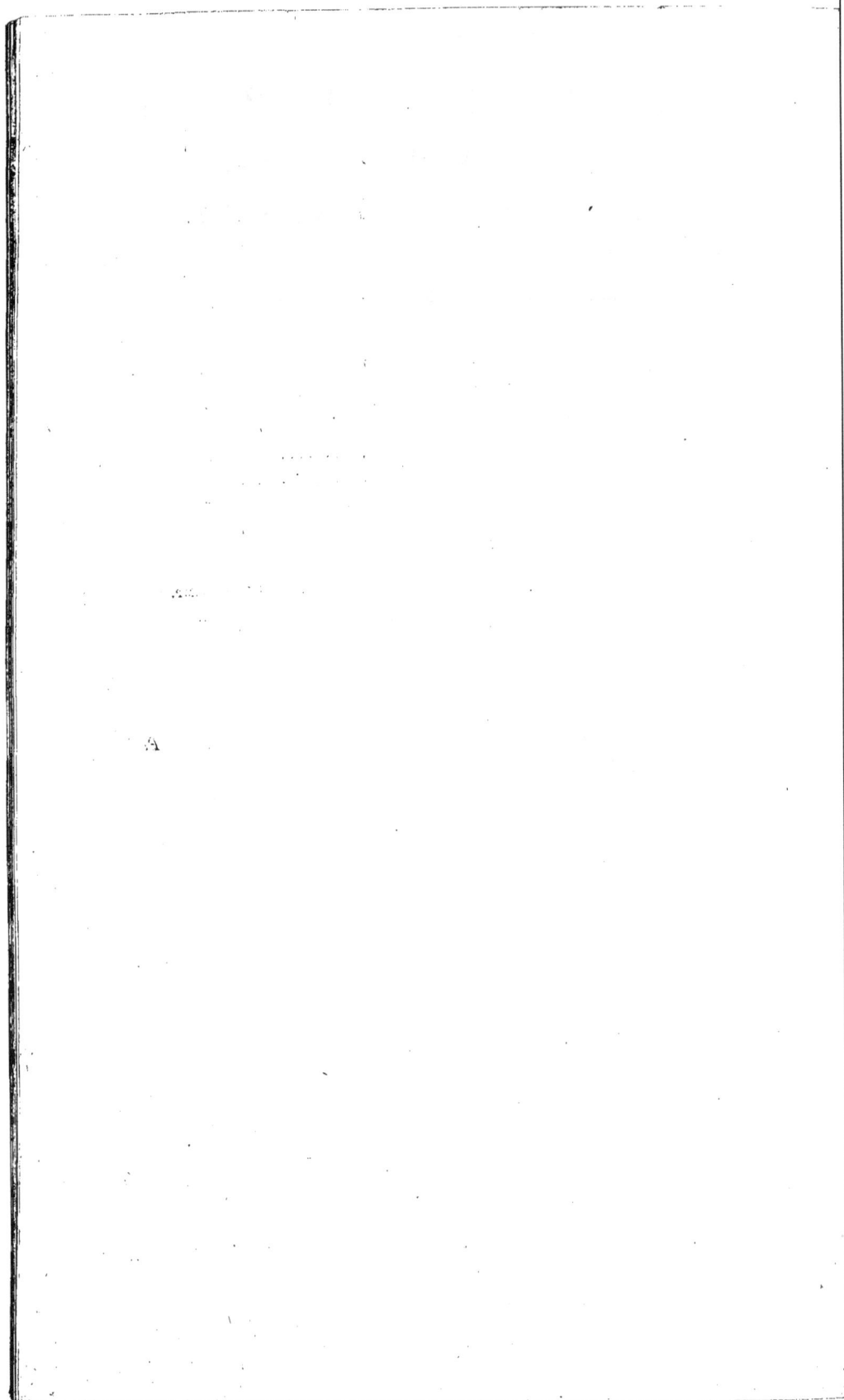

GOUVERNEMENT DE PARIS.

1.ʳᵉ *DIVISION MILITAIRE.*

ÉTAT-MAJOR GÉNÉRAL.

Au quartier général, à Paris, le 2 Frimaire an 13.

SERVICE DE L'ÉTAT-MAJOR GÉNÉRAL.

Du 2 au 3 Frimaire.

Le Capitaine Adjoint de service à l'État-major général................ LONGCHAMP.
Officier de santé de service à l'État-major......................... POISSON.
Secrétaire de service à l'État-major.............................. BRUNEL.

Du 3 au 4 Frimaire.

Le Capitaine Adjoint de service à l'État-major général ....
Officier de santé de service à l'État-major........................... DANTREVILLE.
Secrétaire de service à l'État-major.............................. PLANTIER.

ORDRE GÉNÉRAL.

M. le Maréchal Gouverneur de Paris, en conformité de l'instruction de M. le Maréchal-Ministre de la guerre, en date du 5 floréal an 9, fait connaître, par la voie de l'Ordre général, les deux Ordonnances de sequestre rendues le 18 brumaire dernier, par le Président du 2.ᵉ Conseil de guerre séant à Paris, contre deux militaires contumax.

2.ᵉ CONSEIL DE GUERRE PERMANENT DE LA 1.ᵉʳᵉ DIVISION MILITAIRE.

1.ʳᵉ *Ordonnance de sequestre.*

Cejourd'hui dix-huit brumaire de l'an treizième;

Nous, Jean-Baptiste-Joseph-Noël *Borrel*, Adjudant-Commandant, Officier de la Légion d'honneur, Président du 2.ᵉ Conseil de guerre;

Vu l'article 464 de la loi du 3 brumaire an 4, et notre ordonnance de perquisition en date du 8 du présent mois;

Ordonnons que le nommé François *Leger*, caporal au 18.ᵉ régiment d'infanterie de ligne, 2.ᵉ bataillon, 4.ᵉ compagnie; âgé de 33 ans, natif de Monceau, canton d'Augard, département de Seine-et-Marne; traduit au Conseil comme prévenu d'avoir volé le prêt de son escouade, absent et contumax, soit déclaré rebelle à la loi; qu'en conséquence il soit déchu du titre et des droits de citoyen français; que ses biens soient et demeurent sequestrés au profit de la République pendant tout le temps de sa *contumace;* que toute action en justice lui soit interdite pendant tout ce temps, et qu'il soit procédé contre lui malgré son absence.

MANDONS et ordonnons de mettre la présente à exécution, laquelle, conformément à l'article 465 de la même loi, sera publiée et affichée, tant au domicile présumé du *contumax*, qu'à la porte de l'auditoire du Conseil.

Ordonnons que copie d'icelle sera transmise à M. le Général Chef de l'État-major général de la Division, pour être rendue publique par la voie de l'Ordre général de la Division.

Chargeons M. *Vantage*, Substitut-Rapporteur, de surveiller l'exécution de la présente dans tout son contenu.

Ainsi ordonné, à Paris, les jour, mois et an que dessus, sous notre seing, et scellé du timbre du Conseil.

Signé J. B. BORREL.

Pour copie conforme : *Le Greffier du 2.ᵉ Conseil de guerre,* LHUILLIER.

2.ᵉ *Ordonnance de sequestre.*

Cejourd'hui dix-huit brumaire de l'an treizième ;

Nous, Jean-Baptiste-Joseph-Noël *Borrel*, Adjudant - Commandant, Officier de la Légion d'honneur, Président du 2.ᵉ Conseil de guerre ;

Vu l'article 464 de la Loi du 3 brumaire an 4, et notre Ordonnance de perquisition en date du 8 du présent ;

Ordonnons que le nommé *Pierre-François Badin*, caporal - fourrier au 4.ᵉ régiment d'infanterie légère, première compagnie de Voltigeurs ; âgé de vingt-quatre ans, natif de Vannes, département du Morbihan ; traduit au Conseil comme prévenu d'avoir volé le prêt de sa compagnie, absent et contumax, soit déclaré rebelle à la loi ; qu'en conséquence il soit déchu du titre et des droits de citoyen français ; que ses biens soient et demeurent sequestrés au profit de la République pendant tout le temps de sa *contumace* ; que toute action en justice lui soit interdite pendant le même temps, et qu'il soit procédé contre lui malgré son absence.

MANDONS et ordonnons de mettre la présente à exécution, laquelle, conformément à l'article 465 de ladite loi, sera publiée et affichée, tant au domicile présumé du contumax, qu'à la porte de l'auditoire du Conseil.

Ordonnons que copie d'icelle sera transmise à M. le Général Chef de l'État-major général de la Division, pour être rendue publique par la voie de l'Ordre du jour ;

Chargeons M. *Rousset*, Capitaine-Rapporteur, de surveiller l'exécution de la présente dans tout son contenu.

Ainsi ordonné, à Paris, les jour, mois et an que dessus, sous notre seing, et scellé du timbre du Conseil ; ainsi *signé* J. B. BORREL.

Pour copie conforme : *Le Greffier du 2.ᵉ Conseil de guerre*, LHUILLIER,

Le Général de Brigade Chef de l'État-major général du Gouvernement de Paris et de la première Division militaire,

CÉSAR BERTHIER.

GOUVERNEMENT DE PARIS.

1.ʳᵉ DIVISION MILITAIRE.

ÉTAT - MAJOR GÉNÉRAL.

Au quartier général, à Paris, le 3 Frimaire an 13.

SERVICE DE L'ÉTAT-MAJOR GÉNÉRAL.

Du 3 au 4 Frimaire.

Le Capitaine Adjoint de service à l'État - major général .... GALDEMAR.
Officier de santé de service à l'État - major .... DANTREVILLE.
Secrétaire de service à l'État - major. .... PLANTIER.

Du 4 au 5 Frimaire.

Le Capitaine Adjoint de service à l'État - major général .... AUGIAS.
Officier de santé de service à l'État - major .... POISSON.
Secrétaire de service à l'État - major. .... CORBET.

ORDRE GÉNÉRAL.

Les troupes de la première Division militaire sont prévenues que Monsieur le Maréchal MURAT se rendra Dimanche, 4 du courant, à l'hôtel-de-ville, pour y faire entériner ses lettres de Gouverneur de Paris.

Le Général de Brigade Chef de l'État-major général du Gouvernement de Paris et de la première Division militaire,

CÉSAR BERTHIER.

GOUVERNEMENT DE PARIS.

1.ʳᵉ DIVISION MILITAIRE.

ÉTAT-MAJOR GÉNÉRAL.

Au quartier général, à Paris, le 4 Frimaire an 13.

SERVICE DE L'ÉTAT-MAJOR GÉNÉRAL.

Du 4 au 5 Frimaire.

Le Capitaine Adjoint de service à l'État-major général............... AUGIAS.
Officier de santé de service à l'État-major....................... POISSON.
Secrétaire de service à l'État-major............................. CORBET.

Du 5 au 6 Frimaire.

Le Capitaine Adjoint de service à l'État-major général................ WATHIEZ.
Officier de santé de service à l'État-major........................ DANTREVILLE.
Secrétaire de service à l'État-major.............................. LECLERC.

ORDRE GÉNÉRAL.

Monsieur le Maréchal Gouverneur de Paris, en exécution de l'arrêté du 13 brumaire an 10, relatif aux revues, ordonne que Messieurs les Aides-de-camp des Officiers généraux qui sont mensuellement établis sur les revues du Colonel *Grobert*, Sous-inspecteur aux revues, aient à se présenter, ainsi que les autres Officiers, du 25 au 30 de chaque mois, dans les bureaux de cet Officier, et y signer une feuille de présence.

Le Général de Brigade Chef de l'État-major général du Gouvernement de Paris et de la première Division militaire,

CÉSAR BERTHIER.

GOUVERNEMENT DE PARIS.

1.re DIVISION MILITAIRE.

ÉTAT - MAJOR GÉNÉRAL.

Au quartier général, à Paris, le 5 Frimaire an 13.

SERVICE DE L'ÉTAT-MAJOR GÉNÉRAL.

Du 5 au 6 Frimaire.

Les Capitaines Adjoints de service à l'État - major général . . . . { GUIARDELLE. / DELORME.

Officier de santé de service à l'État - major . . . . DANTREVILLE.

Secrétaire de service à l'État-major. . . . . LECLERC.

Du 6 au 7 Frimaire.

Les Capitaines Adjoints de service à l'État - major général . . . . { AUCLER. / LONGCHAMP.

Officier de santé de service à l'État - major . . . . POISSON.

Secrétaire de service à l'Etat-major. . . . . DESMOULINS.

ORDRE GÉNÉRAL.

M. le Maréchal Gouverneur de Paris, voulant, par un acte de clémence, consacrer la journée mémorable où les Militaires composant les troupes de la Division et du Gouvernement de Paris ont été appelés pour l'accompagner à l'entérinement de ses lettres de Gouverneur de cette ville, a ordonné que les Sous-officiers et Soldats qui se trouveraient en ce moment détenus pour cause de discipline militaire, seraient de suite mis en liberté et renvoyés à leurs corps respectifs.

En leur accordant cette grâce, M. le Maréchal Gouverneur espère que leur conduite et leur obéissance militaires ne lui feront point regretter de les avoir fait participer, par un bienfait, à la satisfaction que cette journée lui a procurée.

En conséquence, MM. les Colonels ou Majors commandant les corps de la garnison de Paris feront mettre de suite à exécution les ordres de M. le Maréchal Gouverneur.

LES troupes composant la garnison de Paris sont prévenues que le magasin des liquides, qui avait été placé porte Saint-Honoré, dans la caserne des Vétérans, est maintenant établi rue Saint-Honoré, n.° 18, près celle Saint-Florentin.

Le Général de Brigade Chef de l'État-Major général,

CÉSAR BERTHIER.

ORDRE du jour du 4 Frimaire.

M. le Maréchal *Murat*, Gouverneur de Paris, ordonne :

Le Colonel *Vabre* du 11.e Régiment d'infanterie de ligne commandera la caserne de la rue Verte ;

Le Colonel *Lobrant* du 3.e Régiment d'artillerie à pied, celle de la Pépinière ;

Le Colonel *Maubourg* du 22.e Régiment de chasseurs, celle du Petit-Luxembourg ;

Le Colonel *Barbier* du 2.e Régiment de hussards, celle de l'Arsenal ;

Le Capitaine de vaisseau *Frère* de la marine, celle de l'hôtel Soubise ;

Le Colonel *Avice* du 29.ᵉ de dragons, celle de Popincourt ;

Le Colonel *Offenstein* du 17.ᵉ Régiment de cuirassiers, celle des Carmes, place Maubert.

Les Colonels auront, chacun à leurs ordres, un Adjudant d'arrondissement ; ils leur donneront tous les ordres qu'ils croiront convenables pour que la tranquillité, l'ordre et la propreté intérieure des quartiers soient tels que les réglemens militaires le prescrivent.

Il sera établi à chaque quartier une garde de police, commandée par un Sergent, ou un Maréchal-des-logis : le nombre en sera déterminé par le Commandant de la caserne.

L'Adjudant d'arrondissement sera chargé de réunir cette garde, et de désigner journellement le nombre que chaque Régiment devra fournir, de manière que les Régimens qui fourniront n'aient de service qu'un quart des Sous-officiers, et la moitié des soldats ou cavaliers : ce service commencera par les premiers Régimens, et ainsi de suite.

L'Adjudant d'arrondissement sera chargé de faire faire les appels aux mêmes heures que dans les Corps de la garnison. Les comptes de ces appels seront rendus par écrit, signés du plus ancien Sous-officier de chaque députation, et remis au Sous-officier de la garde de police ; l'Adjudant d'arrondissement fera un billet général d'appel, qu'il enverra au Commandant de la caserne : un double de ce billet sera envoyé au Colonel *Curto*, qui devra en rendre compte au Chef de l'État-major général.

Le rapport du matin sera fait, ainsi qu'il est prescrit par le réglement de police intérieure des Corps ; les Commandans des députations en enverront copie aux Colonels commandant les sections ; les Colonels des sections au Colonel commandant la brigade, et ce dernier au Colonel *Curto*.

La même progression sera suivie pour les ordres qui devront être envoyés aux députations.

Afin d'éviter toute espèce de retard dans l'envoi des ordres, il sera fourni journellement des ordonnances ; savoir, chez les Commandans de section, un Sous-officier ou soldat, par chaque députation ; chez le Commandant de brigade, un Sous-officier ou soldat par chaque section de la Brigade ; et chez le Colonel *Curto*, un Sous-officier ou soldat par Brigade.

La même ordre aura lieu dans les Brigades de gardes nationales et gardes d'honneur ; lesquelles devront aussi, tous les matins, envoyer le rapport des vingt-quatre heures, comme il a été prescrit plus haut.

Toutes les fois que les députations devront se rassembler, elles seront réunies par les Commandans des Brigades, et conduites par eux, en ordre, au lieu du rassemblement général. Le Colonel *Curto* désignera un lieu de rassemblement particulier pour chaque Brigade.

M. le Maréchal *Murat* passera le 9 (au Champ-de-Mars, et à l'heure qui sera indiquée la veille) la revue de toutes ces députations ; elles devront être en grande tenue ; MM. les Officiers y seront en bottes.

Les députations d'infanterie, de dragons et de gardes nationales seront formées sur trois rangs ; celles de cavalerie seront sur deux rangs : les Commandans des députations seront les seuls hors du rang.

Les Commandans de Brigades feront marquer chaque section en autant de divisions qu'il se trouvera de fois vingt-quatre files : les plus anciens Colonels les commanderont.

Dans l'ordre de bataille, chaque brigade conservera d'une brigade à une autre, l'intervalle prescrit pour un bataillon : le quart seulement des députations devant être placé dans l'église Notre-Dame ; le colonel *Curto* fera connaître aux Chefs de députations, le nombre par grade que chaque députation devra fournir ; il désignera aussi un Officier supérieur par section, pour rester avec le reste des députations qui sont destinées à border la haie sur le passage de sa Majesté. L'emplacement que ces parties de députations devront occuper, sera désigné la veille à chaque Commandant de section.

MURAT.

Le Général de Brigade Chef de l'État-major général du Gouvernement de Paris et de la première Division militaire,

César BERTHIER.

GOUVERNEMENT DE PARIS.

Ire DIVISION MILITAIRE.

ÉTAT-MAJOR GÉNÉRAL.

Au quartier général, à Paris, le 6 Frimaire an 13.

SERVICE DE L'ÉTAT-MAJOR GÉNÉRAL.

Du 6 au 7 Frimaire.

Les Capitaines Adjoints de service à l'État-major général. . . . . $\left\{\begin{array}{l}\text{AUCLER.} \\ \text{LONGCHAMP.}\end{array}\right.$

Officier de santé de service à l'État-major. . . . . POISSON.

Secrétaire de service à l'État-major. . . . . DESMOULINS.

Du 7 au 8 Frimaire.

Les Capitaines Adjoints de service à l'État-major général. . . . . $\left\{\begin{array}{l}\text{FORGEOT.} \\ \text{GALDEMAR.}\end{array}\right.$

Officier de santé de service à l'État-major. . . . . DANTREVILLE.

Secrétaire de service à l'État-major. . . . . DUBOIS.

Rien de nouveau.

Le Général de Brigade Chef de l'État-major général du Gouvernement de Paris et de la première Division militaire,

C_{ÉSAR} BERTHIER.

GOUVERNEMENT DE PARIS.
1.re DIVISION MILITAIRE.
ÉTAT-MAJOR GÉNÉRAL.

Au quartier général, à Paris, le 7 Frimaire an 13.

SERVICE DE L'ÉTAT-MAJOR GÉNÉRAL.
Du 7 au 8 Frimaire.

Les Capitaines Adjoints de service à l'État-major général.............. { LONGCHAMP.
{ GALDEMAR.

Officier de santé de service à l'État-major........................ DANTREVILLE.

Secrétaire de service à l'État-major............................. DUBOIS.

Du 8 au 9 Frimaire.

Les Capitaines Adjoints de service à l'État-major général.............. { AUGIAS.
{ WATHIEZ.

Officier de santé de service à l'État-major....................... POISSON.

Secrétaire de service à l'État-major............................ CORBET.

ORDRE GÉNÉRAL.

M. le Maréchal Gouverneur prévient les Gardes nationales qui composent les 1.re, 2.e, 3.e, 4.e et 5.e Brigades, qu'elles seront commandées, le jour du couronnement de sa Majesté l'Empereur, par MM. les Adjudans commandans :

SAVOIR;

La 1.re par M. BORREL.

La 2.e....... LECAMUS.

La 3.e....... DUFOUR.

La 4.e....... DALTON.

Et la 5.e....... CHEVALLIER.

EXTRAITS des Jugemens rendus par le 1.er Conseil de guerre de la 1.re Division militaire, pendant le mois de Brumaire an 13.

NUMÉROS DES JUGEMENS.	DATES.	NOMS ET PRÉNOMS des INDIVIDUS JUGÉS.	QUALITÉ MILITAIRE ou PROFESSION.	LIEUX de NAISSANCE.	ANALYSE DES JUGEMENS.	
1811.	19.	Gainbard (*Jean-Baptiste*)..	Fusil. au 1.er régiment de la garde de Paris.	Senlis, départem. de l'Oise.	Prévenu de désobéissance, d'insultes et menaces envers ses supérieurs.	Acquitté de l'accusation dirigée contre lui; mais attendu qu'il a quitté son poste sans permission, condamné, par forme de discipline militaire, à garder prison pendant trois mois, au bout duquel temps il retournera à son corps, pour y continuer son service.
1812.	*Idem.*	Deshaye (*Henri*).......	Fusilier au 2.e régiment de la garde de Paris.	Lille, départem. du Nord.	Convaincu de vol.	Condamné à trois mois de prison et à la restitution des objets par lui volés, et à l'expiration de la peine, retournera à son corps pour y continuer son service.
1813.	*Idem.*	Cardeilhac (*Antoine*)....	M.^{al}-des-Logis, chef au 18.e rég. de dragons.	Tarbes, dép. des H.^{tes}-Pyrénées.	Prévenu de vol.	Acquitté de l'accusation dirigée contre lui, et mis en liberté.

NUMÉROS des Jugemens.	DATES.	NOMS ET PRÉNOMS des INDIVIDUS JUGÉS.	QUALITÉ MILITAIRE ou PROFESSION.	LIEUX de NAISSANCE.	ANALYSE DES JUGEMENS.	
1814.	Idem.	Chauvin (François)......	Vétéran au 10.e régiment.	Craon , départ. de la Mayenne.	Prévenu de vol et de vente de ses effets d'habillement.	Acquitté de l'accusation dirigée contre lui; mais attendu qu'il s'est absenté du poste où il était de service, sans permission, condamné à garder prison pendant trois mois, après lequel temps il retournera à son régiment pour y continuer son service.
1815.	Idem.	Sallé (Jacques)........	Jardinier de profession.	S.t-Maurice, dép. de l'Orne.	Prévenu de complicité de vol.	Renvoyés par-devant la cour de justice criminelle du département de la Seine.
Idem.	Idem.	Blanmaller (Philippe)....	Attaché au 4.e régiment d'infanterie légère.		Prévenu du vol ci-dessus mentionné.	
1816.	30.	Guilbert (François-Denis).	Cuirassier au 3.e régiment.	Raucourt , départ. de la Somme.	Prévenu de vol et de voies de faits graves, avec effusion de sang, envers un particulier	Renvoyé par-devant la cour de justice criminelle du département de l'Oise.
1817.	Idem.	Lagotte, dit Valdinbourg, (contumax)	Ex-chef de Bat.on		prévenu d'escroqueries.	Renvoyé par-devant la cour de justice criminelle du département de la Seine.

Total des jugemens rendus par le 1.er Conseil de guerre pendant le mois de Brumaire, an 13, ci..... 8.

Total des individus jugés pendant le même mois par ce Conseil, ci....... { présens... 7. } 8.
{ contumax . 1. }

Pour extraits conformes aux expéditions desdits jugemens :

Le Général de Brigade Chef de l'État-major général du Gouvernement de Paris et de la première Division militaire,

CÉSAR BERTHIER.

GOUVERNEMENT DE PARIS.

1.re DIVISION MILITAIRE.

ÉTAT-MAJOR GÉNÉRAL.

Au quartier général, à Paris, le 8 Frimaire an 13.

SERVICE DE L'ÉTAT-MAJOR GÉNÉRAL.

Du 8 au 9 Frimaire.

Les Capitaines Adjoints de service à l'État-major général..............	{ AUGIAS. WATHIEZ.
Officier de santé de service à l'État-major........................	POISSON.
Secrétaires de service à l'État-major..............................	{ BRUNEL. PLANTIER.

Du 9 au 10 Frimaire.

Les Capitaines Adjoints de service à l'État-major général.............	{ GUIARDELLE. DELORME.
Officier de santé de service à l'État-major........................	DANTREVILLE.
Secrétaires de service à l'État-major.............................	{ LECLERC. DESMOULINS.

ORDRE GÉNÉRAL.

M. le Maréchal Gouverneur prévient les Députations des différens Corps qui se trouvent à Paris, que l'intention de sa Majesté l'Empereur est qu'elles se fournissent de bois de chauffage sur l'indemnité d'un franc vingt-cinq centimes qui leur est accordée.

Le Général de Brigade Chef de l'État-major général du Gouvernement de Paris et de la première Division militaire,

CÉSAR BERTHIER.

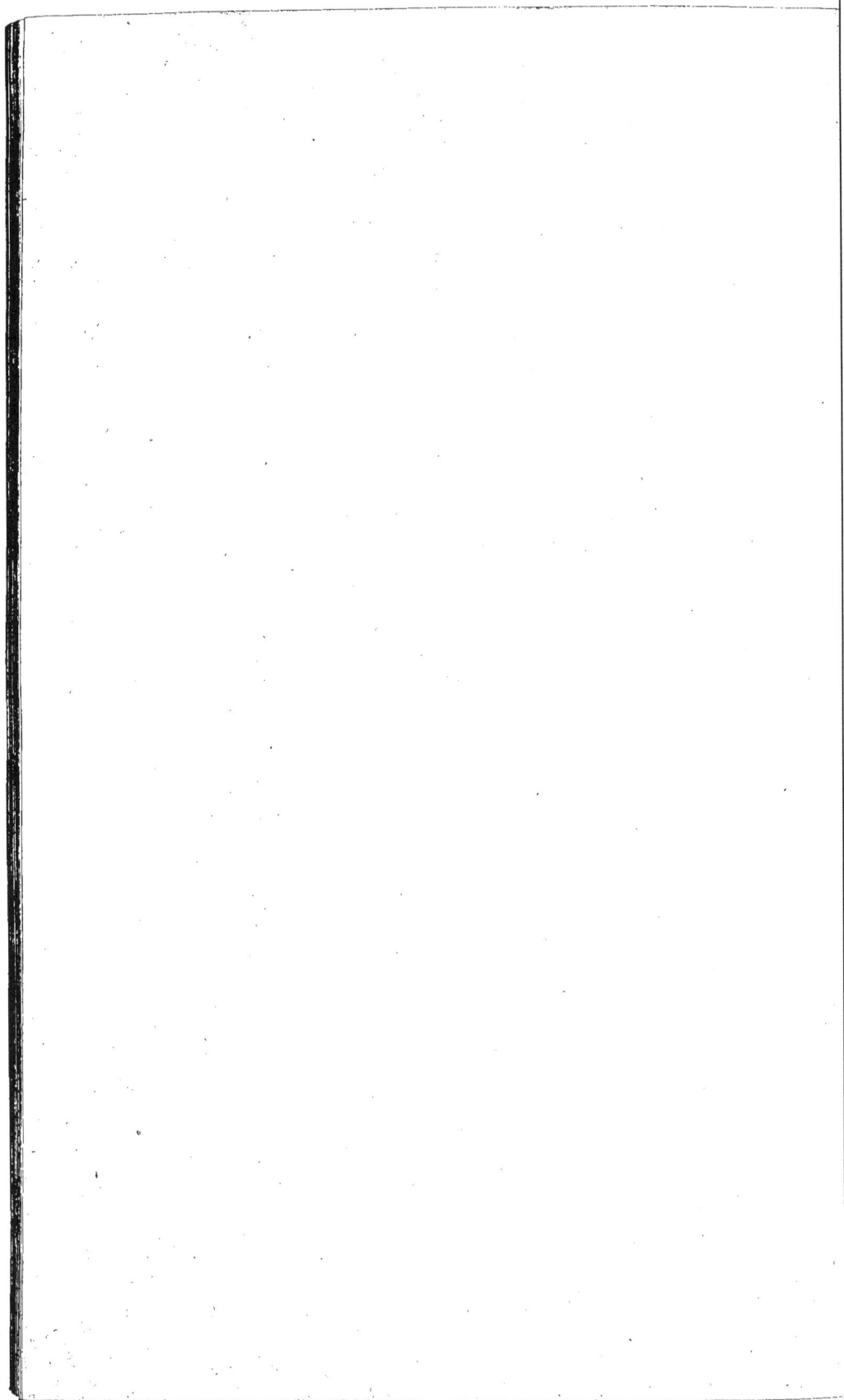

GOUVERNEMENT DE PARIS.

1.re DIVISION MILITAIRE.

ÉTAT-MAJOR GÉNÉRAL.

Au quartier général, à Paris, le 9 Frimaire an 13.

SERVICE DE L'ÉTAT-MAJOR GÉNÉRAL.

Du 9 au 10 Frimaire.

Les Capitaines Adjoints de service à l'État-major général................ { GUIARDELLE. / DELORME.

Officier de santé de service à l'État-major......................... DANTREVILLE.

Secrétaires de service à l'État-major........................... { LECLERC. / DESMOULINS.

Du 10 au 11 Frimaire.

Les Capitaines Adjoints de service à l'État-major général............... { AUCLER. / LONGCHAMP.

Officier de santé de service à l'État-major....................... POISSON.

Secrétaires de service à l'État-major............................ { DUBOIS. / CORBET.

RÉPARTITION des Troupes qui arrivent à Paris, du 9 au 10 du courant.

DÉSIGNATION des CORPS.	EMPLACEMENS où ILS DOIVENT SE RENDRE.	NOMBRE D'HOMMES.	POINTS CENTRAUX d'approvisionnemens de Fourrages et distributions.	OBSERVATIONS.
5.e Régiment de Cuirassiers arrivant le 9.	Bercy............ Charenton.......... Alfort...........	200. 200. 100.	Charenton.	Le pain sera porté dans tous les cantonnemens : les distributions se feront tous les deux jours.
1.er Rég.^t de Drag...	Arcueil............ Bourg-la-Reine......	200. 50.		
2.e idem...........	Bourg-la-Reine...... Châtenay.......... Châtillon..........	50. 100. 100.	Bourg-la-Reine ou Issy.	Les fourrages seront distribués dans les dépôts désignés.
4.e idem	Fontenay-aux-Roses.. Gr. et petit Montrouge.	100. 150.		
10.e idem.........	Boulogne..........	250.		
11.e idem	Surêne............ Puteaux...........	170. 80.	Boulogne.	Les Maires des Communes sont invités à faire fournir les moyens de transport pour aller chercher les fourrages aux lieux de distribution.
13.e idem	Vaugirard	250.	Issy.	
14.e idem.........	Boulogne.......... Vaugirard	150. 100.	Boulogne.	
19.e idem	Vaugirard	50.		
20.e idem	Issy .... Vanvres...........	200. 250.	Issy.	
TROUPES À CHEVAL.........		2,750.	hommes montés.	

DÉSIGNATION des CORPS.	EMPLACEMENS où ILS DOIVENT SE RENDRE.	NOMBRE D'HOMMES.	POINTS CENTRAUX d'approvisionnemens de Fourrages et distributions.	OBSERVATIONS.
5.ᵉ et 9.ᵉ Régimens de Dragons à pied....	Montreuil..........	800.		
12.ᵉ idem.........	Com.ⁿᵉ de Vincennes..	400.		
17.ᵉ idem..........	Bagnolet.......... Charonne.......... Saint-Mandé........	200. 100. 100.		
8.ᵉ idem.........	Belleville..........	400.		
18.ᵉ idem.........	La Villette.......... La Chapelle.........	250. 150.		
16.ᵉ idem.........	Montmartre......... Clichy............	100. 300.		
21.ᵉ idem.........	Neuilly..........	400.		
15.ᵉ idem.........	Passy............	400.		
3.ᵉ et 6.ᵉ.........	Château de Vincennes.	800.		
	Dragons à pied...	4,400	hommes.	

Le Général de Brigade Chef de l'État-major général du Gouvernement de Paris et de la première Division militaire,

César BERTHIER.

GOUVERNEMENT DE PARIS.

1.ʳᵉ DIVISION MILITAIRE.

ÉTAT-MAJOR GÉNÉRAL.

Au quartier général, à Paris, le 10 Frimaire an 13.

SERVICE DE L'ÉTAT-MAJOR GÉNÉRAL.

Du 10 au 11 Frimaire.

Les Capitaines Adjoints de service à l'État-major général..............	{ AUCLER. { LONGCHAMP.
Officier de santé de service à l'État-major.......................	POISSON.
Secrétaires de service à l'État-major............................	{ DUBOIS. { CORBET.

Du 11 au 12 Frimaire.

Les Capitaines Adjoints de service à l'État-major général..............	{ FORGEOT. { GALDEMAR.
Officier de santé de service à l'État-major.......................	DANTREVILLE.
Secrétaires de service à l'État-major............................	{ DUBOIS. { LECLERC.

ORDRE GÉNÉRAL.

LE DIRECTEUR de l'Administration de la Guerre,

A Monsieur le Maréchal d'Empire, Gouverneur de Paris.

J'ai l'honneur de vous prévenir, M. le Maréchal, que les corps de Dragons arrivant d'Amiens et de Compiégne, recevront, dans les différens cantonnemens qui leur sont assignés, une indemnité en argent, de soixante centimes par jour pour chaque Sous-officier et Dragon, en remplacement des vivres de campagne qu'ils recevaient dans les camps ou cantonnemens dont ces Corps font partie.

Je vous préviens également que je donne les ordres nécessaires pour le paiement de ces indemnités.

J'ai l'honneur de vous saluer,

Signé DEJEAN.

MARINE IMPÉRIALE.

Députation de la Marine impériale formant la Brigade maritime, commandée par M. Bois-Sauveur, *Capitaine de Vaisseau, et divisée en quatre sections, de l'organisation et de la discipline desquelles M.* Morel-Beaulieu, *Capitaine de Vaisseau, est chargé.*

I.re SECTION, ARTILLERIE, Commandée par M. HERCULAIS, Colonel du 2.e Régiment d'Artillerie de la Marine.	II.e SECTION, Commandée par M. L'HÉRITIER, Capitaine de Vaisseau. Adjoint M. DECORMIERS, Capitaine de Frégate.	III.e SECTION, Commandée par M. CONDÉ, Capitaine de Vaisseau. Adjoint M. GUIGNACE, Capitaine de Frégate.	IV.e SECTION, Commandée par M. CASTAGNIER, Capitaine de Vaisseau. Adjoint M. FAUVEAU, Capitaine de Frégate.
1.er Régiment d'artillerie. 2.e .... idem. 3.e .... idem. 4.e .... idem. 1.re Comp.e d'ouvriers d'artillerie. 2.e .... idem. 3.e .... idem. 4.e .... idem. 1.re Comp.e d'apprentis canon.rs 2.e .... idem. 3.e .... idem. 1.re Comp.e d'ouvriers conscrits. 2.e .... idem. 3.e .... idem. 4.e .... idem.	1.er Peloton de la flottille de Boulogne. 2.e .... idem. 3.e .... idem. VAISSEAUX. Le Vengeur. Le Républicain. Le Foudroyant. L'Invincible. Le Brave. Le Cassard. L'Impétueux. Le Patriote. Le Watigny. Le Jean-Bart.	VAISSEAUX. Le Diomède. Le Jupiter. L'Aquilon. L'Alliance. L'Éole. Le Tourville. Le Conquérant. Le Vétéran. Le Batave. L'Ulysse. L'Alexandre. Le Formidable. Le Mont-Blanc. Le Neptune. L'Annibal.	VAISSEAUX. L'Indomptable. L'Atlas. Le Swift-Sure. L'Intrépide. Le Scipion. Le Bucentaure. Le Berwick. Les trois premiers arrondissemens. Les trois derniers. Le Majestueux. Le Jemmape. Le Magnanime. Le Suffren. Le Lion. L'Algésiras.

Cette Brigade est composée de 540 hommes, dont 50 Officiers supérieurs, et 100 ayant rang de Lieutenant et d'Enseigne de Vaisseau.

Le Capitaine de Vaisseau, chargé de l'organisation et de la discipline des Députations de la Marine impériale.

Signé MOREL-BEAULIEU.

Mis à l'Ordre général de la Division, d'après l'intention de M. le Maréchal Gouverneur de Paris.

ORDRE *du 11 frimaire an 13, jour du couronnement de S. M. l'Empereur.*

A 3 heures du matin la diane sera battue dans Paris et dans les cantonnemens occupés par les troupes.
A 5 heures la générale.
A 6 heures les membres des gardes d'honneur, gardes nationales et des députations militaires désignés pour être placés dans l'église, se réuniront à la place Dauphine, et s'y formeront en brigades pour y être rendus à 7 heures; les commandans de ces brigades sont chargés de l'exécution de cet ordre. Les membres des députations non désignées pour entrer dans l'église, ainsi que les gardes d'honneur et les gardes nationales, recevront les ordres pour se rendre aux places qu'ils devront occuper pour border la haie; ces ordres seront envoyés directement par l'État-major du Gouvernement

Il sera commandé des escortes de 100 hommes chacune, de troupes à cheval, qui se rendront au Sénat, au Conseil d'état, au Corps législatif, au Tribunat et chez M. le comte de *Cobentzel* pour le Corps diplomatique, à 7 heures un quart; ainsi que 80 hommes à pied pour le Tribunal de cassation. Chaque escorte sera commandée par un Officier d'état-major, qui, lorsqu'il sera arrivé au parvis Notre-Dame, avec l'autorité qu'il sera chargé d'accompagner, fera filer son détachement sur le point désigné à cet effet, passant sur le pont de la Cité.

A 8 heures et demie 2 escadrons de dragons commandés par un Officier, se trouveront sur la place du Carrousel pour escorter sa Sainteté jusqu'à la métropole.

A 9 heures huit escadrons de cuirassiers pris dans les 1.er, 3.e, 5.e et 11.e régimens, quatre de carabiniers des 1.er et 2.e régimens, se trouveront en bataille le long du quai des Tuileries ; l'Adjudant commandant *Girard* conduira cette colonne, destinée à ouvrir la marche du cortége, à l'emplacement qu'elle doit occuper, et lui fera faire, par peloton, à droite en colonne, lorsque la haie sera formée. Au moment où M. le Maréchal-Gouverneur sera arrivé à la droite de cette ligne, il commandera par peloton à droite et suivra.

Lorsque la tête des autres colonnes arrivera à l'entrée du Parvis, un Adjudant d'arrondissement la conduira à l'emplacement qu'elle doit occuper, de manière à se trouver à la sortie, disposée de même qu'au moment du départ.

Les membres des gardes d'honneur et des députations des gardes nationales, des troupes de ligne de toutes armes, non désignés pour entrer dans l'église, les 18.e régiment de ligne et 4.e d'infanterie légère, la 1.re division de dragons à pied et la 2.e à cheval, le 27.e de dragons, les escadrons de cuirassiers qui resteront disponibles, borderont la haie sur le passage du cortége, appuyant la droite à celle des grenadiers de la garde impériale, et la gauche à la droite des chasseurs de la même garde dont la gauche sera appuyée à la cathédrale.

La haie d'infanterie sera coupée, autant que le terrain le permettra, par des divisions de cavalerie.

Les dispositions pour former cette haie, seront faites par l'Adjudant commandant Doucet ; il désignera des Adjudans de place pour être distribués de distance en distance sur la route du cortége ; il donnera les ordres pour qu'aussitôt que l'Empereur sera arrivé à la cathédrale, ces mêmes officiers fassent reporter les troupes dans le même ordre sur la route que doit tenir le cortége pour le retour.

Les emplacemens sont désignés pour les voitures, à mesure qu'elles arriveront au parvis Notre-Dame ; des Adjudans d'arrondissement y seront placés pour les faire filer sans qu'il y ait de confusion.

Des piquets de cavalerie occuperont toutes les issues des rues aboutissantes sur la route du cortége, et empêcheront que la foule ne puisse forcer la haie ; ces détachemens seront plus ou moins forts en raison des localités. Des places sont désignées pour recevoir les détachemens qui accompagneront les autorités constituées ; les Officiers de l'état-major chargés de les commander attendront la fin de la cérémonie pour reconduire dans le même ordre, ces mêmes autorités.

Il y aura des réserves de cavalerie disponibles :

A la place de Grève.................................... 150 hommes.
A la place du Faubourg Saint-Antoine.................. 150.
A la place Royale.................................... 25.
A la place des Victoires............................... 80.
A la place Vendôme.................................... 20.
Aux Champs-Élysées.................................. 150.
A la place de l'Odéon................................ 100.
A la place Maubert................................... 100.
Sur le quai de la Gallerie du *Museum*................ 50.

Ces détachemens devront être rendus à leur poste à sept heures du matin, et feront des patrouilles de temps à autre.

Toutes les issues des ponts entourant les îles du Palais et Saint-Louis, seront occupées par des détachemens d'infanterie ou de cavalerie.

Les Dragons de Paris, les deux Régimens de la Garde municipale, les 4.e et 16.e Régimens de Vétérans, occuperont tous les postes, et feront des patrouilles dans les quartiers éloignés.

Tous les rapports se feront à l'État-major général, rue des Capucines, jusqu'à midi, et de ce moment, jusqu'à six heures du soir, à l'Adjudant-commandant *Girard*, qui restera au parvis Notre-Dame pendant la cérémonie.

Tous ces détachemens rentreront dans leurs casernes au moment où l'on battera la retraite, qui sera aussitôt que le Cortége sera rentré.

Le soir il sera fait de fréquentes patrouilles dans tous les quartiers éloignés et environnant les Palais illuminés, et les alentours du pont de la Concorde. Pour le feu d'artifice, des mesures du sûreté seront prises ultérieurement pour éviter tous les accidens.

Le 5.e Régiment de Cuirassiers, la 1.re et la seconde Division de Dragons rentreront à leurs cantonnemens avec ordre aussitôt après.

M. le Maréchal Gouverneur s'en rapporte au zèle de MM. les Officiers pour tenir la main à ce que le retour dans les cantonnemens se fasse avec ordre et sagesse.

A minuit la retraite sera battue une seconde fois, et tout ce qui est militaire sera tenu de rentrer chacun dans son logement ou quartier respectif ; tous ceux qui, à ladite heure, seront trouvés dans les rues de Paris, seront arrêtés et conduits à la police militaire.

L'eau-de-vie sera distribuée aujourd'hui pour demain, et les troupes auront mangé la soupe avant de prendre les armes; elles devront être en grande et stricte tenue militaire.

Les Généraux qui ne sont point appelés au Couronnement par lettres clôses, sont obligés, conformément aux dispositions de M. le grand Maître des cérémonies, de se procurer des billets, s'ils veulent entrer dans l'intérieur de l'Église.

Les Généraux et Majors de la Division, pourront accompagner, à cheval, M. le Maréchal Gouverneur; ils devront, en conséquence, se trouver dans la cour du Carrouzel à neuf heures et demie.

Les chevaux du Gouverneur, du Chef de l'État-major général, du Général commandant des troupes, des Sous-chefs d'État-major, des Aides-de-camp du Maréchal et Officiers d'État-major, resteront seuls comme il en a été convenus avec M. le grand Maître des cérémonies, dans le parvis Notre-Dame, à portée de ces officiers.

Le lundi il y aura repos, l'ordre du jour indiquera la marche pour la cérémonie du lendemain.

Le Général Chef de l'État-major général du Gouvernement de Paris et de la Division, est chargé de l'exécution de cet ordre dans toutes ses parties, et d'organiser le service conformément à ce qui y est prescrit; il accompagnera, avec l'État-major, le Maréchal Gouverneur, et sera placé de manière à pouvoir être à portée de prendre ses ordres, et de lui communiquer les rapports qu'il pourrait avoir; il donnera copie du présent ordre au Général *Broussier*, commandant les troupes de la garnison.

Le Général de Brigade Chef de l'État-major général du Gouvernement de Paris et de la première Division militaire,

CÉSAR BERTHIER.

GOUVERNEMENT DE PARIS.

1.ᵉ DIVISION MILITAIRE.

ÉTAT - MAJOR GÉNÉRAL.

Au quartier général, à Paris, le 11 Frimaire an 13.

SERVICE DE L'ÉTAT-MAJOR GÉNÉRAL.

Du 11 au 12 Frimaire.

Les Capitaines Adjoints de service à l'État - major général..............	{ FORGEOT. { GALDEMAR.
Officier de santé de service à l'État - major.......................	DANTREVILLE.
Secrétaires de service à l'État-major.............................	{ PLANTIER. { BRUNEL.

Du 12 au 13 Frimaire.

Les Capitaines Adjoints de service à l'État - major général.............	{ AUGIAS. { WATHIEZ.
Officier de santé de service à l'État - major.......................	POISSON.
Secrétaires de service à l'État-major.............................	{ LECLERC. { DESMOULINS.

ORDRE GÉNÉRAL.

Les troupes des divisions de Dragons cantonnées aux environs de Paris, retourneront à leur cantonnement respectif, après la cérémonie.

Demain lundi, les Officiers sont autorisés à venir à Paris, pour assister aux Fêtes ; les Chefs de corps pourront donner des permissions pour y venir aussi. aux Sous-officiers et Soldats, à raison de cinquante sur les deux escadrons à cheval, et d'environ quatre-vingt, par chaque régiment à pied ; ces militaires devront être munis de permissions de leur Capitaine, visées par le Commandant du corps ; ils seront tenus de rentrer dans la soirée à leur cantonnement.

Le Général de Brigade Chef de l'État-major général du Gouvernement de Paris et de la première Division militaire,

CÉSAR BERTHIER.

GOUVERNEMENT DE PARIS.

1.re DIVISION MILITAIRE.

ÉTAT - MAJOR GÉNÉRAL.

Au quartier général, à Paris, le 12 Frimaire an 13.

SERVICE DE L'ÉTAT-MAJOR GÉNÉRAL.

Du 12 au 13 Frimaire.

Les Capitaines Adjoints de service à l'État - major général. . . . . { AUGIAS.
{ WATHIEZ.

Officier de santé de service à l'État - major . . . . POISSON.

Secrétaires de service à l'État-major . . . . { PLANTIER.
{ BRUNEL.

Du 13 au 14 Frimaire.

Les Capitaines Adjoints de service à l'État - major général . . . . { GUIARDELLE.
{ DELORME.

Officier de santé de service à l'État - major . . . . ,. DANTREVILLE.

Secrétaires de service à l'État-major . . . . { LECLERC.
{ DESMOULINS.

ORDRE GÉNÉRAL.

Rien de nouveau.

*Le Général de Brigade Chef de l'État-major général du Gouvernement de Paris
et de la première Division militaire,*

CÉSAR BERTHIER.

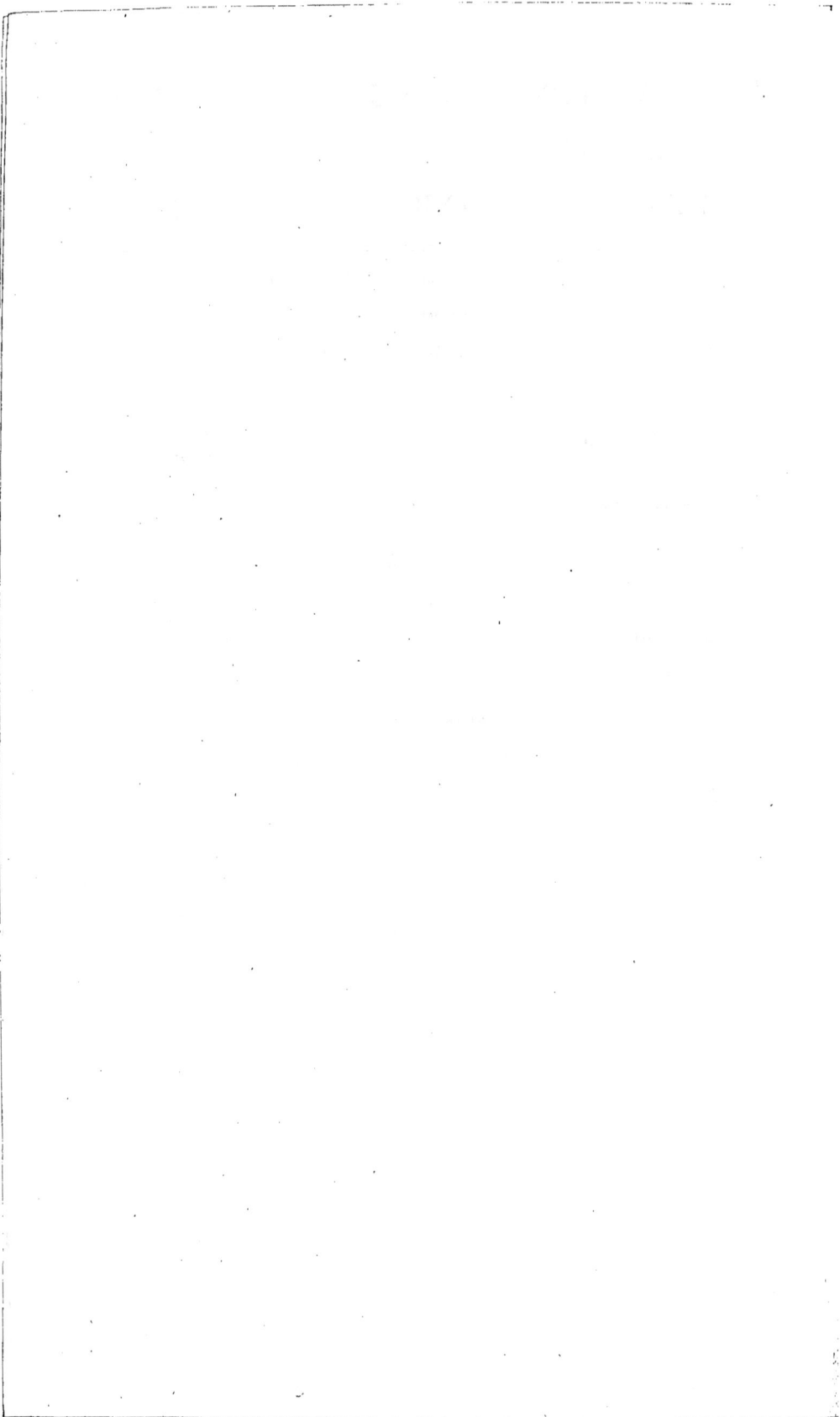

GOUVERNEMENT DE PARIS.

1.re DIVISION MILITAIRE.
ÉTAT - MAJOR GÉNÉRAL.

SUPPLÉMENT à l'Ordre général du 13 Frimaire an 13.

Sa Majesté l'Empereur distribuera les Aigles, en remplacement des anciens drapeaux, à toutes les députations 's corps composant les armées de l'Empire français.

Cette cérémonie se fera au Champ-de-Mars; S. M. s'y rendra, avec son cortége, à onze heures.

Le Colonel *Curto* fera rassembler toutes les députations des armées à huit heures du matin au Champ-·:-Mars, et les disposera sur trois colonnes, conformément aux instructions particulières qu'il a reçues.

Six bataillons de la Garde impériale y seront rendus à neuf heures, et occuperont les lignes qui leur ont destinées.

Un bataillon de 400 hommes fournis par les 5.e, 9.e, 12.e, 17.e, 8.e, 18.e, 16.e, 21.e, 15.e, 3.e 6.e régimens de Dragons, seront rendus également au Champ-de-Mars à neuf heures précises. Ils ouveront dans les contre-allées, des Officiers de l'État-major qui leur indiqueront les lignes qu'ils doivent ccuper.

Deux bataillons du 4.e régiment d'Infanterie légère..... } de 500 hommes chacun.
Deux *idem* du 18.e régiment de ligne.............. }

A douze pas de distance de l'Infanterie, sera la première ligne de Cavalerie.

Seize escadrons de la Garde impériale, Grenadiers, Chasseurs, Mamelouks et Gendarmerie d'élite, ormant l'escorte de SA MAJESTÉ, viendront, après son arrivée, prendre les lignes qui leur seront désignées.

1 Escadron de Gendarmerie;
4 *idem* fournis par les deux régimens de Carabiniers;
12 *idem* fournis par les 1.er, 3.e, 5.e et 11.e régimens de Cuirassiers;
18 *idem* fournis par les 1.er, 2.e, 4.e, 10.e, 11.e, 13.e, 14.e, 19.e, 20.e et 27.e régimens de Dragons cheval, se rendront également, à neuf heures précises, dans les contre-allées du Champ-de-Mars, côté e Grenelle; les escadrons de ces corps qui seront destinés à servir d'escorte aux Autorités constituées, iendront reprendre leur rang aussitôt qu'ils seront arrivés au Champ-de-Mars.

M. le Maréchal Gouverneur de Paris recommande la tenue la plus sévère et la plus stricte, en rappelant ux troupes qu'elles doivent défiler devant leur Empereur, et recevoir de lui l'Aigle qui remplacera les dra-eaux qui les ont si constamment conduits à la victoire.

Le départ de LL. MM. des Tuileries sera annoncé par une salve d'artillerie; elles seront saluées de nême, à leur passage devant les Invalides, par l'artillerie des Invalides, et elles le seront encore, à leur arrivée, ar la baterie du Champ-de-Mars.

Au moment où elles monteront sur le trône, elles seront de nouveau saluées par les batteries des Tuileries, les Invalides et du Champ-de-Mars.

Les Aigles seront tous rangés sur les degrés du trône.

Ils seront portés par chaque Colonel, ou, en son absence, par celui qui commandera la députation.

Les cent huit drapeaux de département seront portés par les Présidens des Colléges électoraux de lépartement.

Tous les tambours et la musique des corps seront placés à la tête de la première ligne.

Le grand-Maître des cérémonies, placé sur la première marche, au bas du trône, prendra les ordres de S. M., et les fera transmettre à M. le Maréchal Gouverneur de Paris, qui fera sur-le-champ avancer, au son de la musique, les trois colonnes des députations militaires et départementales.

Ces colonnes s'approcheront le plus possible du trône; alors l'Empereur adressant la parole à l'armée, dira:

« Soldats, voilà vos drapeaux; cès Aigles vous serviront toujours de point de ralliement; ils seront par-» tout où votre Empereur les jugera nécessaires pour la défense de son trône et de son peuple.

» Vous jurez de sacrifier votre vie pour les défendre, et de les maintenir constamment, par votre courage, » sur le chemin de la victoire. »

Dans ce moment, les Colonels qui tiennent les Aigles, les éleveront en l'air, et diront: *Nous le jurons.*

Ce serment sera répété, par toutes les députations militaires et départementales, au bruit des salves d'artillerie.

Les soldats présenteront les armes, et mettront leurs chapeaux au bout de leurs baïonnettes; ils resteront dans cette situation jusqu'à ce que les drapeaux aient rejoint leurs corps : la musique exécutera et les tambours battront la marche des drapeaux.

Les drapeaux arrivés à leurs corps, on fera faire demi-tour à droite aux colonnes ; les députation défileront par pelotons , et toute l'armée par divisions.

La musique des corps restera constamment à la même place pendant tout le temps qu'on défilera.

LL. MM. retourneront dans leurs appartemens et remonteront en voiture.

Le cortége impérial, à son retour, prendra le même chemin qu'il avait suivi pour venir à l'Ecole militaire.

Aucune voiture ne pourra passer par ce chemin qu'après le départ du cortége de LL. MM.

Tous les autres chemins seront libres.

Le Général de Brigade Chef de l'État-major général ,

CÉSAR BERTHIER.

GOUVERNEMENT DE PARIS.

1.ᵉ DIVISION MILITAIRE.

ÉTAT - MAJOR GÉNÉRAL.

Au quartier général, à Paris, le 14 Frimaire an 13.

SERVICE DE L'ÉTAT - MAJOR GÉNÉRAL.

Du 14 au 15 Frimaire.

Les Capitaines Adjoints de service à l'État - major général............... { LONGCHAMP. / FORGEOT.

Officier de santé de service à l'État - major........................ POISSON.

Secrétaires de service à l'État - major.............................. { CORBET. / LECLERC.

Du 15 au 16 Frimaire.

Les Capitaines Adjoints de service à l'État - major général............. { GALDEMAR. / GUIARDELLE.

Officier de santé de service à l'État - major......................... DANTREVILLE.

Secrétaires de service à l'État-major................................ { DUBOIS. / LAMOUREUX.

Rien de nouveau.

Le Général de Brigade Chef de l'État-major général du Gouvernement de Paris et de la première Division militaire,

CÉSAR BERTHIER.

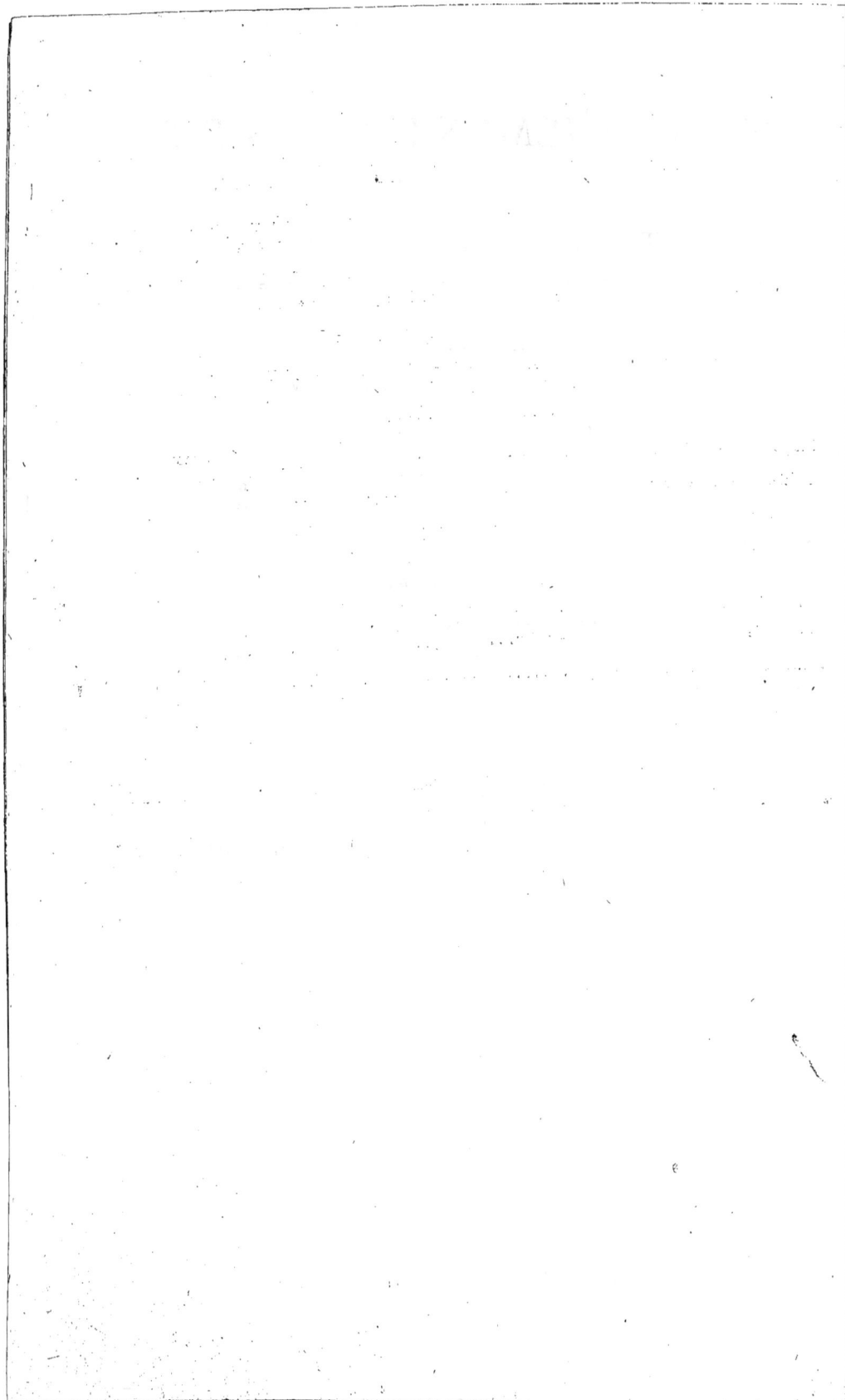

GOUVERNEMENT DE PARIS.

1.re DIVISION MILITAIRE.

ÉTAT-MAJOR GÉNÉRAL.

Au quartier général, à Paris, le 15 Frimaire an 13.

SERVICE DE L'ÉTAT-MAJOR GÉNÉRAL.

Du 15 au 16 Frimaire.

Les Capitaines Adjoints de service à l'État-major général............. { GALDEMAR.
{ GUIARDELLE.

Officier de santé de service à l'État-major........................ DANTREVILLE.

Secrétaires de service à l'État-major............................. { DUBOIS.
{ LAMOUREUX.

Du 16 au 17 Frimaire.

Les Capitaines Adjoints de service à l'État-major général............. { AUGIAS.
{ WATHIEZ.

Officier de santé de service à l'État-major........................ POISSON.

Secrétaires de service à l'État-major............................. { BRUNEL.
{ PLANTIER.

ORDRE du 15 Frimaire an 13.

Les Aigles donnés aux troupes par Sa Majesté n'ayant pu être finis pour le 14, il en a été remis à chaque Colonel un portant le n.° de son régiment et la désignation de son arme. Comme il est possible que dans la distribution qui en a été faite on se soit trompé, les Colonels seront prévenus du jour qu'ils devront se présenter chez le Ministre-Directeur de la guerre, pour rectifier les erreurs qui ont été faites, et recevoir le complément des Aigles qui leur revient par arme.

Tous les Colonels des députations des Gardes nationales sont prévenus que les Aigles qu'ils ont reçus hier appartiennent à des régimens de ligne, qu'on ne les leur a donnés que parce que ceux qu'ils doivent avoir ne sont pas encore confectionnés, et qu'ils devront les remettre chez le Ministre-Directeur de la guerre, qui leur donnera ceux qui leur sont destinés.

Les Colonels qui ont pris les Aigles sans leur étui, les recevront également.

Le Général de Brigade Chef de l'État-major général du Gouvernement de Paris et de la première Division militaire,

CÉSAR BERTHIER.

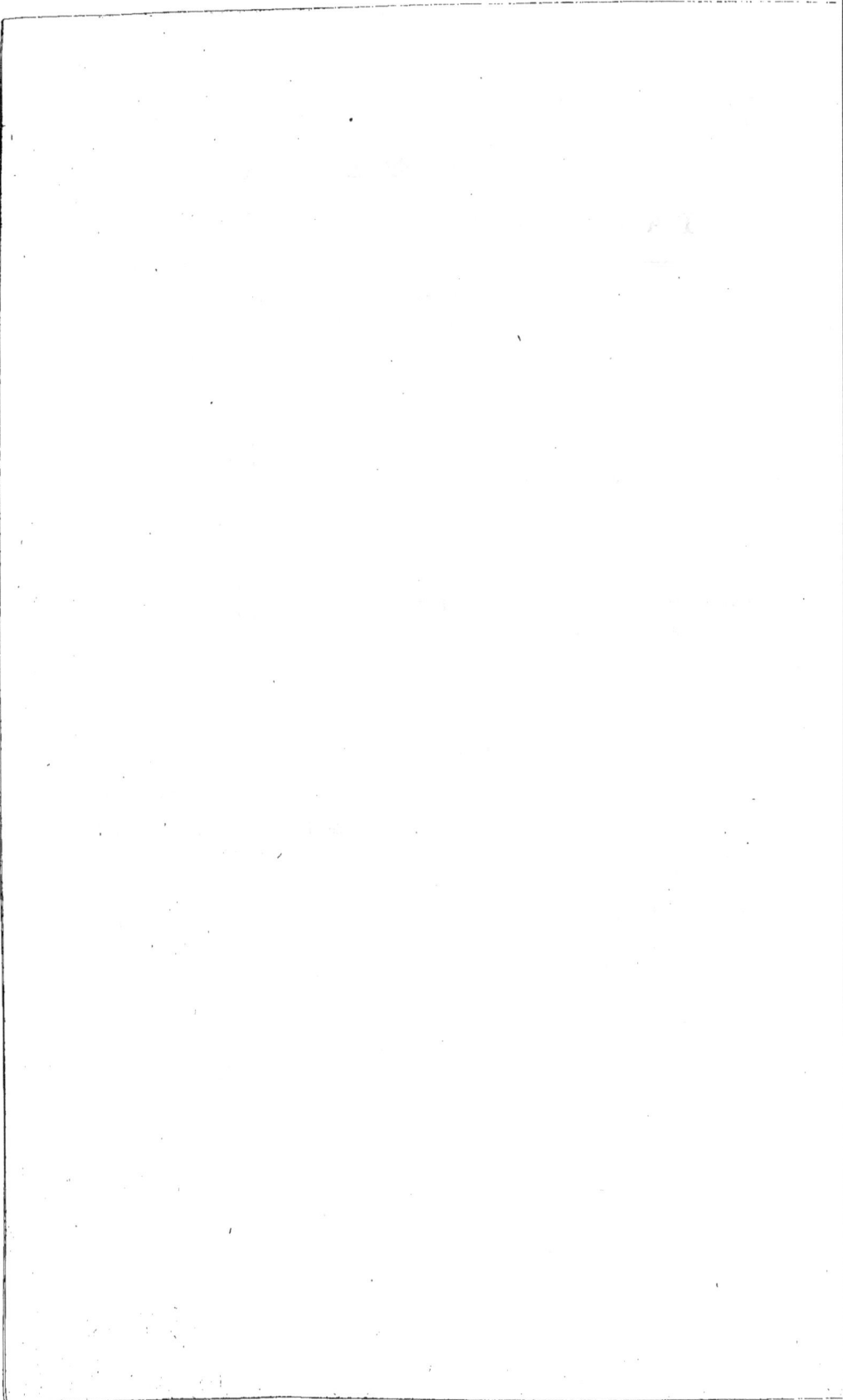

GOUVERNEMENT DE PARIS.
1.ʳᵉ DIVISION MILITAIRE.
ÉTAT-MAJOR GÉNÉRAL.

Au quartier général, à Paris, le 16 Frimaire an 13.

SERVICE DE L'ÉTAT-MAJOR GÉNÉRAL.

Du 16 au 17 Frimaire.

Les Capitaines Adjoints de service à l'État-major général.............. { WATHIEZ. / DELORME.

Officier de santé de service à l'État-major........................ POISSON.

Secrétaires de service à l'État-major................................. { BRUNEL. / PLANTIER.

Du 17 au 18 Frimaire.

Les Capitaines Adjoints de service à l'État-major général.............. { AUCLER. / LONGCHAMP.

Officier de santé de service à l'État-major......................... DANTREVILLE.

Secrétaires de service à l'État-major................................. { DESMOULINS. / BOURDIN.

ORDRE GÉNÉRAL.

SA MAJESTÉ a chargé Monsieur le Maréchal Gouverneur de Paris de témoigner aux troupes qui ont concouru, au cortége, au maintien de l'ordre et de la tranquillité, le jour de son couronnement, sa satisfaction de la manière dont chaque arme s'est acquittée de ses devoirs.

Monsieur le Maréchal Gouverneur se plaît à donner les mêmes éloges aux différens corps et députations qui, malgré le mauvais temps qu'il faisait avant-hier au Champ-de-Mars, ont conservé leur ensemble et fait les marches et évolutions qui leur ont été commandées, avec autant de précision que la circonstance pouvait le permettre.

Plusieurs des corps composant la garnison de Paris négligent d'envoyer régulièrement tous les mois, au Général Directeur du dépôt central d'artillerie, l'état de situation des cartouches à balles qu'ils ont en dépôt, conformément à l'ordre du 27 prairial dernier.

Les Colonels sont invités à tenir la main à ce que cet envoi se fasse, à l'avenir, avec plus d'exactitude; et ceux qui sont en ce moment en retard, devront adresser de suite ledit état à Monsieur le Général *Saint-Laurent.*

Le Général de Brigade Chef de l'État-major général du Gouvernement de Paris et de la première Division militaire,

CÉSAR BERTHIER.

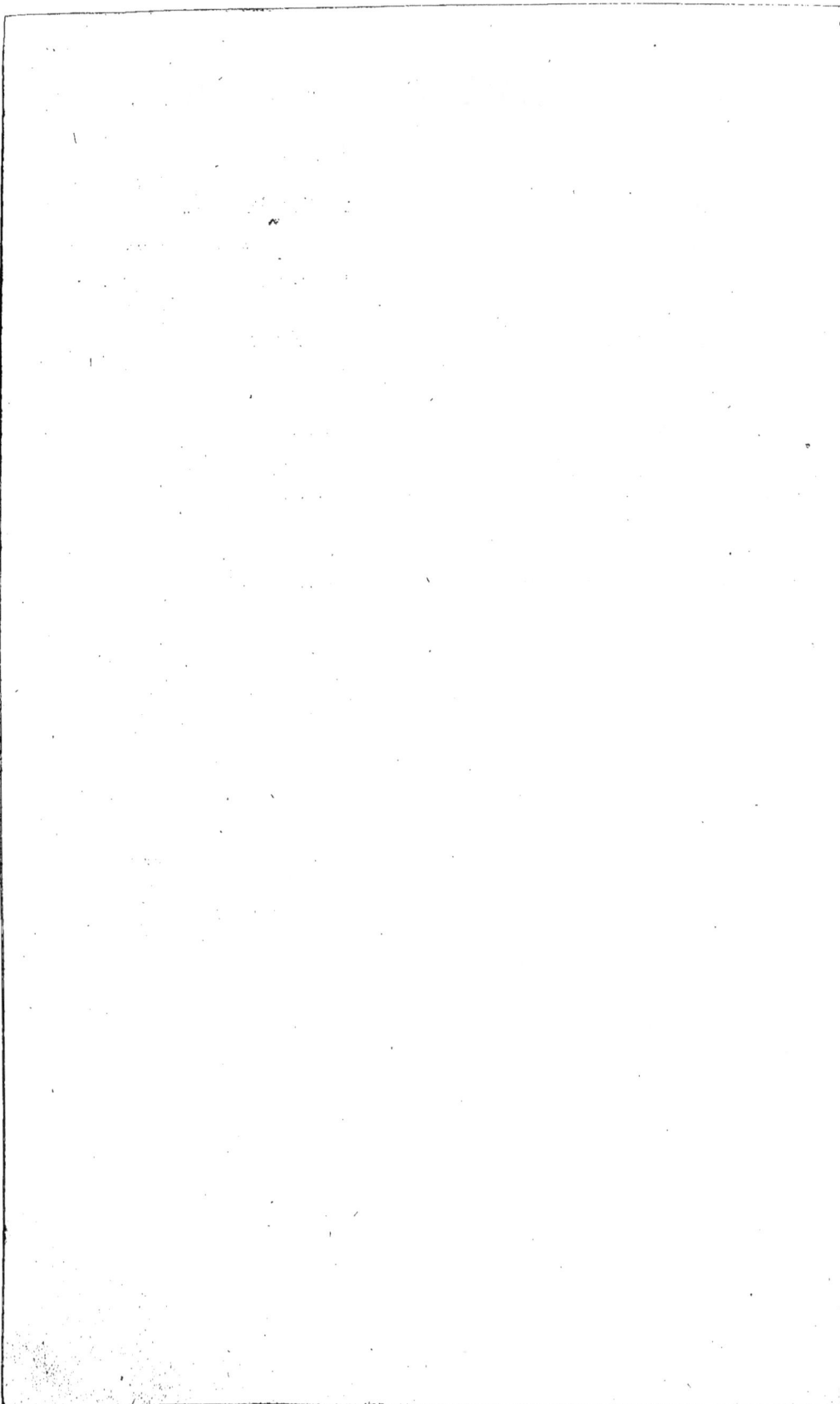

GOUVERNEMENT DE PARIS.

1.re DIVISION MILITAIRE.

ÉTAT - MAJOR GÉNÉRAL.

SUPPLÉMENT à l'Ordre général du 16 Frimaire an 13.

M. le Maréchal Ministre de la guerre invite M. le Maréchal Gouverneur de Paris à faire prévenir MM. les Colonels des députations des armées de l'Empire français, que les anciens drapeaux qui ont été déposés en faisceaux au pied du Trône, doivent lui être remis solennellement demain samedi, portés par d'anciens militaires, ayant à leur tête un Général qu'il désignera; qu'ils seront déposés en trophée dans l'Église Notre-Dame, et conservés religieusement comme les garans de la valeur française.

En conséquence, il est ordonné à MM. les Colonels de toute arme, qui auraient gardé leurs drapeaux, de les faire transporter demain 17, à une heure précise, à l'École militaire, pour être joints à ceux qui ont déjà été remis, et être portés chez M. le Maréchal Ministre de la guerre.

M. le Maréchal Gouverneur de Paris désigne M. le Général *Broussier*, pour se rendre demain samedi à l'École militaire.

Il sera commandé cent cinquante Grenadiers et Carabiniers, pris dans les 4.e Régiment d'infanterie légère et 18.e Régiment de ligne ;

Et deux escadrons, dont un de Carabiniers et un de Cuirassiers, qui seront rendus au Champ-de-Mars à une heure, pour porter et escorter les drapeaux chez le Ministre de la guerre.

MM. les Colonels sont prévenus que Sa Majesté les autorise à garder les cravates de leurs anciens drapeaux.

Sa Majesté impériale recevra demain à midi toutes les députations de toute arme de l'armée, celles des Gardes nationales des cent huit départemens, ainsi que celles de ses Gardes d'honneur; elles seront rendues demain matin, à dix heures, dans les salons du *Musée* et *de Diane;* elles y occuperont le même ordre de bataille qu'au Champ-de-Mars, et l'observeront de même pour défiler devant Sa Majesté.

Les Officiers et les Soldats devront être dans la tenue la plus stricte.

M. le Colonel *Curto* ordonnera sur-le-champ les dispositions les plus promptes pour que les volontés de Sa Majesté et les ordres de M. le Maréchal Gouverneur soient ponctuellement exécutés.

Le Général de Brigade Chef de l'État - major général,

CÉSAR BERTHIER.

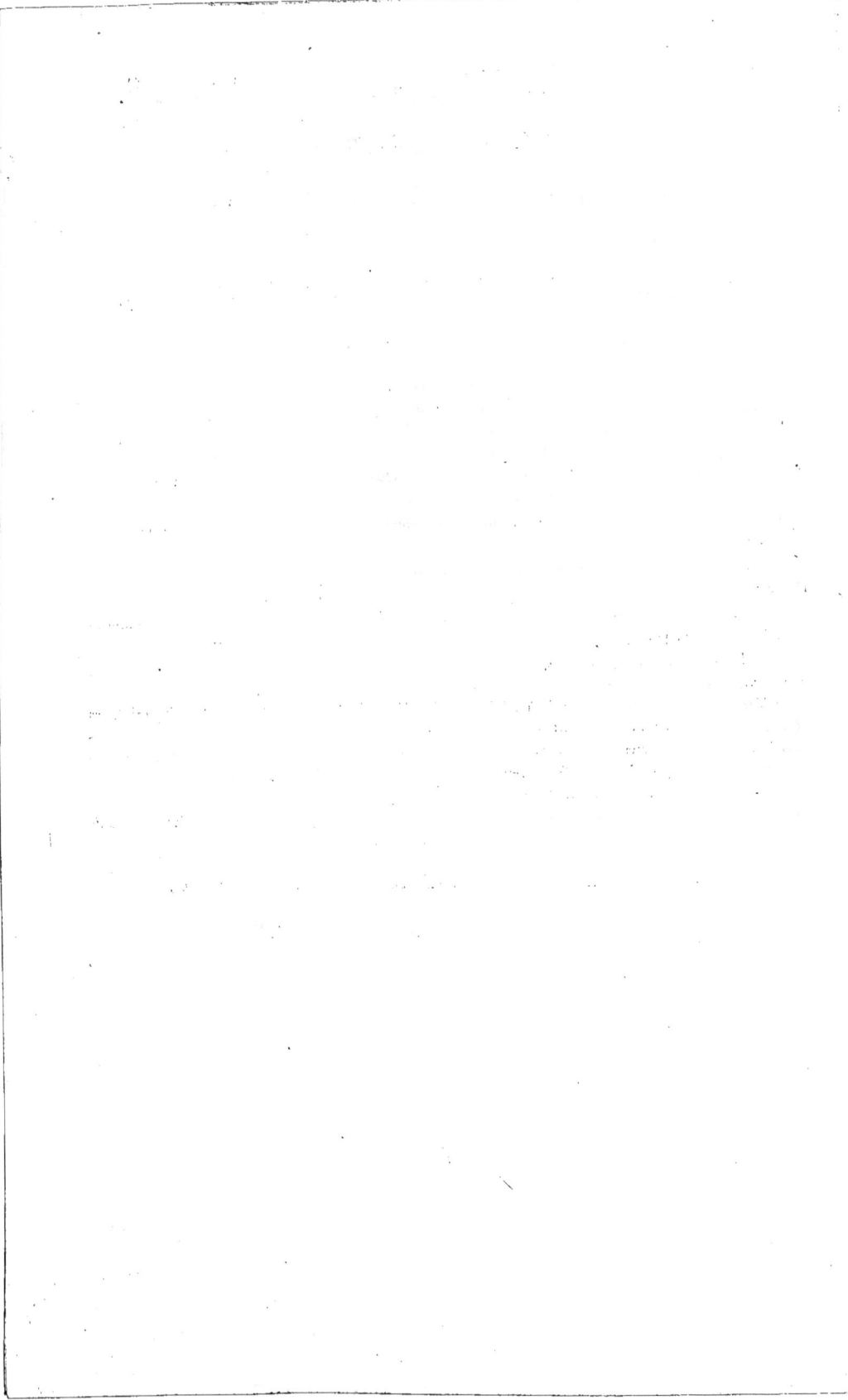

GOUVERNEMENT DE PARIS.

I.ʳᵉ *DIVISION MILITAIRE.*

ÉTAT-MAJOR GÉNÉRAL.

Au quartier général, à Paris, le 17 Frimaire an 13.

SERVICE DE L'ÉTAT-MAJOR GÉNÉRAL.

Du 17 au 18 Frimaire.

Les Capitaines Adjoints de service à l'État-major général.............. { AUCLER.
LONGCHAMP.

Officier de santé de service à l'État-major........................ DANTREVILLE.

Secrétaires de service à l'État-major.............................. { DESMOULINS.
BOURDIN.

Du 18 au 19 Frimaire.

Les Capitaines Adjoints de service à l'État-major général............. { FORGEOT.
GALDEMAR.

Officier de santé de service à l'État-major........................ POISSON.

Secrétaires de service à l'État-major.............................. { CORBET.
LECLERC.

ORDRE GÉNÉRAL.

Rien de nouveau.

Le Général de Brigade Chef de l'État-major général du Gouvernement de Paris et de la première Division militaire,

CÉSAR BERTHIER.

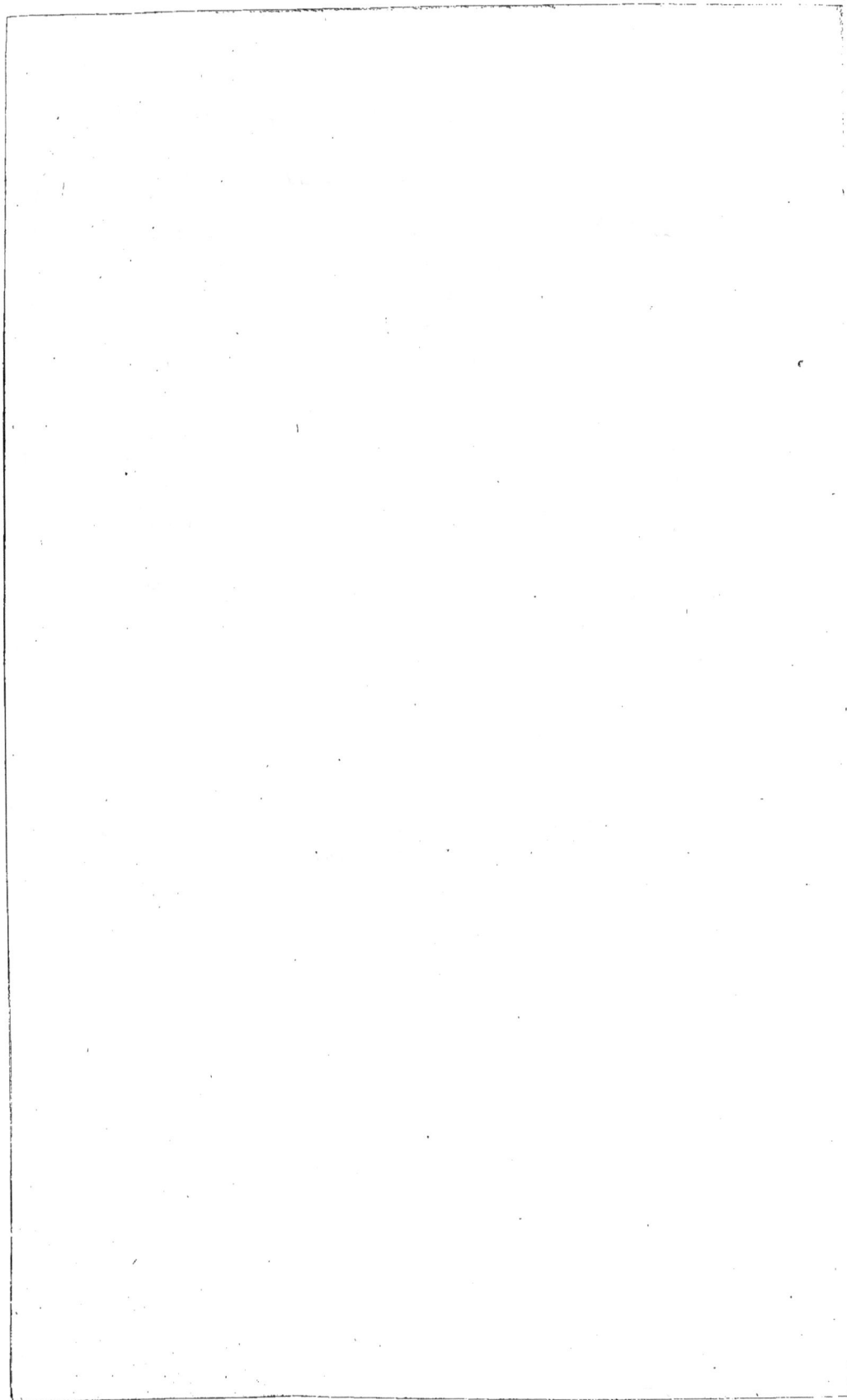

GOUVERNEMENT DE PARIS.

1.re DIVISION MILITAIRE.

ÉTAT-MAJOR GÉNÉRAL.

Au quartier général, à Paris, le 18 Frimaire an 13.

SERVICE DE L'ÉTAT-MAJOR GÉNÉRAL.

Du 18 au 19 Frimaire.

Les Capitaines Adjoints de service à l'État-major général.............	{ FORGEOT. GALDEMAR.
Officier de santé de service à l'État-major........................	POISSON.
Secrétaires de service à l'État-major.............................	{ BRUNEL. CORBET.

Du 19 au 20 Frimaire.

Les Capitaines Adjoints de service à l'État-major général..............	{ AUGIAS. WATHIEZ.
Officier de santé de service à l'État-major.......................	DANTREVILLE.
Secrétaires de service à l'État-major............................	{ CORBET. LECLERC.

ORDRE GÉNÉRAL.

MM. les Colonels de toute arme, qui n'ont pas remis leurs drapeaux mercredi, 14 du courant, ou qui les ont repris après la cérémonie qui a eu lieu au Champ-de-Mars, sont tenus de les remettre demain 19, d'une à deux heures, à M. le Maréchal Ministre de la guerre.

Le Général de Brigade Chef de l'État-major général du Gouvernement de Paris et de la première Division militaire,

CÉSAR BERTHIER.

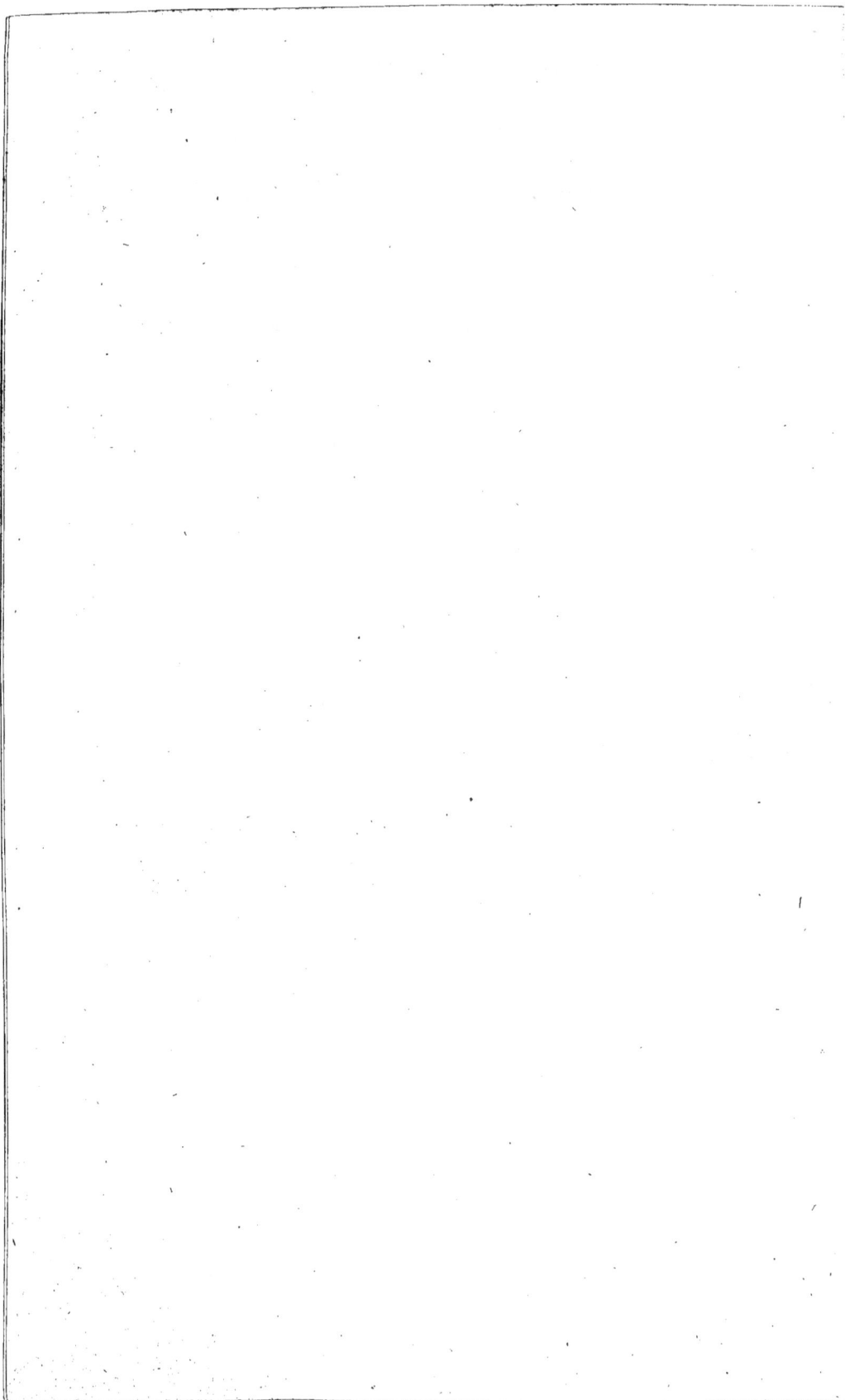

GOUVERNEMENT DE PARIS.

1.re DIVISION MILITAIRE.

ETAT - MAJOR GÉNÉRAL.

SUPPLÉMENT à l'Ordre du jour du 18 Frimaire an 13.

Le Maréchal de l'Empire Gouverneur de Paris a eu souvent l'occasion d'entretenir l'Empereur du bon esprit qui animait les députations des Gardes nationales de tous les départemens de l'Empire, et Sa Majesté l'a chargé de leur en témoigner sa satisfaction particulière. Le Gouverneur de Paris y joint l'expression de la sienne, et il espère qu'à leur retour dans leurs départemens respectifs, les Députés répandront parmi leurs concitoyens les sentimens d'affection, de zèle et de dévouement qu'ils ont si vivement manifestés pendant leur séjour à Paris.

Signé MURAT.

Pour copie conforme :

Le Général de Brigade Chef de l'État - major général ;

Signé CÉSAR BERTHIER.

GOUVERNEMENT DE PARIS.

1.re DIVISION MILITAIRE.

ÉTAT-MAJOR GÉNÉRAL.

Au quartier général, à Paris, le 19 Frimaire an 13.

SERVICE DE L'ÉTAT-MAJOR GÉNÉRAL.

Du 19 au 20 Frimaire.

Les Capitaines Adjoints de service à l'État-major général..............	AUGIAS. WATHIEZ.
Officier de santé de service à l'État-major.......................	DANTREVILLE.
Secrétaires de service à l'État-major.............................	CORBET. LECLERC.

Du 20 au 21 Frimaire.

Les Capitaines Adjoints de service à l'État-major général..............	GUIARDELLE. DELORME.
Officier de santé de service à l'État-major.......................	POISSON.
Secrétaires de service à l'État-major.............................	DUBOIS. LAMOUREUX.

ORDRE GÉNÉRAL.

Rien de nouveau.

Le Général de Brigade Chef de l'État-major général du Gouvernement de Paris et de la première Division militaire,

CÉSAR BERTHIER.

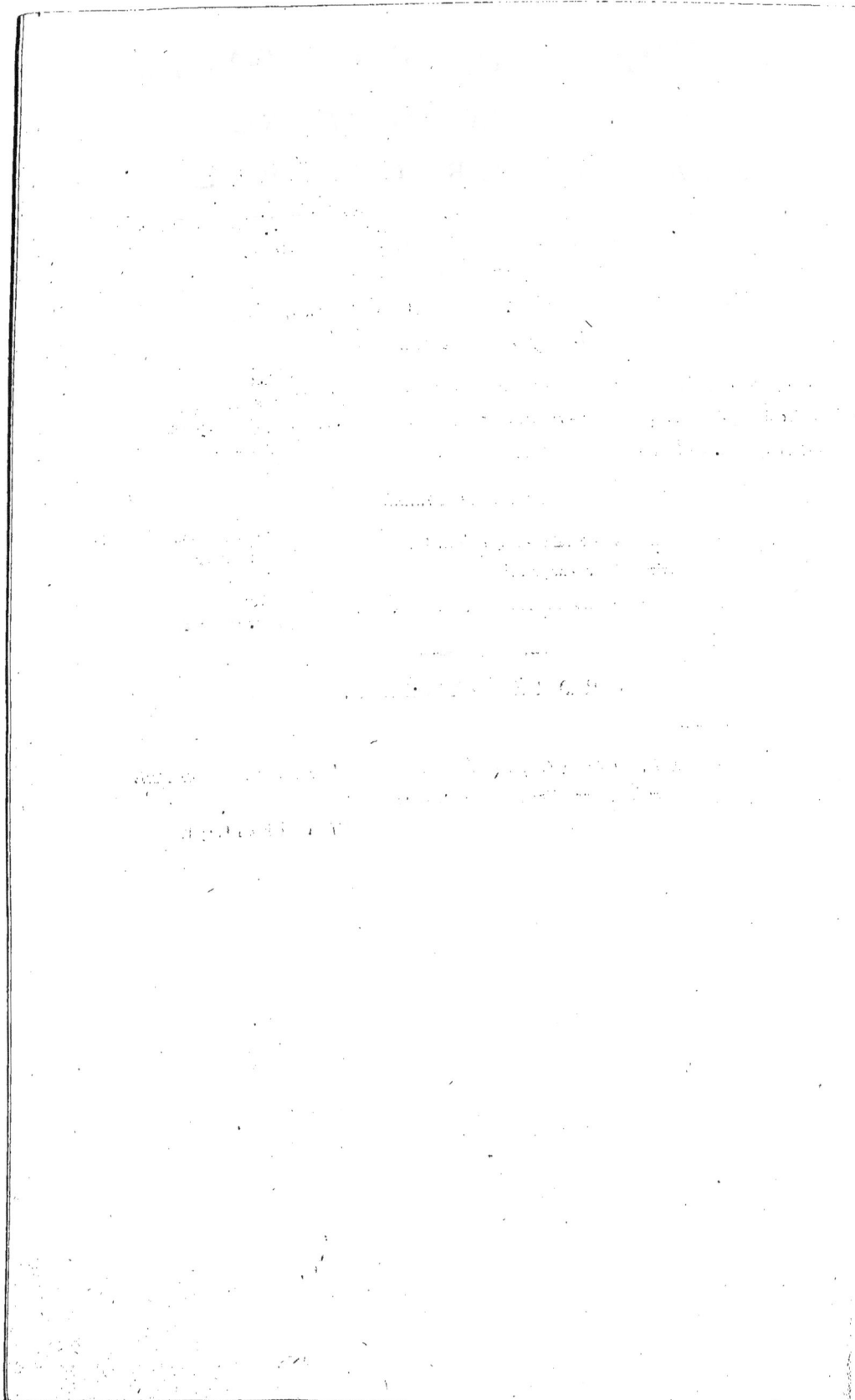

GOUVERNEMENT DE PARIS.

1.re DIVISION MILITAIRE.

ÉTAT - MAJOR GÉNÉRAL.

SUPPLÉMENT à l'Ordre du jour du 19 Frimaire an 13.

Lorsque les Députations des Troupes recevront l'ordre de partir, les Sous-officiers de ces Députations qui ont donné leur reçu des effets de casernement destinés à chacune d'elles, devront apporter le plus grand soin dans la remise de ces effets, afin d'éviter la confusion, non-seulement pour les quantités fournies sur leurs bons, mais encore pour connaître les dégradations qui auraient pu être faites, et en rendre responsables les Députations par qui elles auraient été commises.

Le Général de Brigade Chef de l'État - major général,

Signé CÉSAR BERTHIER.

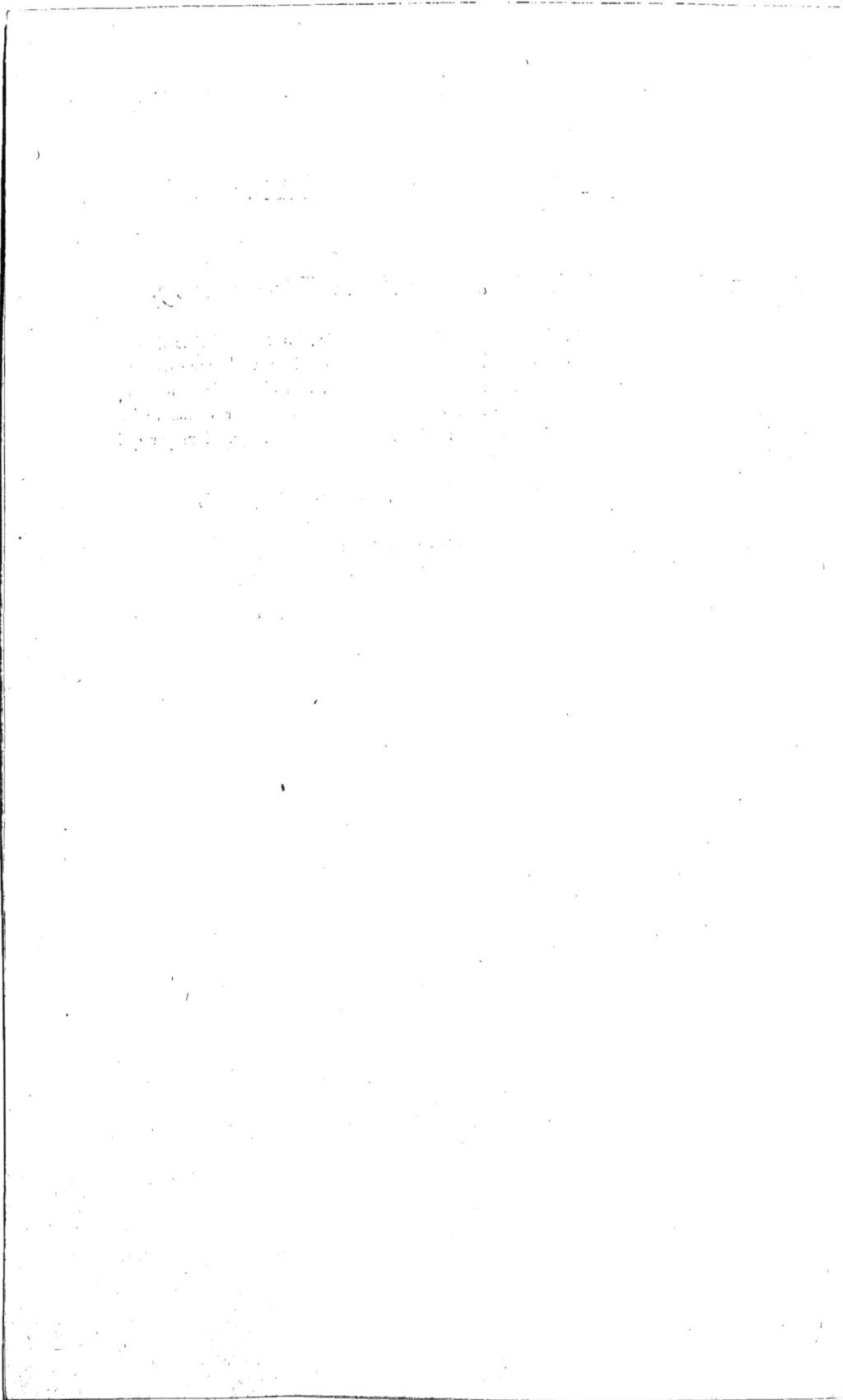

GOUVERNEMENT DE PARIS.

1.ʳᵉ DIVISION MILITAIRE.

ÉTAT-MAJOR GÉNÉRAL.

Au quartier général, à Paris, le 20 Frimaire an 13.

SERVICE DE L'ÉTAT-MAJOR GÉNÉRAL.

Du 20 au 21 Frimaire.

Les Capitaines Adjoints de service à l'État-major général.............. { DELORME. / AUCLER.

Officier de santé de service à l'État-major........................ POISSON.

Secrétaires de service à l'État-major.............................. { DUBOIS. / LAMOUREUX.

Du 21 au 22 Frimaire.

Les Capitaines Adjoints de service à l'État-major général.............. { LONGCHAMP. / FORGEOT.

Officier de santé de service à l'État-major........................ DANTREVILLE.

Secrétaires de service à l'État-major.............................. { PLANTIER. / BRUNEL.

ORDRE GÉNÉRAL.

Conformément aux intentions de M. le Maréchal Ministre de la Guerre, les Chefs des Corps et Détachemens stationnés dans la 1.ʳᵉ Division militaire, feront faire les recherches nécessaires pour s'assurer s'il n'y existe pas un individu nommé Laurent *Gilbert*, dit *l'Auvergnat*, que l'on présume s'être enrôlé dans un Régiment pour se soustraire à la Justice, et dont le signalement est ci-après; et si on parvient à le découvrir, il sera arrêté et conduit de brigade en brigade au Quartier-Général à Paris.

SIGNALEMENT.

Agé de trente ans, taille d'un mètre soixante-treize centimètres environ, Cheveux et Sourcils noirs, Menton long, Visage maigre et marqué de petite-vérole, natif de Brousse, département de la Haute-Loire, et exerçant la profession de garçon boulanger.

M. Le Maréchal Gouverneur de Paris, en conformité de l'Instruction de M. le Maréchal Ministre de la Guerre, en date du 5 Floréal an 9, fait connaître, par la voie de l'Ordre général, l'ordonnance d'appel en justice, rendue le 5 Frimaire par M. *Bonnet*, Capitaine-Rapporteur, contre un militaire contumax.

2.ᵉ CONSEIL DE GUERRE PERMANENT DE LA 1.ʳᵉ DIVISION MILITAIRE.

Appel en justice.

Cejourd'hui cinq frimaire, an treizième, nous *Louis Rousset*, Capitaine-rapporteur du 2.ᵉ Conseil de guerre permanent de la 1.ʳᵉ Division militaire,

Enjoignons au sieur *Jean-François-Claude Delahaye*, Capitaine au 1.ᵉʳ Régiment des Vétérans, 2.ᵉ Bataillon, 4.ᵉ Compagnie, en station à Guise, de se présenter à la justice, en se rendant sans délai au greffe du 2.ᵉ Conseil de guerre séant à Paris, rue du Cherche-midi, n.° 804, faubourg Saint-Germain, devant lequel il est traduit comme prévenu du vol d'une somme d'argent appartenant à sa Compagnie.

Fait au greffe dudit 2.ᵉ Conseil de guerre, les jour, mois et an que dessus, sous notre seing, et scellé du timbre du Conseil. *Signé à la minute,* ROUSSET.

Pour copie conforme :

LHUILLIER, *Greffier du 2.ᵉ Conseil de guerre.*

EXTRAITS des Jugemens rendus par le 1.er Conseil de guerre de la 1.re Division militaire, pendant le mois de Brumaire an 13.

NUMÉROS DES JUGEMENS.	DATES.	NOMS ET PRÉNOMS des INDIVIDUS JUGÉS.	QUALITÉ MILITAIRE ou PROFESSION.	LIEUX de NAISSANCE.	ANALYSE DES JUGEMENS.	
804.	22.	Basset *(Bonaventure)*	Fusillier au 1.er régiment de la garde de Paris.	Versailles, départ. de Seine-et-Oise.	Convaincu de vol envers ses camarades.	Condamné à six mois de prison, et à l'expiration de la peine, mis à la disposition de l'état-major général, pour être employé selon le bien du service.
805.	Idem.	May *(Jean-François)*	Cuirassier au 1.er régiment.	Ville-en-Vermais, département de la Moselle.	Convaincu de vol envers ses camarades.	Condamné à six mois de prison, à l'expiration de laquelle peine , mis à la disposition de l'état-major général, pour être employé selon le bien du service.
806.	Idem.	Pépin *(Pierre-Joseph)* . . . . (contumax).	Dragon au 5.e régiment.	Villers - Rotreau , dép. du Nord.	Convaincu de vol avec effraction dans une maison habitée.	Condamnés par contumace à la peine de douze années de fers, et à la dégradation militaire.
Idem.	Idem.	Renviau *(Jacques)* . . . . . . (contumax).	Idem.	Paris , départ. de la Seine.	Convaincu du même délit.	

Total des jugemens rendus par le 1.er Conseil de guerre pendant le mois de Frimaire, an 13, ci. . . . . 3.

Total des individus jugés pendant le même mois par ce Conseil, ci. . . . . présens. . . 2. } contumax . 2. } 4.

Pour extraits conformes aux expéditions desdits jugemens :

Le Général de Brigade Chef de l'État-major général du Gouvernement de Paris et de la première Division militaire,

César BERTHIER.

GOUVERNEMENT DE PARIS.

1.re DIVISION MILITAIRE.

ÉTAT - MAJOR GÉNÉRAL.

S U P P L É M E N T à l'Ordre du jour du 20 Frimaire an 13.

LE Maréchal d'Empire, Gouverneur de Paris, a eu souvent l'occasion d'entretenir l'Empereur du bon esprit qui animait les Députations des Corps de toutes armes des Armées de l'Empire, ainsi que de la bonne discipline qui a régné parmi eux ; et sa Majesté l'a chargé de leur en témoigner sa satisfaction particulière. Le Gouverneur de Paris y joint l'expression de la sienne, et il espère qu'à leur retour dans leurs corps respectifs, ces Députés répandront parmi leurs camarades les sentimens d'affection, de zèle, et de dévouement qu'ils ont si vivement manifestés pendant leur séjour à Paris.

Monsieur le Maréchal Gouverneur prévient Messieurs les Colonels que Sa Majesté leur laisse la faculté de rester encore huit jours à Paris, après le départ de leurs députations.

Signé MURAT.

Pour copie conforme :

Le Général de Brigade Chef de l'État - major général,

Signé CÉSAR BERTHIER.

GOUVERNEMENT DE PARIS.

1.re DIVISION MILITAIRE.

ÉTAT - MAJOR GÉNÉRAL.

Au quartier général, à Paris, le 21 Frimaire an 13.

SERVICE DE L'ÉTAT-MAJOR GÉNÉRAL.

Du 21 au 22 Frimaire.

Les Capitaines Adjoints de service à l'État - major général.............. { LONGCHAMP. / FORGEOT.

Officier de santé de service à l'État - major........................ DANTREVILLE.

Secrétaires de service à l'État - major.............................. { PLANTIER. / BRUNEL.

Du 22 au 23 Frimaire.

Les Capitaines Adjoints de service à l'État - major général.............. { GALDEMAR. / AUGIAS.

Officier de santé de service à l'État - major........................ POISSON.

Secrétaires de service à l'État - major.............................. { DESMOULINS. / BOURDIN.

Rien de nouveau.

Le Général de Brigade Chef de l'État-major général du Gouvernement de Paris et de la première Division militaire,

CÉSAR BERTHIER.

GOUVERNEMENT DE PARIS.
1.re DIVISION MILITAIRE.
ÉTAT-MAJOR GÉNÉRAL.

Au quartier général, à Paris, le 22 Frimaire an 13.

SERVICE DE L'ÉTAT-MAJOR GÉNÉRAL.

Du 22 au 23 Frimaire.

Les Capitaines Adjoints de service à l'État-major général. . . . . LONGCHAMP.
Officier de santé de service à l'État-major. . . . . POISSON.
Secrétaires de service à l'État-major. . . . . DESMOULINS.

Du 23 au 24 Frimaire.

Les Capitaines Adjoints de service à l'État-major général. . . . . GALDEMAR.
Officier de santé de service à l'État-major. . . . . DANTREVILLE.
Secrétaires de service à l'État-major . . . . BOURDIN.

Rien de nouveau.

*Le Général de Brigade Chef de l'État-major général du Gouvernement de Paris
et de la première Division militaire,*

CÉSAR BERTHIER.

GOUVERNEMENT DE PARIS.

1.re DIVISION MILITAIRE.

ÉTAT-MAJOR GÉNÉRAL.

Au quartier général, à Paris, le 23 Frimaire an 13.

SERVICE DE L'ÉTAT-MAJOR GÉNÉRAL.

Du 23 au 24 Frimaire.

Le Capitaine Adjoint de service à l'État-major général................ GALDEMAR.
Officier de santé de service à l'État-major........................... DANTREVILLE.
Secrétaire de service à l'État-major................................ BOURDIN.

Du 24 au 25 Frimaire.

Le Capitaine Adjoint de service à l'État-major général................ AUGIAS.
Officier de santé de service à l'État-major.......................... POISSON.
Secrétaire de service à l'État-major................................ CORBET.

Rien de nouveau.

Le Général de Brigade Chef de l'État-major général du Gouvernement de Paris et de la première Division militaire,

CÉSAR BERTHIER.

GOUVERNEMENT DE PARIS.

1.re DIVISION MILITAIRE.

ÉTAT - MAJOR GÉNÉRAL.

Au quartier général, à Paris, le 24 Frimaire an 13.

SERVICE DE L'ÉTAT-MAJOR GÉNÉRAL.

Du 24 au 25 Frimaire.

Le Capitaine Adjoint de service à l'État - major général................ AUGIAS.
Officier de santé de service à l'État - major........................ POISSON.
Secrétaire de service à l'État - major.............................. CORBET.

Du 25 au 26 Frimaire.

Le Capitaine Adjoint de service à l'État - major général................ WATHIEZ.
Officier de santé de service à l'État - major........................ DANTREVILLE.
Secrétaire de service à l'État - major.............................. DESMOULINS.

Rien de nouveau.

Le Général de Brigade Chef de l'État-major général du Gouvernement de Paris et de la première Division militaire,

CÉSAR BERTHIER.

GOUVERNEMENT DE PARIS.

1.ʳᵉ DIVISION MILITAIRE.

ÉTAT - MAJOR GÉNÉRAL.

Au quartier général, à Paris, le 25 Frimaire an 13.

SERVICE DE L'ÉTAT-MAJOR GÉNÉRAL.

Du 25 au 26 Frimaire.

Le Capitaine Adjoint de service à l'État-major général................. WATHIEZ.
Officier de santé de service à l'État - major......................... DANTREVILLE.
Secrétaire de service à l'État-major............................... DESMOULINS.

Du 26 au 27 Frimaire.

Le Capitaine Adjoint de service à l'État-major général................. DELORME.
Officier de santé de service à l'État - major......................... POISSON.
Secrétaire de service à l'État-major............................... LECLERC.

Rien de nouveau.

Le Général de Brigade Chef de l'État-major général du Gouvernement de Paris et de la première Division militaire,

CÉSAR BERTHIER.

GOUVERNEMENT DE PARIS.

1.re DIVISION MILITAIRE.

ÉTAT-MAJOR GÉNÉRAL.

Au quartier général, à Paris, le 26 Frimaire an 13.

SERVICE DE L'ÉTAT-MAJOR GÉNÉRAL.

Du 26 au 27 Frimaire.

Le Capitaine Adjoint de service à l'État-major général................ DELORME.
Officier de santé de service à l'État-major........................ POISSON.
Secrétaire de service à l'État-major.............................. LECLERC.

Du 27 au 28 Frimaire.

Le Capitaine Adjoint de service à l'État-major général................ AUCLER.
Officier de santé de service à l'État-major........................ DANTREVILLE.
Secrétaire de service à l'État-major.............................. LAMOUREUX.

Rien de nouveau.

*Le Général de Brigade Chef de l'État-major général du Gouvernement de Paris
et de la première Division militaire,*

CÉSAR BERTHIER.

GOUVERNEMENT DE PARIS.

1.ᵉ DIVISION MILITAIRE.

ÉTAT-MAJOR GÉNÉRAL.

Au quartier général, à Paris, le 27 Frimaire an 13.

SERVICE DE L'ÉTAT-MAJOR GÉNÉRAL.

Du 27 au 28 Frimaire.

Le Capitaine Adjoint de service à l'État-major général................. AUCLER.
Officier de santé de service à l'État-major........................... DANTREVILLE.
Secrétaire de service à l'État-major................................. LAMOUREUX.

Du 28 au 29 Frimaire.

Le Capitaine Adjoint de service à l'État-major général................. LONGCHAMP.
Officier de santé de service à l'État-major........................... POISSON.
Secrétaire de service à l'État-major................................. DUBOIS.

Rien de nouveau.

Le Général de Brigade Chef de l'État-major général du Gouvernement de Paris et de la première Division militaire,

CÉSAR BERTHIER.

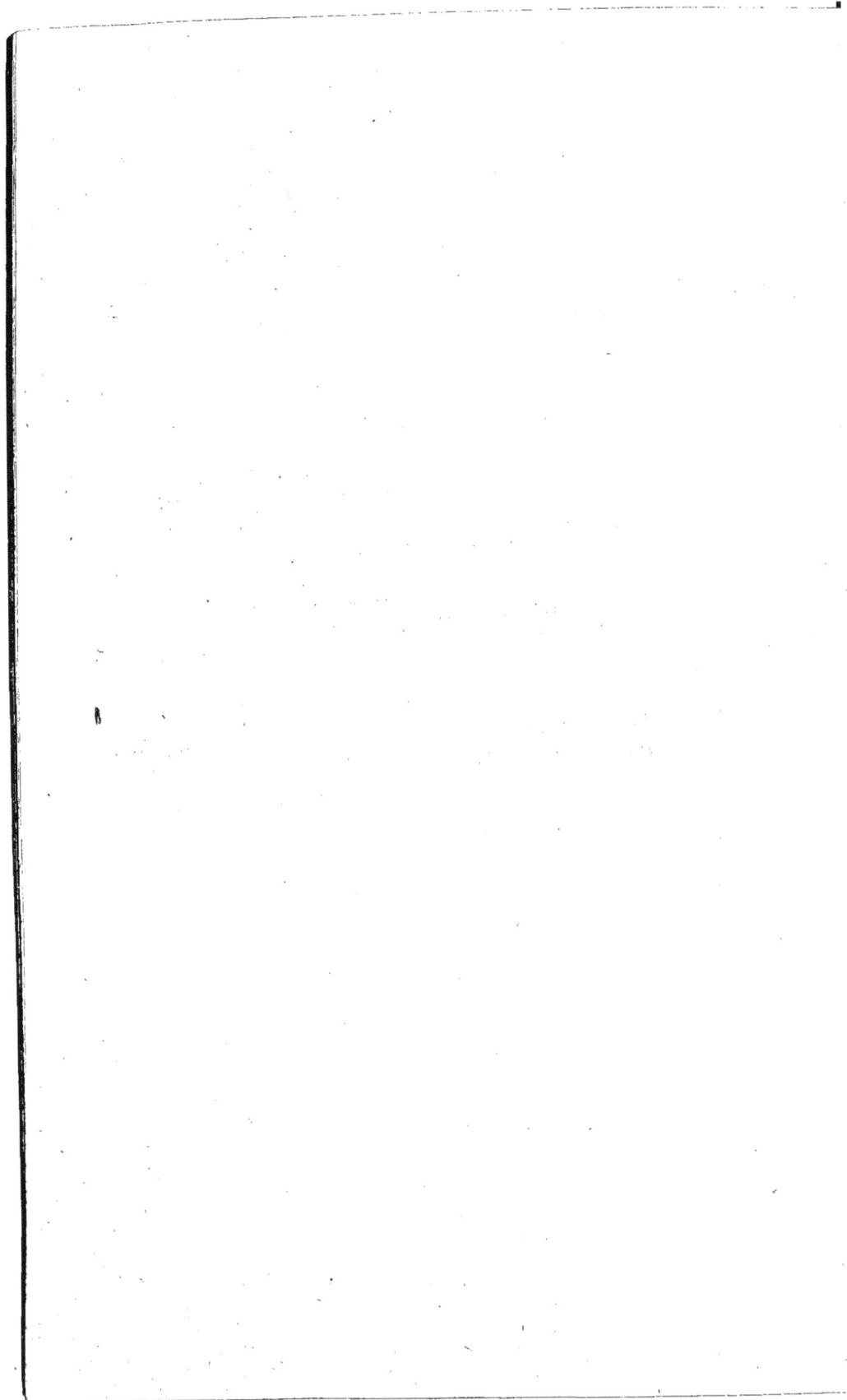

GOUVERNEMENT DE PARIS.

1.re DIVISION MILITAIRE.

ÉTAT - MAJOR GÉNÉRAL.

SUPPLÉMENT à *l'Ordre général du 27 Frimaire an 13.*

M. le Maréchal Gouverneur s'empresse de prévenir MM. les Généraux qui sont venus à Paris pour le Sacre de sa Majesté L'EMPEREUR, que, par une nouvelle décision, leur départ n'aura lieu que dans le courant de la semaine prochaine, et qu'ils recevront à cet égard des ordres ultérieurs.

Signé MURAT.

Pour copie conforme :

Le Général de Brigade Chef de l'État - major général ;

Signé CÉSAR BERTHIER.

GOUVERNEMENT DE PARIS.
1.re *DIVISION MILITAIRE.*
ÉTAT-MAJOR GÉNÉRAL.

SERVICE DE L'ÉTAT-MAJOR GÉNÉRAL.

Du 28 au 29 Frimaire.

Le Capitaine Adjoint de service à l'État-major général................ FORGEOT.
Officier de santé de service à l'État-major...................... POISSON.
Secrétaire de service à l'État-major............................ BRUNEL.

Du 29 au 30 Frimaire.

Le Capitaine Adjoint de service à l'État-major général................ DELORME.
Officier de santé de service à l'État-major...................... DANTREVILLE.
Secrétaire de service à l'État-major............................ PLANTIER.

ORDRE GÉNÉRAL.

Par décret du 28 brumaire dernier, sa Majesté l'Empereur a autorisé les Généraux commandant les divisions d'armée ou de l'intérieur de l'Empire, à employer les Majors dans les Conseils de guerre et de révision permanens, en remplacement des Colonels absens, ou qui, pour cause d'empêchement légitime, ne pourraient siéger à ces Conseils.

Monsieur le Maréchal Gouverneur de Paris, en conformité de l'instruction de Monsieur le Maréchal Ministre de la guerre, en date du 5 floréal an 9, fait connaître, par la voie de l'Ordre général, l'Ordonnance de perquisition, rendue le 15 de ce mois par M. le Président du deuxième Conseil deguerre séant à Paris, contre un militaire contumax.

2.e CONSEIL DE GUERRE PERMANENT DE LA 1.re DIVISION MILITAIRE.

Ordonnance de perquisition.

Cejourd'hui quinze frimaire de l'an treizième ;

Nous, Jean-Baptiste-Joseph-Noël *Borrel*, Adjudant-Commandant, Officier de la Légion d'honneur, Président du 2.e Conseil de guerre permanent ;

Vu les pièces de la procédure relative au nommé *Jean-François-Claude Delahaye*, Capitaine au 1.er régiment de Vétérans, 2.e bataillon, 4.e compagnie ; taille d'un mètre 65 centimètres, cheveux et sourcils gris-blanc, yeux gris, nez moyen, bouche moyenne, menton pointu, visage ovale, teint rouge et bleuâtre, traduit au Conseil de guerre comme prévenu de vol d'argent appartenant à sa compagnie, absent et contumax ;

Vu l'acte d'appel en justice, en date du 5 de ce mois ;

Ordonnons, en vertu de l'article 462 de la loi du 3 brumaire an 4, que perquisition sera faite de la personne dudit *Delahaye ;*

MANDONS et ordonnons de mettre la présente à exécution, laquelle, conformément à l'article 463 de ladite loi, sera publiée et affichée à la porte du Conseil de guerre et à *Guise*, lieu du dernier domicile du contumax.

Ordonnons en outre que copie d'icelle sera transmise à Monsieur le Général Chef de l'État-major général de la Division, à l'effet d'être rendue publique par la voie de l'Ordre du jour.

Chargeons M. *Rousset*, Capitaine-Rapporteur, de surveiller l'exécution de la présente dans tout son contenu.

Ainsi ordonné, à Paris, les jour, mois et an que dessus, sous notre seing, et scellé du timbre du Conseil ; signé J. B. BORREL.

Pour copie conforme : LHUILLIER, *Greffier du 2.e Conseil de guerre,*

Le Général de Brigade Chef de l'État-major général du Gouvernement de Paris
et de la première Division militaire,

CÉSAR BERTHIER.

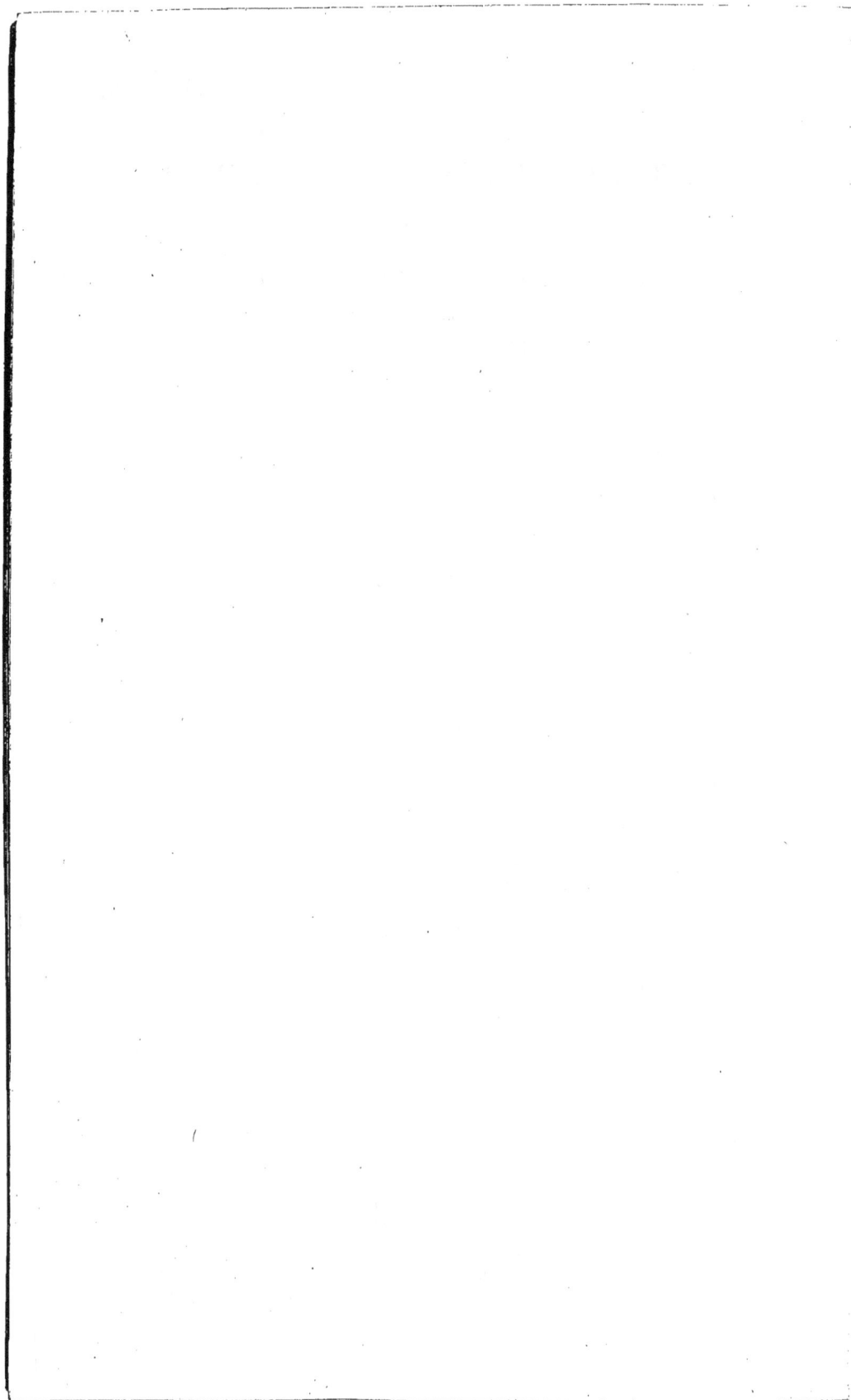

GOUVERNEMENT DE PARIS.

1.re DIVISION MILITAIRE.

ÉTAT - MAJOR GÉNÉRAL.

Au quartier général, à Paris, le 29 Frimaire an 13.

SERVICE DE L'ÉTAT-MAJOR GÉNÉRAL.

Du 29 au 30 Frimaire.

Le Capitaine Adjoint de service à l'État-major général................. DELORME.
Officier de santé de service à l'État-major........................ DANTREVILLE.
Secrétaire de service à l'État-major.............................. PLANTIER.

Du 30 Frimaire au 1.er Nivôse.

Le Capitaine Adjoint de service à l'État-major général................ AUGIAS.
Officier de santé de service à l'État-major....................... POISSON.
Secrétaire de service à l'État-major............................. DESMOULINS.

Rien de nouveau.

Le Général de Brigade Chef de l'État-major général du Gouvernement de Paris et de la première Division militaire,

CÉSAR BERTHIER.

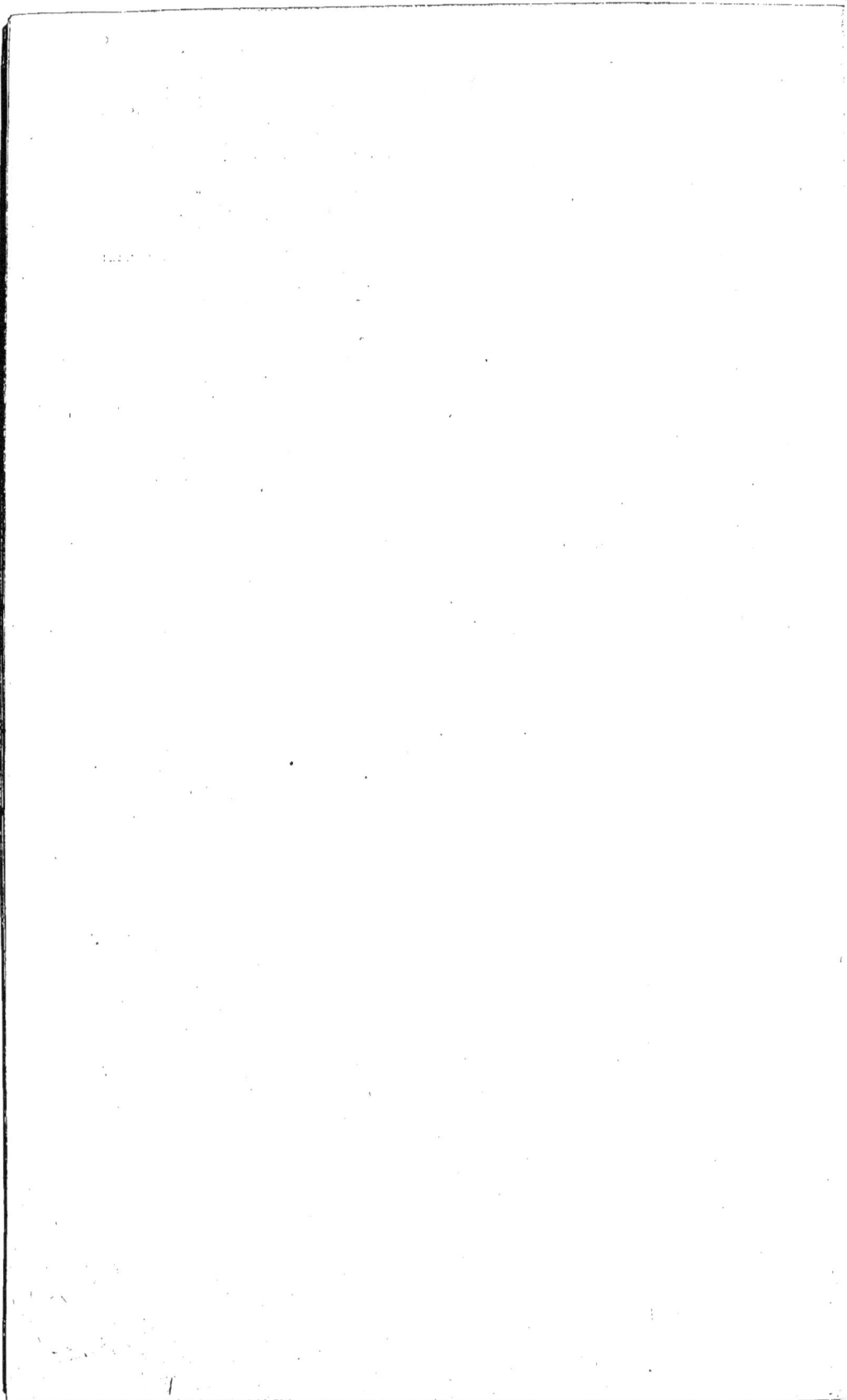

GOUVERNEMENT DE PARIS.

1.re DIVISION MILITAIRE.

ÉTAT-MAJOR GÉNÉRAL.

Au quartier général, à Paris, le 30 Frimaire an 13.

SERVICE DE L'ÉTAT-MAJOR GÉNÉRAL.

Du 30 Frimaire au 1.er Nivôse.

Le Capitaine Adjoint de service à l'État-major général................ AUGIAS.
Officier de santé de service à l'État-major....................... POISSON.
Secrétaire de service à l'État-major............................. DESMOULINS.

Du 1.er au 2 Nivôse.

Le Capitaine Adjoint de service à l'État-major général............ WATHIEZ.
Officier de santé de service à l'État-major....................... DANTREVILLE.
Secrétaire de service à l'État-major............................ CORBET.

Rien de nouveau.

Le Général de Brigade Chef de l'État-major général du Gouvernement de Paris
et de la première Division militaire,

CÉSAR BERTHIER.

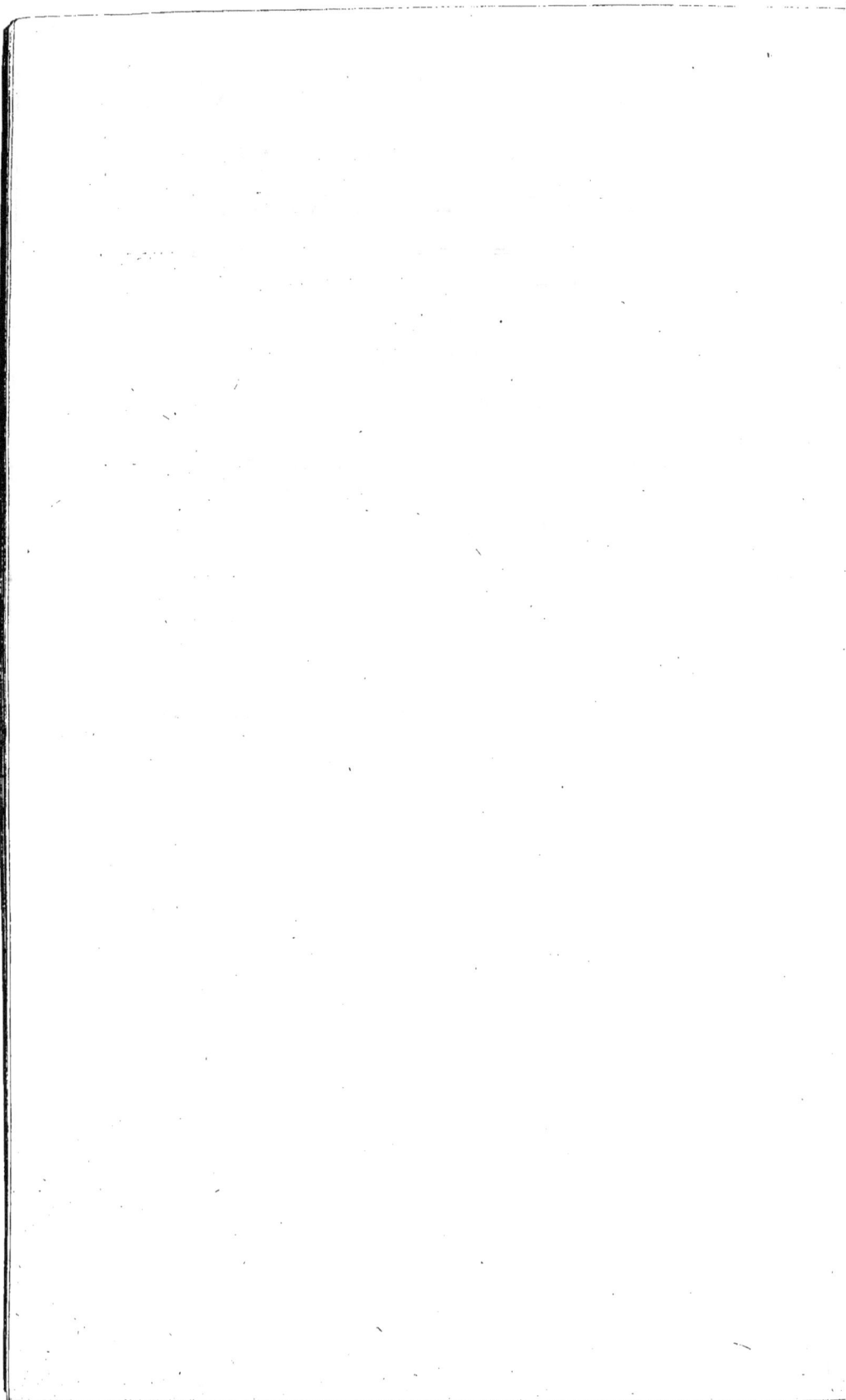

GOUVERNEMENT DE PARIS.

1.ͬᵉ DIVISION MILITAIRE.

ÉTAT - MAJOR GÉNÉRAL.

Au quartier général, à Paris, le 1.ᵉʳ Nivôse an 13.

SERVICE DE L'ÉTAT-MAJOR GÉNÉRAL.

Du 1.ᵉʳ au 2 Nivôse.

Le Capitaine Adjoint de service à l'État-major général................. WATHIEZ.
Officier de santé de service à l'État - major......................... DANTREVILLE.
Secrétaire de service à l'État-major................................. CORBET.

Du 2 au 3 Nivôse.

Le Capitaine Adjoint de service à l'État-major général................. LONGCHAMP.
Officier de santé de service à l'État - major......................... POISSON.
Secrétaire de service à l'État-major................................. DUBOIS.

Rien de nouveau.

Le Général de Brigade Chef de l'État-major général du Gouvernement de Paris et de la première Division militaire,

CÉSAR BERTHIER.

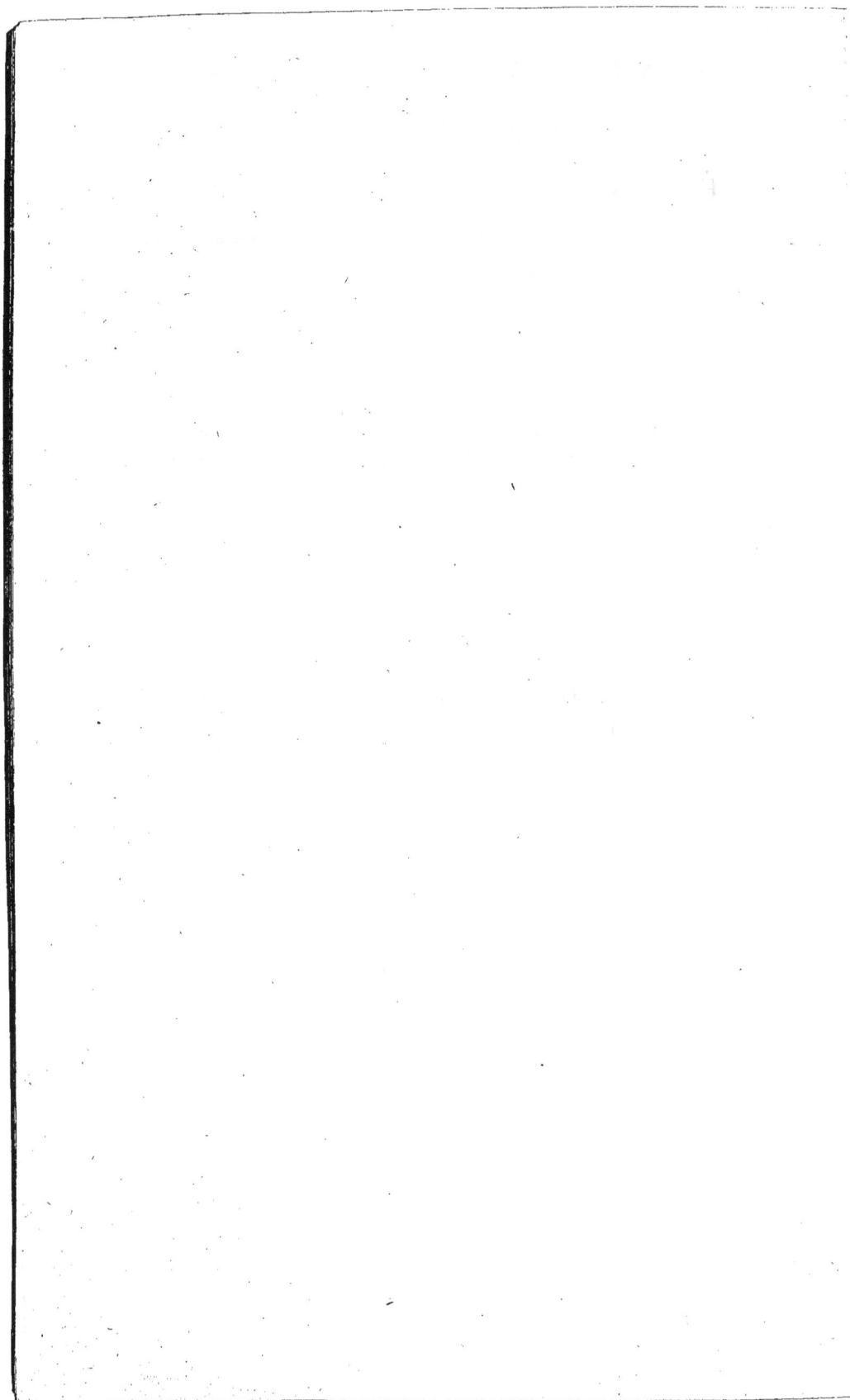

GOUVERNEMENT DE PARIS.

I.ʳᵉ DIVISION MILITAIRE.

ÉTAT-MAJOR GÉNÉRAL.

Au quartier général, à Paris, le 2 Nivôse an 13.

SERVICE DE L'ÉTAT-MAJOR GÉNÉRAL.

Du 2 au 3 Nivôse.

Le Capitaine Adjoint de service à l'État-major général................ GUIARDELLE.
Officier de santé de service à l'État-major........................ POISSON.
Secrétaire de service à l'État-major.............................. DUBOIS.

Du 3 au 4 Nivôse.

Le Capitaine Adjoint de service à l'État-major général................ DELORME.
Officier de santé de service à l'État-major....................... DANTREVILLE.
Secrétaire de service à l'État-major.............................. LECLERC.

Rien de nouveau.

Le Général de Brigade Chef de l'État-major général du Gouvernement de Paris et de la première Division militaire,

CÉSAR BERTHIER.

GOUVERNEMENT DE PARIS.

Ire *DIVISION MILITAIRE.*

ÉTAT - MAJOR GÉNÉRAL.

Au quartier général, à Paris, le 3 Nivôse an 13.

SERVICE DE L'ÉTAT-MAJOR GÉNÉRAL.

Du 3 au 4 Nivôse.

Le Capitaine Adjoint de service à l'État - major général .... DELORME.
Officier de santé de service à l'État - major......................... DANTREVILLE.
Secrétaire de service à l'État - major................................ LECLERC.

Du 4 au 5 Nivôse.

Le Capitaine Adjoint de service à l'État - major général .... AUCLER.
Officier de santé de service à l'État - major......................... POISSON.
Secrétaire de service à l'État - major................................ CORBET.

Rien de nouveau.

*Le Général de Brigade Chef de l'État-major général du Gouvernement de Paris
et de la première Division militaire,*

CÉSAR BERTHIER.

GOUVERNEMENT DE PARIS.

1.re DIVISION MILITAIRE.

ÉTAT - MAJOR GÉNÉRAL.

Au quartier général, à Paris, le 4 Nivôse an 13.

SERVICE DE L'ÉTAT-MAJOR GÉNÉRAL.

Du 4 au 5 Nivôse.

Le Capitaine Adjoint de service à l'État - major général................ AUCLER.
Officier de santé de service à l'État - major........................ POISSON.
Secrétaire de service à l'État - major............................... CORBET.

Du 5 au 6 Nivôse.

Le Capitaine Adjoint de service à l'État - major général................ LONGCHAMP.
Officier de santé de service à l'État - major....................... DANTREVILLE.
Secrétaire de service à l'État - major.............................. LAMOUREUX.

Rien de nouveau.

*Le Général de Brigade Chef de l'État-major général du Gouvernement de Paris
et de la première Division militaire,*

CÉSAR BERTHIER.

GOUVERNEMENT DE PARIS.

1.re DIVISION MILITAIRE.

ÉTAT-MAJOR GÉNÉRAL.

Au quartier général, à Paris, le 5 Nivôse an 13.

SERVICE DE L'ÉTAT-MAJOR GÉNÉRAL.

Du 5 au 6 Nivôse.

Le Capitaine Adjoint de service à l'État-major général................. LONGCHAMP.
Officier de santé de service à l'État-major........................ DANTREVILLE.
Secrétaire de service à l'État-major.............................. LAMOUREUX.

Du 6 au 7 Nivôse.

Le Capitaine Adjoint de service à l'État-major général................ FORGEOT.
Officier de santé de service à l'État-major........................ POISSON.
Secrétaire de service à l'État-major.............................. DUBOIS.

Rien de nouveau.

Le Général de Brigade Chef de l'État-major général du Gouvernement de Paris et de la première Division militaire,

CÉSAR BERTHIER.

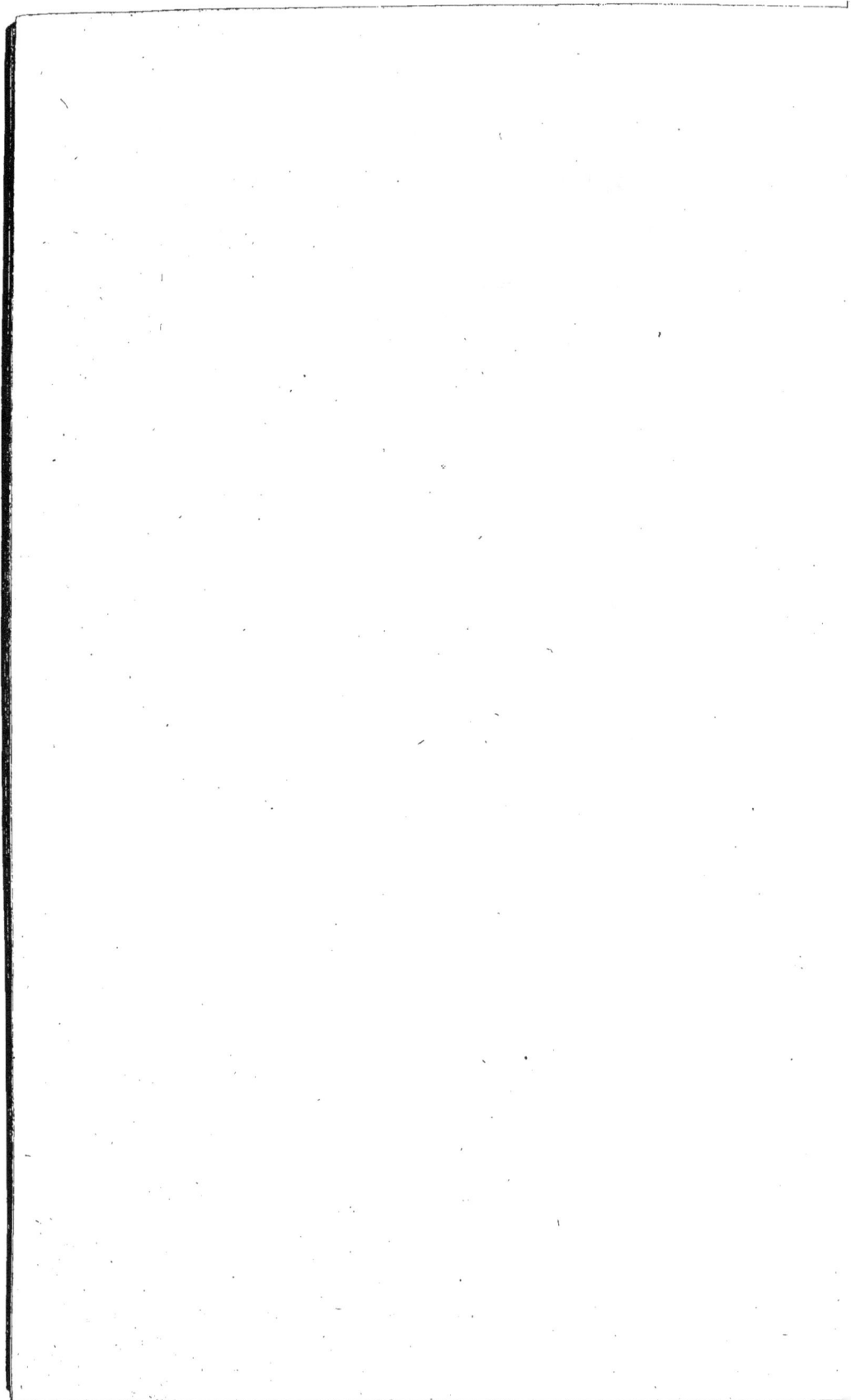

GOUVERNEMENT DE PARIS.

1.ᵉ DIVISION MILITAIRE.

ÉTAT-MAJOR GÉNÉRAL.

Au quartier général, à Paris, le 6 Nivôse an 13.

SERVICE DE L'ÉTAT-MAJOR GÉNÉRAL.

Du 6 au 7 Nivôse.

Le Capitaine Adjoint de service à l'État-major général................. FORGEOT.
Officier de santé de service à l'État-major......................... POISSON.
Secrétaire de service à l'État-major............................... DUBOIS.

Du 7 au 8 Nivôse.

Le Capitaine Adjoint de service à l'État-major général................. GALDEMAR.
Officier de santé de service à l'État-major......................... DANTREVILLE.
Secrétaire de service à l'État-major............................... BRUNEL.

Rien de nouveau.

Le Général de Brigade Chef de l'État-major général du Gouvernement de Paris et de la première Division militaire,

CÉSAR BERTHIER.

GOUVERNEMENT DE PARIS.

1.re DIVISION MILITAIRE.

ÉTAT - MAJOR GÉNÉRAL.

Au quartier général, à Paris, le 7 Nivôse an 13.

SERVICE DE L'ÉTAT-MAJOR GÉNÉRAL.

Du 7 au 8 Nivôse.

Capitaine Adjoint de service à l'État - major général................ GALDEMAR.

fficier de santé de service à l'État - major........................ DANTREVILLE.

crétaire de service à l'État - major.............................. BRUNEL.

Du 8 au 9 Nivôse.

Capitaine Adjoint de service à l'État - major général................ AUGIAS.

fficier de santé de service à l'État - major........................ POISSON.

crétaire de service à l'État - major.............................. PLANTIER.

Rien de nouveau.

Le Général de Brigade Chef de l'État-major général du Gouvernement de Paris et de la première Division militaire,

CÉSAR BERTHIER.

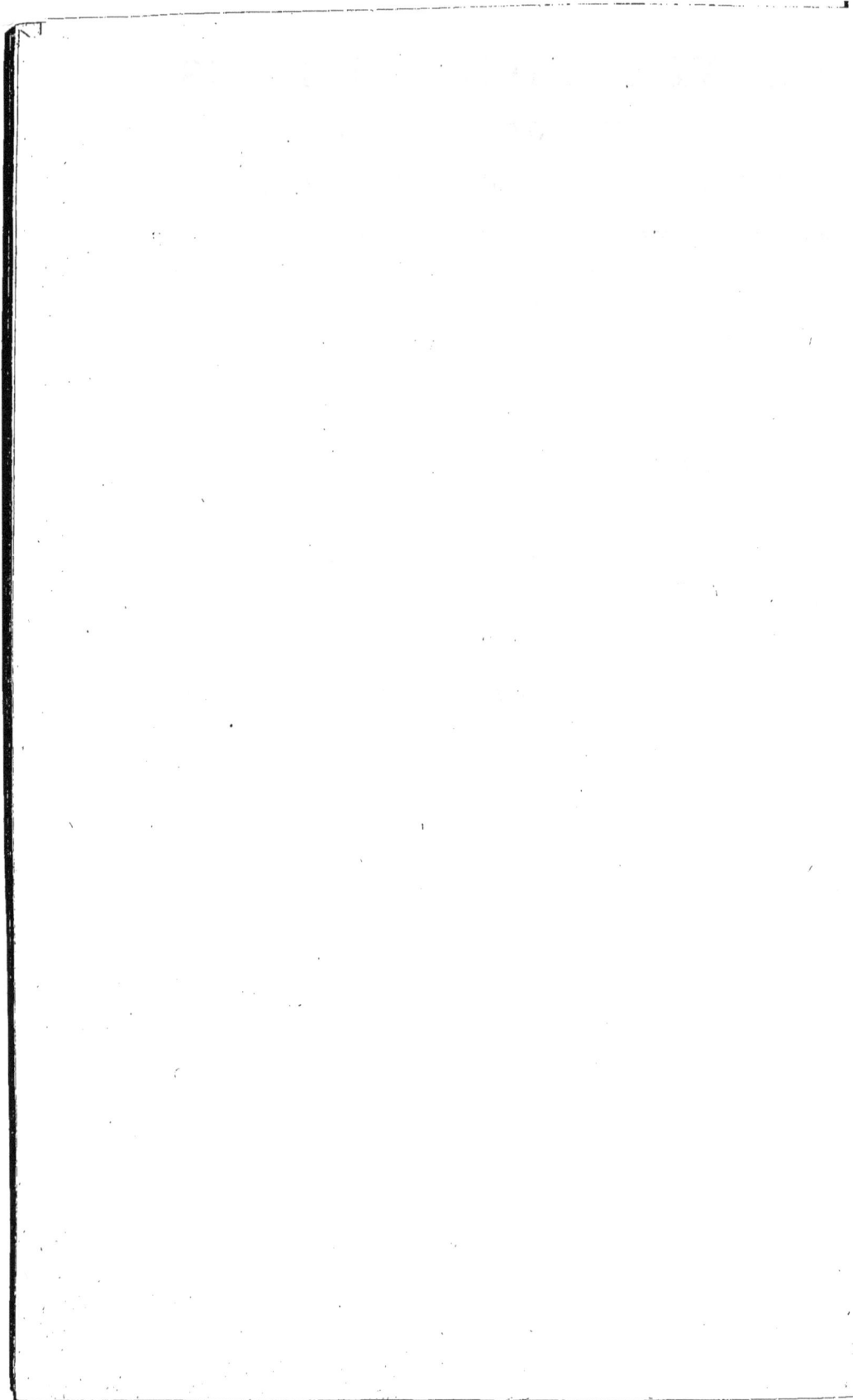

GOUVERNEMENT DE PARIS.
I.ʳᵉ DIVISION MILITAIRE.
ÉTAT-MAJOR GÉNÉRAL.

Au quartier général, à Paris, le 8 Nivôse an 13.

SERVICE DE L'ÉTAT-MAJOR GÉNÉRAL.

Du 8 au 9 Nivôse.

Le Capitaine Adjoint de service à l'État-major général................ AUGIAS.
Officier de santé de service à l'État-major......................... POISSON.
Secrétaire de service à l'État-major............................... PLANTIER.

Du 9 au 10 Nivôse.

Le Capitaine Adjoint de service à l'État-major général................ WATHIEZ.
Officier de santé de service à l'État-major......................... DANTREVILLE.
Secrétaire de service à l'État-major............................... LAMOUREUX.

Rien de nouveau.

Le Général de Brigade Chef de l'État-major général du Gouvernement de Paris et de la première Division militaire,

CÉSAR BERTHIER.

GOUVERNEMENT DE PARIS.

1.ᵉ *DIVISION MILITAIRE.*

ÉTAT - MAJOR GÉNÉRAL.

Au quartier général, à Paris, le 9 Nivôse an 13.

SERVICE DE L'ÉTAT-MAJOR GÉNÉRAL.

Du 9 au 10 Nivôse.

Le Capitaine Adjoint de service à l'État - major général................ WATHIEZ.
Officier de santé de service à l'État - major........................ DANTREVILLE.
Secrétaire de service à l'État - major............................... LAMOUREUX.

Du 10 au 11 Nivôse.

Le Capitaine Adjoint de service à l'État - major général................ LONGCHAMP.
Officier de santé de service à l'État - major........................ POISSON.
Secrétaire de service à l'État - major............................... DESMOULINS.

Rien de nouveau.

*Le Général de Brigade Chef de l'État-major général du Gouvernement de Paris
et de la première Division militaire,*

CÉSAR BERTHIER.

GOUVERNEMENT DE PARIS.

1.re DIVISION MILITAIRE.

ÉTAT-MAJOR GÉNÉRAL.

Au quartier général, à Paris, le 10 Nivôse an 13.

SERVICE DE L'ÉTAT-MAJOR GÉNÉRAL.

Du 10 au 11 Nivôse.

Le Capitaine Adjoint de service à l'État-major général................ LONGCHAMP.
Officier de santé de service à l'État-major........................... POISSON.
Secrétaire de service à l'État-major................................. DESMOULINS.

Du 11 au 12 Nivôse.

Le Capitaine Adjoint de service à l'État-major général................ AUCLER.
Officier de santé de service à l'État-major......................... DANTREVILLE.
Secrétaire de service à l'État-major................................ CORBET.

Rien de nouveau.

Le Général de Brigade Chef de l'État-major général du Gouvernement de Paris et de la première Division militaire,

CÉSAR BERTHIER.

GOUVERNEMENT DE PARIS.

1.ʳᵉ DIVISION MILITAIRE.

ÉTAT-MAJOR GÉNÉRAL.

Au quartier général, à Paris, le 11 Nivôse an 13.

SERVICE DE L'ÉTAT-MAJOR GÉNÉRAL.

Du 11 au 12 Nivôse.

Le Capitaine Adjoint de service à l'État-major général................ AUCLER.
Officier de santé de service à l'État-major........................ DANTREVILLE.
Secrétaire de service à l'État-major.............................. LECLERC.

Du 12 au 13 Nivôse.

Le Capitaine Adjoint de service à l'État-major général................ LONGCHAMP.
Officier de santé de service à l'État-major........................ POISSON.
Secrétaire de service à l'État-major.............................. CORBET.

Rien de nouveau.

Le Général de Brigade Chef de l'État-major général du Gouvernement de Paris et de la première Division militaire,

CÉSAR BERTHIER.

GOUVERNEMENT DE PARIS.

1.re DIVISION MILITAIRE.

ÉTAT-MAJOR GÉNÉRAL.

Au quartier général, à Paris, le 12 Nivôse an 13.

SERVICE DE L'ÉTAT-MAJOR GÉNÉRAL.

Du 12 au 13 Nivôse.

Le Capitaine Adjoint de service à l'État-major général................. LONGCHAMP.
Officier de santé de service à l'État-major......................... POISSON.
Secrétaire de service à l'État-major................................ CORBET.

Du 13 au 14 Nivôse.

Le Capitaine Adjoint de service à l'État-major général................. FORGEOT.
Officier de santé de service à l'État-major......................... DANTREVILLE.
Secrétaire de service à l'État-major................................ LECLERC.

Rien de nouveau.

*Le Général de Brigade Chef de l'État-major général du Gouvernement de Paris
et de la première Division militaire,*

CÉSAR BERTHIER.

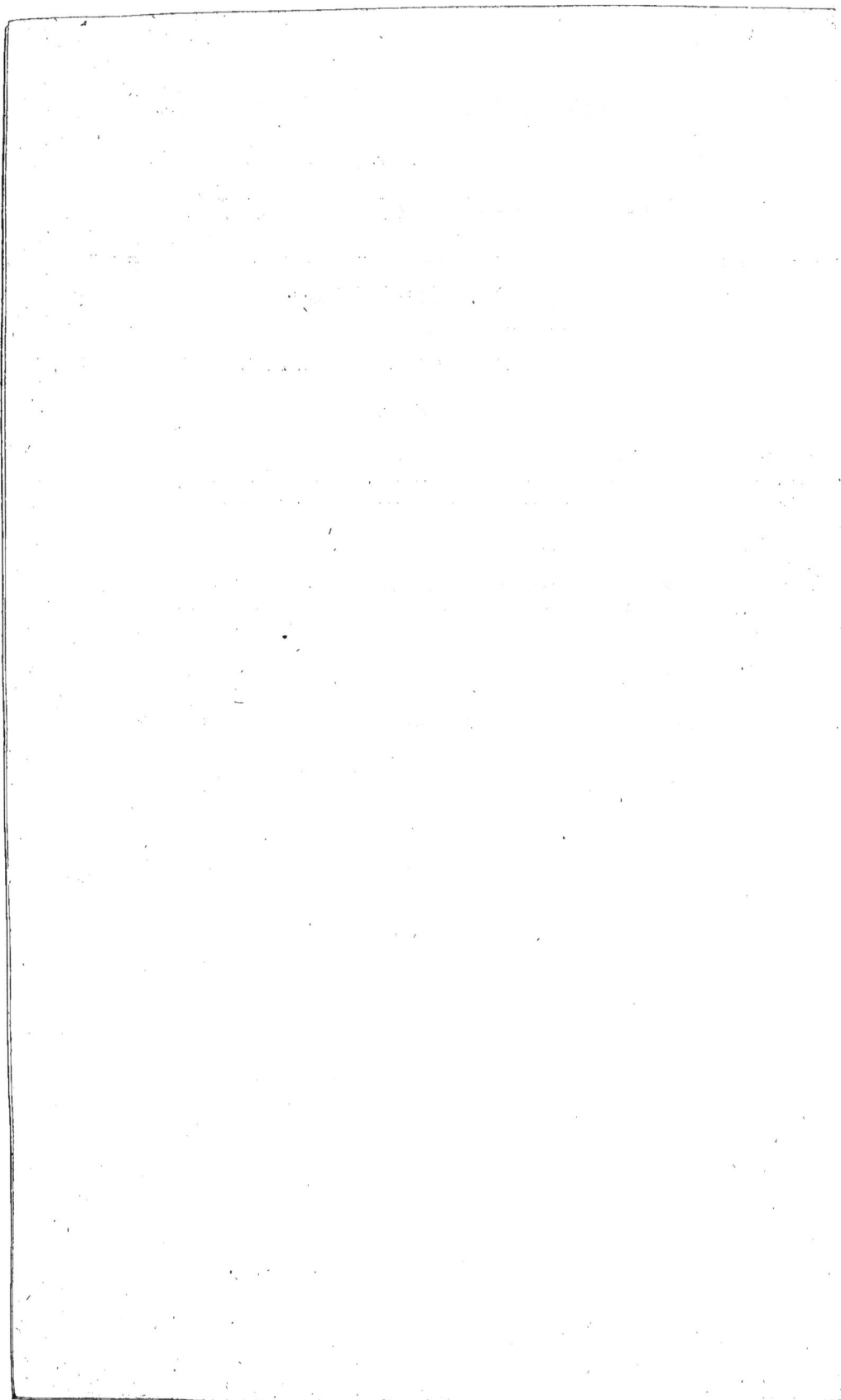

GOUVERNEMENT DE PARIS.

I.ʳᵉ DIVISION MILITAIRE.

ÉTAT-MAJOR GÉNÉRAL.

Au quartier général, à Paris, le 13 Nivôse an 13.

SERVICE DE L'ÉTAT-MAJOR GÉNÉRAL.

Du 13 au 14 Nivôse.

Le Capitaine Adjoint de service à l'État-major général................ FORGEOT.
Officier de santé de service à l'État-major........................ DANTREVILLE.
Secrétaire de service à l'État-major............................... LECLERC.

Du 14 au 15 Nivôse.

Le Capitaine Adjoint de service à l'État-major général................ GALDEMAR.
Officier de santé de service à l'État-major........................ POISSON.
Secrétaire de service à l'État-major............................... LAMOUREUX.

ORDRE GÉNÉRAL.

Des plaintes ont été portées à Monsieur le Maréchal Gouverneur contre des ordonnances à cheval qui vont au galop dans les rues de Paris, ce qui peut et a déjà occasionné des accidens. Les Chefs des corps de cavalerie faisant partie de la garnison, sont invités à défendre expressément aux cavaliers ou dragons employés comme ordonnances, d'aller dans la ville autrement qu'au trot, et à punir sévèrement tout cavalier ou dragon qui serait convaincu d'avoir enfreint l'ordre qui a déjà été donné à ce sujet, er qu'ils doivent renouveler fréquemment aux troupes qui sont sous leur commandement.

Le Général de Brigade Chef de l'État-major général du Gouvernement de Paris et de la première Division militaire,

CÉSAR BERTHIER.

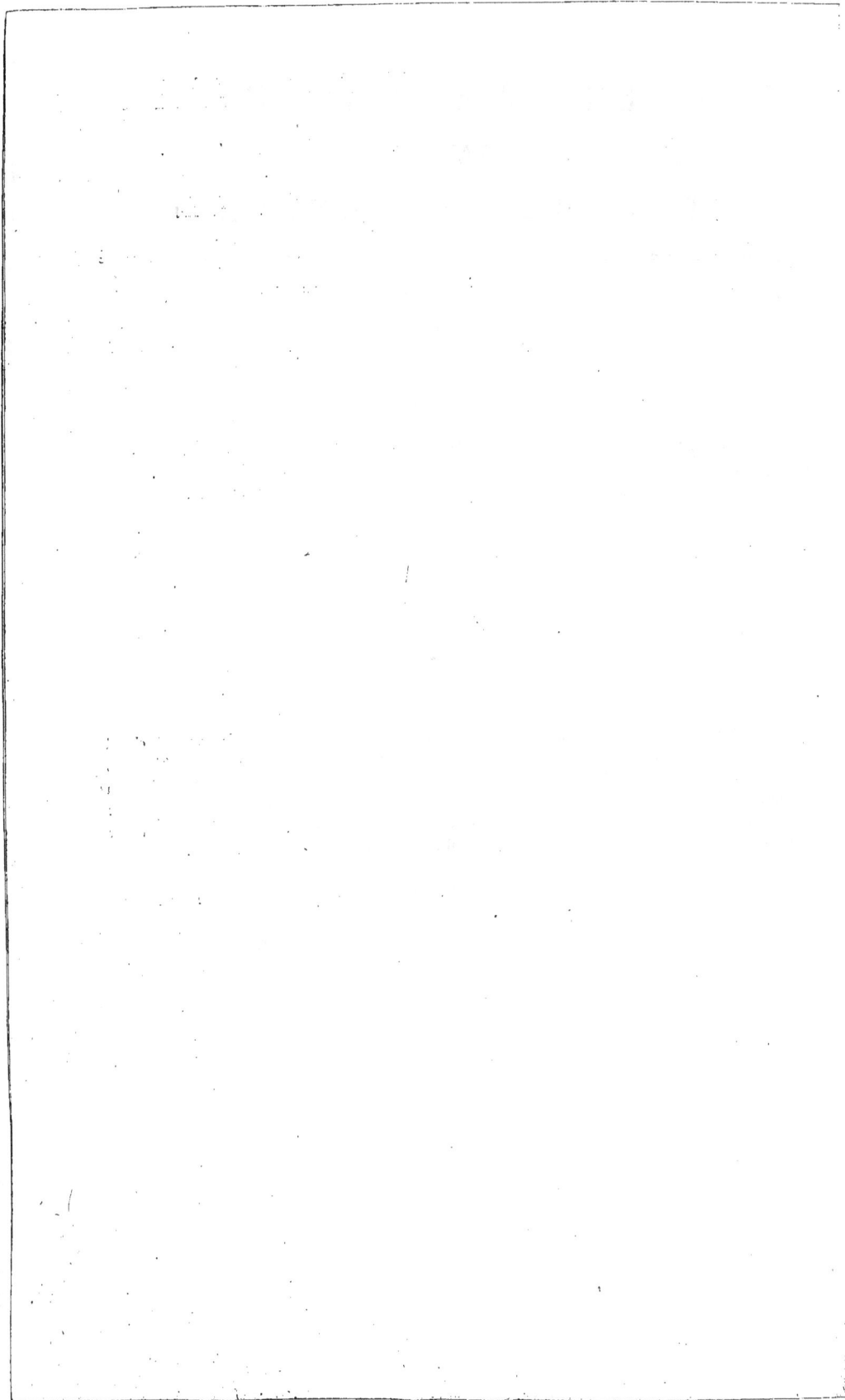

GOUVERNEMENT DE PARIS.
1.ʳᵉ DIVISION MILITAIRE.
ÉTAT - MAJOR GÉNÉRAL.

Au quartier général, à Paris, le 14 Nivôse an 13.

SERVICE DE L'ÉTAT-MAJOR GÉNÉRAL.

Du 14 au 15 Nivôse.

Le Capitaine Adjoint de service à l'État-major général............... GALDEMAR.
Officier de santé de service à l'État-major........................ POISSON.
Secrétaire de service à l'État-major.............................. LAMOUREUX.

Du 15 au 16 Nivôse.

Le Capitaine Adjoint de service à l'État-major général............... AUGIAS.
Officier de santé de service à l'État-major........................ DANTREVILLE.
Secrétaire de service à l'État-major.............................. DUBOIS.

Rien de nouveau.

Le Général de Brigade Chef de l'État-major général du Gouvernement de Paris et de la première Division militaire,

CÉSAR BERTHIER.

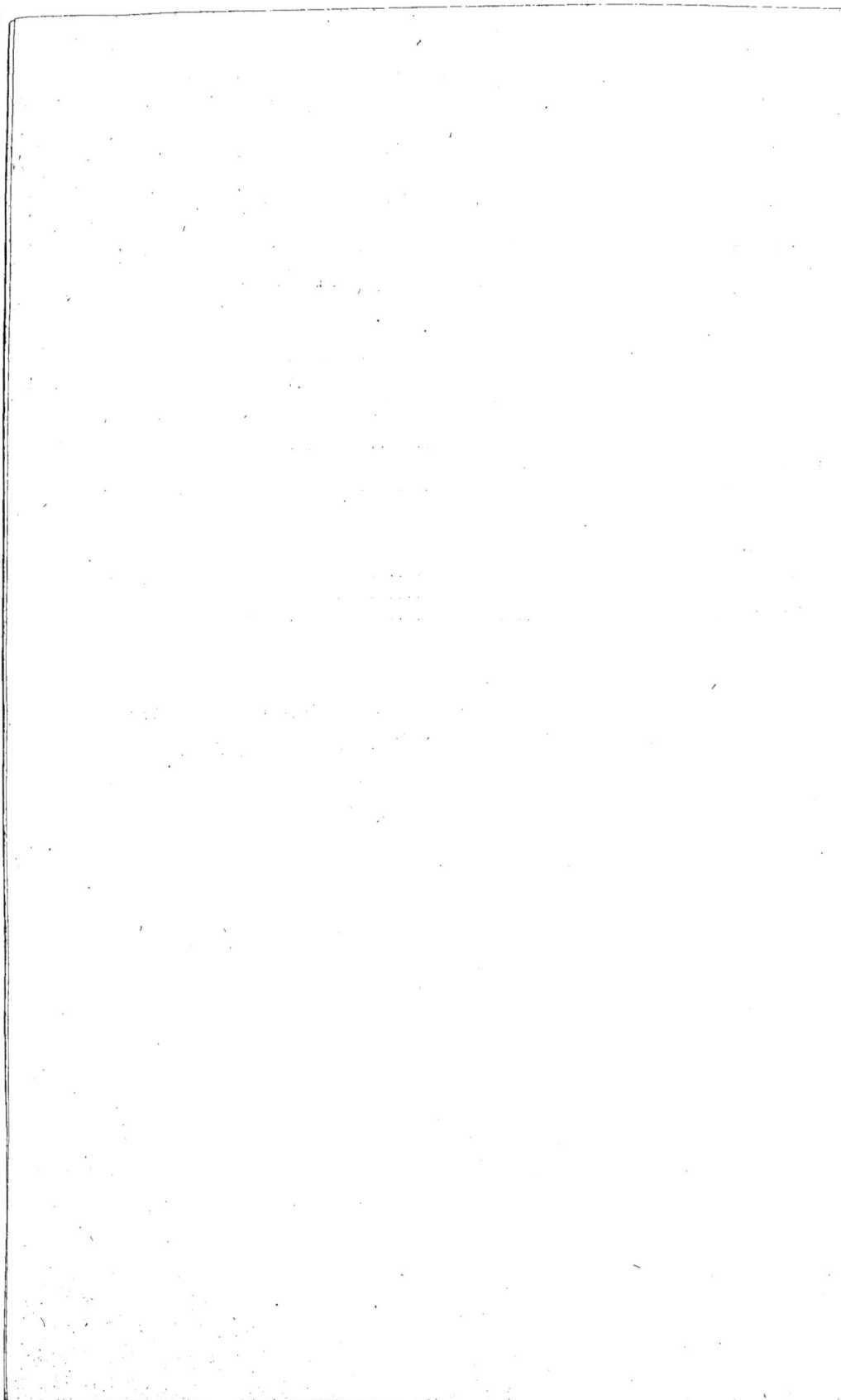

GOUVERNEMENT DE PARIS.

1.re *DIVISION MILITAIRE.*

ÉTAT - MAJOR GÉNÉRAL.

Au quartier général, à Paris, le 15 Nivôse an 13.

SERVICE DE L'ÉTAT-MAJOR GÉNÉRAL.

Du 15 au 16 Nivôse.

Le Capitaine Adjoint de service à l'État - major général................ AUGIAS.
Officier de santé de service à l'État - major........................ DANTREVILLE.
Secrétaire de service à l'État-major............................... DUBOIS.

Du 16 au 17 Nivôse.

Le Capitaine Adjoint de service à l'État - major général................ WATHIEZ.
Officier de santé de service à l'État - major........................ POISSON.
Secrétaire de service à l'État-major.............................. BRUNEL.

Rien de nouveau.

Le Général de Brigade Chef de l'État - major général du Gouvernement de Paris
et de la première Division militaire,

CÉSAR BERTHIER.

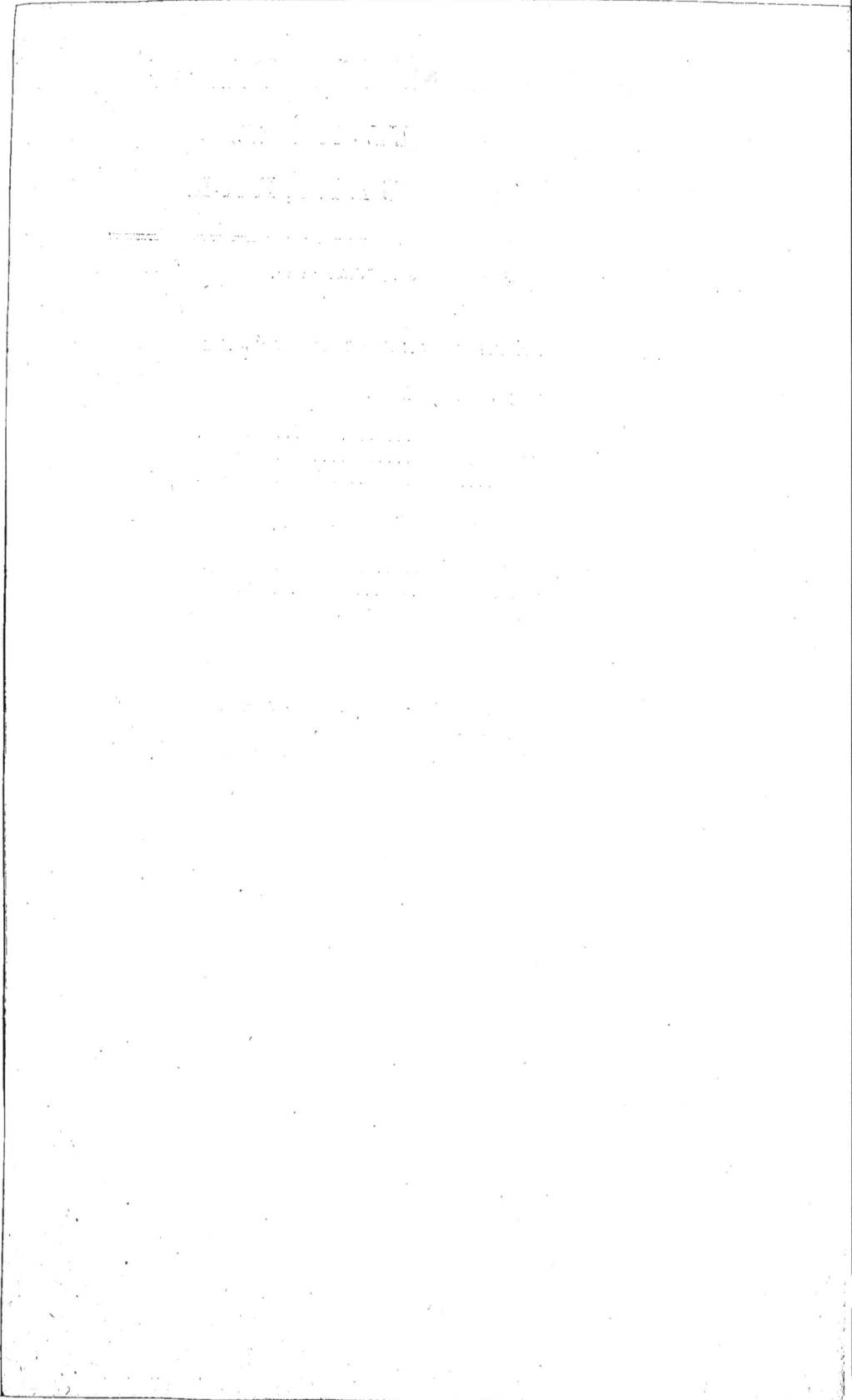

GOUVERNEMENT DE PARIS.

1.re *DIVISION MILITAIRE.*

ÉTAT - MAJOR GÉNÉRAL.

Au quartier général, à Paris, le 16 Nivôse an 13.

SERVICE DE L'ÉTAT-MAJOR GÉNÉRAL.

Du 16 au 17 Nivôse.

Le Capitaine Adjoint de service à l'État-major général................ WATHIEZ.
Officier de santé de service à l'État-major......................... POISSON.
Secrétaire de service à l'État-major............................... BRUNEL.

Du 17 au 18 Nivôse.

Le Capitaine Adjoint de service à l'État-major général................ GUIARDELLE.
Officier de santé de service à l'État-major......................... DANTREVILLE.
Secrétaire de service à l'État-major............................... BRUNEL.

Rien de nouveau.

Le Général de Brigade Chef de l'État-major général du Gouvernement de Paris
et de la première Division militaire,

CÉSAR BERTHIER.

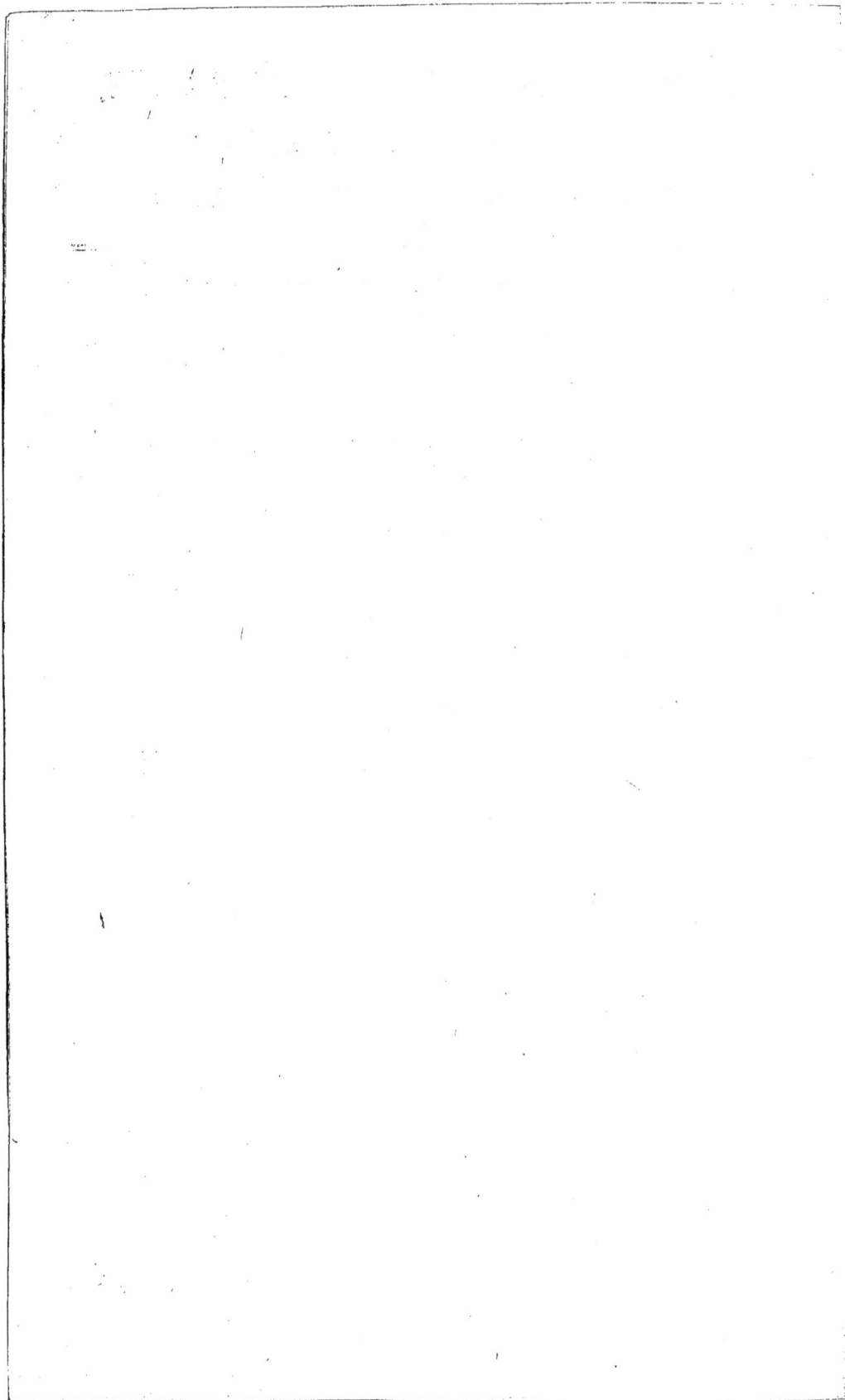

GOUVERNEMENT DE PARIS.

1.re DIVISION MILITAIRE.

ÉTAT - MAJOR GÉNÉRAL.

Au quartier général, à Paris, le 17 Nivôse an 13 [6 janvier 1805].

SERVICE DE L'ÉTAT-MAJOR GÉNÉRAL.

Du 17 au 18 Nivôse.

Le Capitaine Adjoint de service à l'État - major général................. GUIARDELLE.
Officier de santé de service à l'État - major........................ DANTREVILLE.
Secrétaire de service à l'État - major............................... BRUNEL.

Du 18 au 19 Nivôse.

Le Capitaine Adjoint de service à l'État - major général................. DELORME.
Officier de santé de service à l'État - major........................ POISSON.
Secrétaire de service à l'État - major............................... PLANTIER.

Rien de nouveau.

Le Général de Brigade Chef de l'État - major général du Gouvernement de Paris et de la première Division militaire,

CÉSAR BERTHIER.

GOUVERNEMENT DE PARIS.

1.ʳᵉ DIVISION MILITAIRE.

ÉTAT - MAJOR GÉNÉRAL.

Au quartier général, à Paris, le 18 Nivôse an 13 [8 janvier 1805].

SERVICE DE L'ÉTAT-MAJOR GÉNÉRAL.

Du 18 au 19 Nivôse.

Le Capitaine Adjoint de service à l'État - major général................ DELORME.
Officier de santé de service à l'État - major........................ POISSON.
Secrétaire de service à l'État - major............................... PLANTIER.

Du 19 au 20 Nivôse.

Le Capitaine Adjoint de service à l'État - major général................ AUCLER.
Officier de santé de service à l'État - major........................ DANTREVILLE.
Secrétaire de service à l'État - major............................... BRUNEL.

Rien de nouveau.

Le Général de Brigade Chef de l'État-major général du Gouvernement de Paris et de la première Division militaire,

CÉSAR BERTHIER.

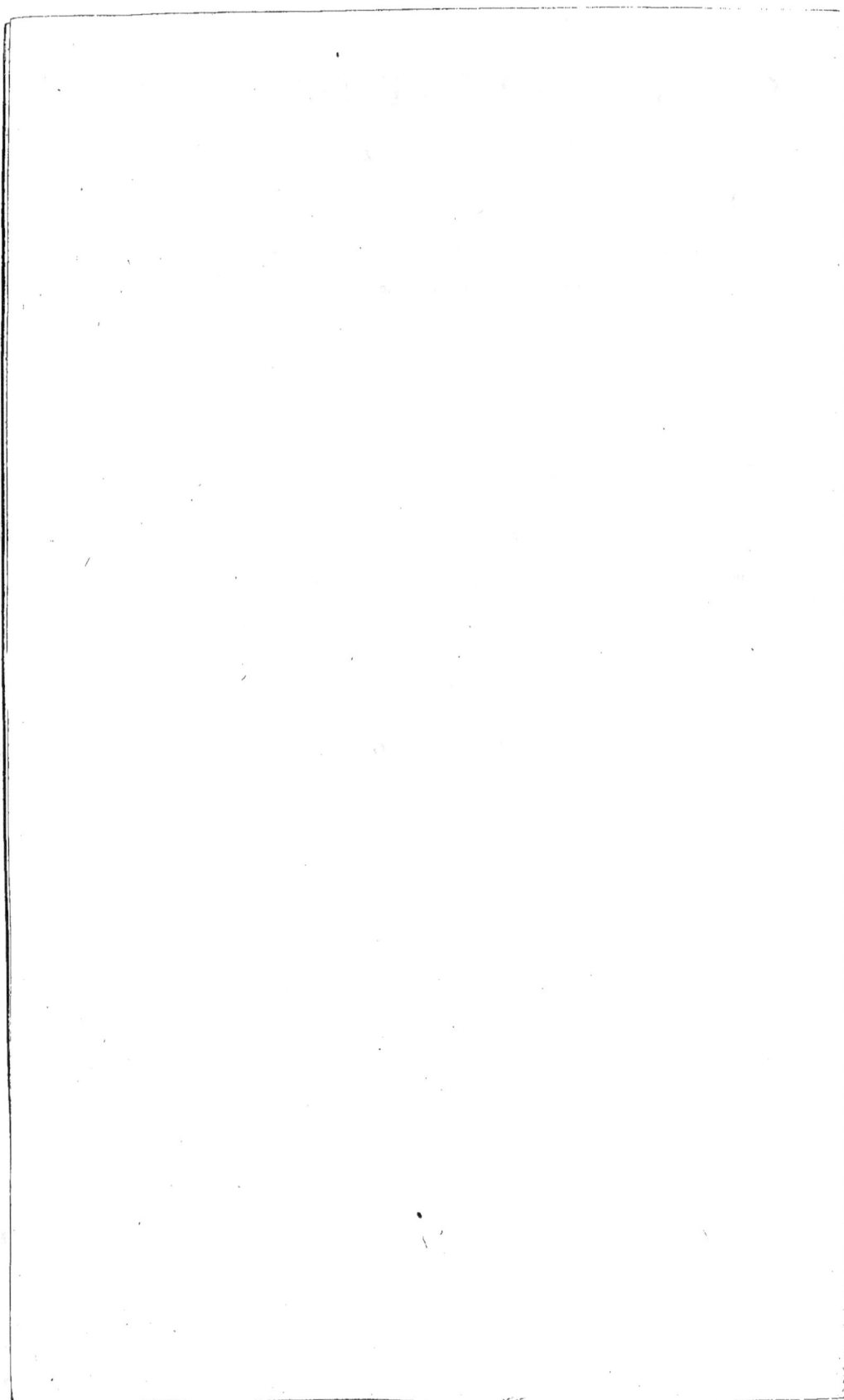

GOUVERNEMENT DE PARIS.

1.re DIVISION MILITAIRE.

ÉTAT - MAJOR GÉNÉRAL.

Au quartier général, à Paris, le 19 Nivôse an 13 [9 janvier 1805].

SERVICE DE L'ÉTAT-MAJOR GÉNÉRAL.

Du 19 au 20 Nivôse.

Le Capitaine Adjoint de service à l'État - major général................. Aucler.
Officier de santé de service à l'État - major......................... Dantreville.
Secrétaire de service à l'État - major............................... Brunel.

Du 20 au 21 Nivôse.

Le Capitaine Adjoint de service à l'État - major général................. Longchamp.
Officier de santé de service à l'État - major........................... Poisson.
Secrétaire de service à l'État - major............................... Corbet.

Rien de nouveau.

Le Général de Brigade Chef de l'État - major général du Gouvernement de Paris et de la première Division militaire,

César BERTHIER.

GOUVERNEMENT DE PARIS.

Ire *DIVISION MILITAIRE.*

ÉTAT - MAJOR GÉNÉRAL.

Au quartier général, à Paris, le 20 Nivôse an 13 [10 janvier 1805].

SERVICE DE L'ÉTAT-MAJOR GÉNÉRAL.

Du 20 au 21 Nivôse.

Le Capitaine Adjoint de service à l'État - major général................ LONGCHAMP.
Officier de santé de service à l'État - major......................... POISSON.
Secrétaire de service à l'État-major................................ CORBET.

Du 21 au 22 Nivôse.

Le Capitaine Adjoint de service à l'État - major général................ FORGEOT.
Officier de santé de service à l'État - major......................... DANTREVILLE.
Secrétaire de service à l'État-major................................ LECLERC.

Rien de nouveau.

Le Général de Brigade Chef de l'État - major général du Gouvernement de Paris
et de la première Division militaire,

CÉSAR BERTHIER.

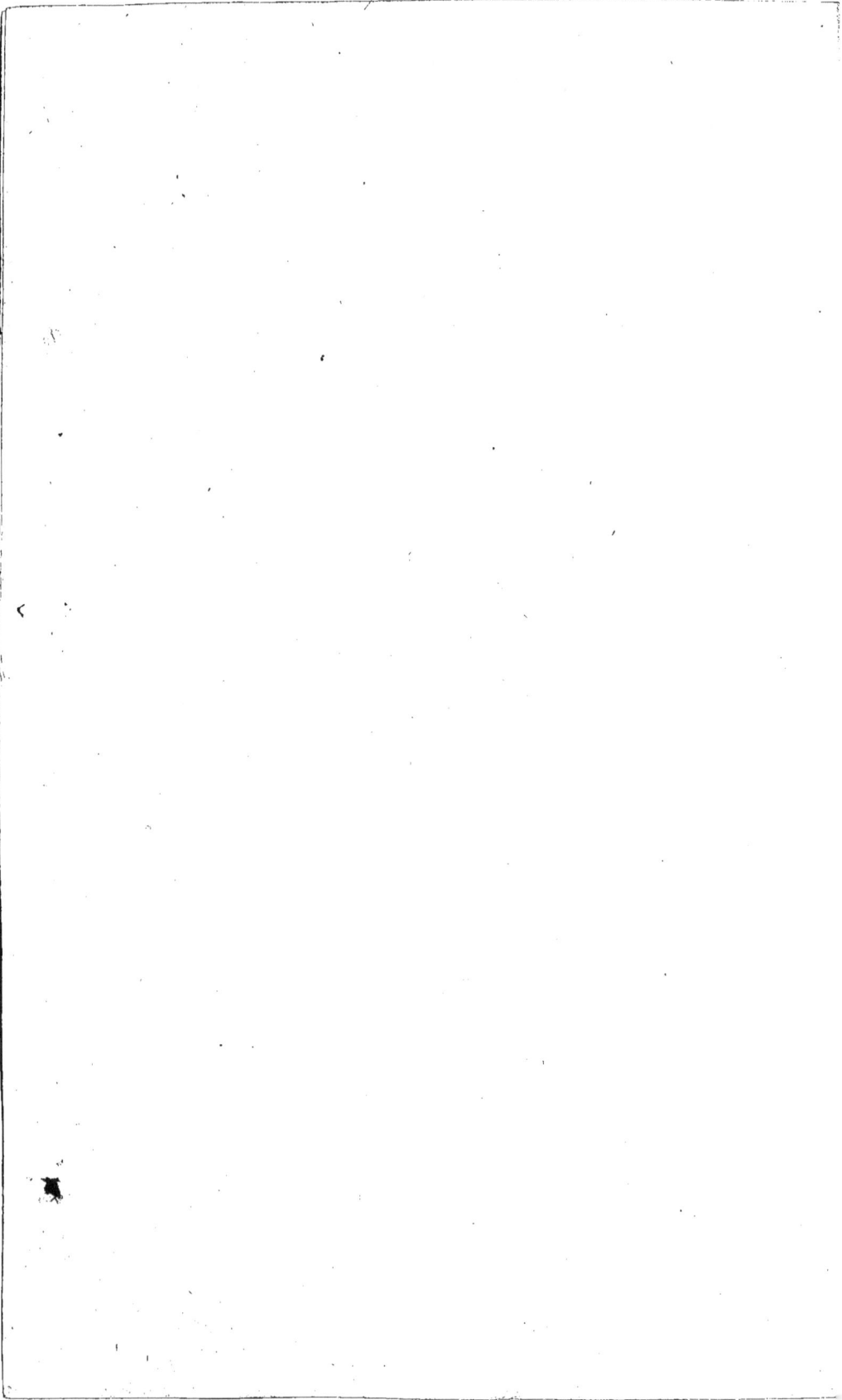

GOUVERNEMENT DE PARIS.

1.re DIVISION MILITAIRE.

ÉTAT-MAJOR GÉNÉRAL.

Au quartier général, à Paris, le 21 Nivôse an 13 [11 janvier 1805].

SERVICE DE L'ÉTAT-MAJOR GÉNÉRAL.

Du 21 au 22 Nivôse.

Le Capitaine Adjoint de service à l'État-major général................ FORGEOT.
Officier de santé de service à l'État-major......................... DANTREVILLE.
Secrétaire de service à l'État-major............................... LECLERC.

Du 22 au 23 Nivôse.

Le Capitaine Adjoint de service à l'État-major général............... GALDEMAR,
Officier de santé de service à l'État-major........................ POISSON.
Secrétaire de service à l'État-major.............................. LAMOUREUX.

Rien de nouveau.

Le Général de Brigade Chef de l'État-major général du Gouvernement de Paris et de la première Division militaire,

C^{ÉSAR} BERTHIER.

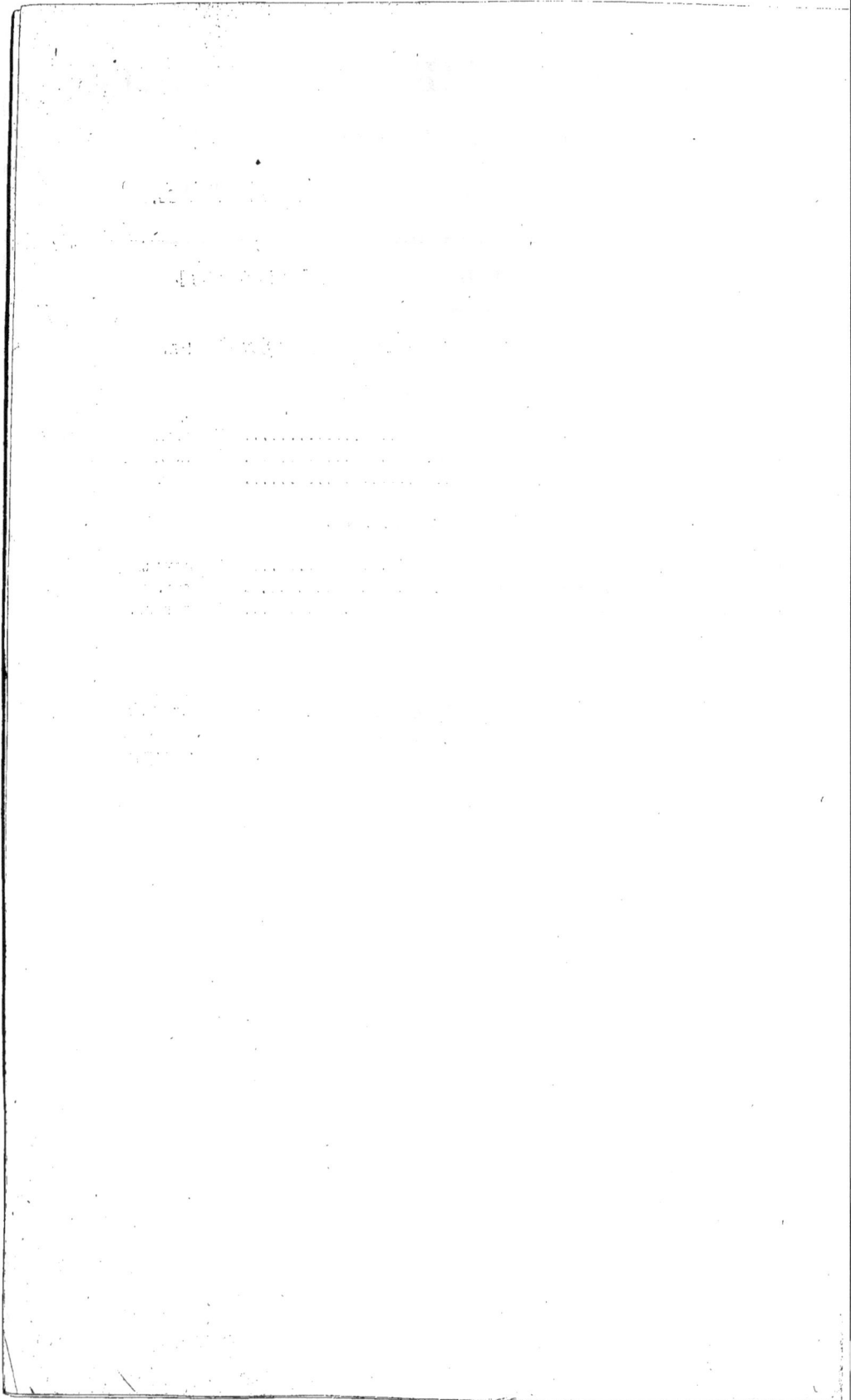

GOUVERNEMENT DE PARIS.

1.ʳᵉ DIVISION MILITAIRE.
ÉTAT - MAJOR GÉNÉRAL.

Au quartier général, à Paris, le 22 Nivôse an 13 [12 janvier 1805].

SERVICE DE L'ÉTAT-MAJOR GÉNÉRAL.

Du 22 au 23 Nivôse.

Le Capitaine Adjoint de service à l'État - major général................. GALDEMAR.
Officier de santé de service à l'État - major........................... POISSON.
Secrétaire de service à l'État-major................................... LAMOUREUX.

Du 23 au 24 Nivôse.

Le Capitaine Adjoint de service à l'État - major général................. AUGIAS.
Officier de santé de service à l'État - major........................... DANTREVILLE.
Secrétaire de service à l'État-major.................................. DESMOULINS.

ORDRE GÉNÉRAL.

M. le Maréchal Gouverneur passera, lundi 24 du courant, la revue du 1.ᵉʳ Régiment de la Garde de Paris dans le grand carré des Champs-Élysées : en conséquence ce Régiment devra être rendu sur ce terrain ledit jour à une heure, et dans la meilleure tenue.

Le Général de Brigade Chef de l'État-major général du Gouvernement de Paris et de la première Division militaire,

CÉSAR BERTHIER.

GOUVERNEMENT DE PARIS.

1.ʳᵉ DIVISION MILITAIRE.

ÉTAT - MAJOR GÉNÉRAL.

Au quartier général, à Paris, le 23 Nivôse an 13 [13 janvier 1805].

SERVICE DE L'ÉTAT-MAJOR GÉNÉRAL.

Du 23 au 24 Nivôse.

Le Capitaine Adjoint de service à l'État - major général................ AUGIAS.
Officier de santé de service à l'État - major........................ DANTREVILLE.
Secrétaire de service à l'État - major............................... DESMOULINS.

Du 24 au 25 Nivôse.

Le Capitaine Adjoint de service à l'État - major général................ WATHIEZ.
Officier de santé de service à l'État - major........................ POISSON.
Secrétaire de service à l'État - major............................... DUBOIS.

Rien de nouveau.

*Le Général de Brigade Chef de l'État - major général du Gouvernement de Paris
et de la première Division militaire,*

CÉSAR BERTHIER.

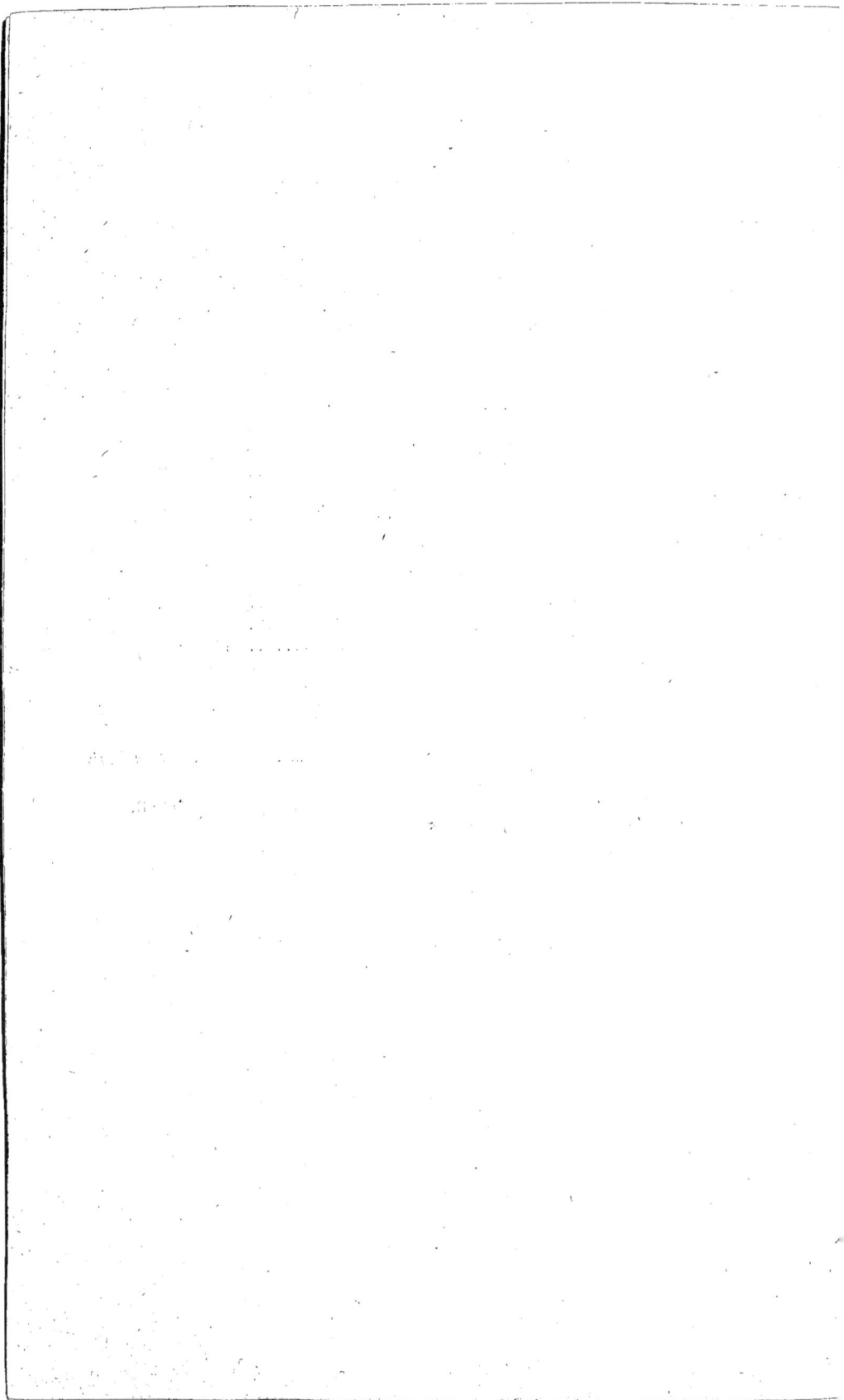

GOUVERNEMENT DE PARIS.

1.ʳᵉ DIVISION MILITAIRE.

ÉTAT-MAJOR GÉNÉRAL.

Au quartier général, à Paris, le 24 Nivôse an 13 [14 janvier 1805].

SERVICE DE L'ÉTAT-MAJOR GÉNÉRAL.

Du 24 au 25 Nivôse.

Le Capitaine Adjoint de service à l'État-major général................ Wathiez.
Officier de santé de service à l'État-major......................... Poisson.
Secrétaire de service à l'État-major............................... Dubois.

Du 25 au 26 Nivôse.

Le Capitaine Adjoint de service à l'État-major général................ Guiardelle.
Officier de santé de service à l'État-major......................... Dantreville.
Secrétaire de service à l'État-major............................... Corbet.

Rien de nouveau.

*Le Général de Brigade Chef de l'État-major général du Gouvernement de Paris
et de la première Division militaire,*

César BERTHIER.

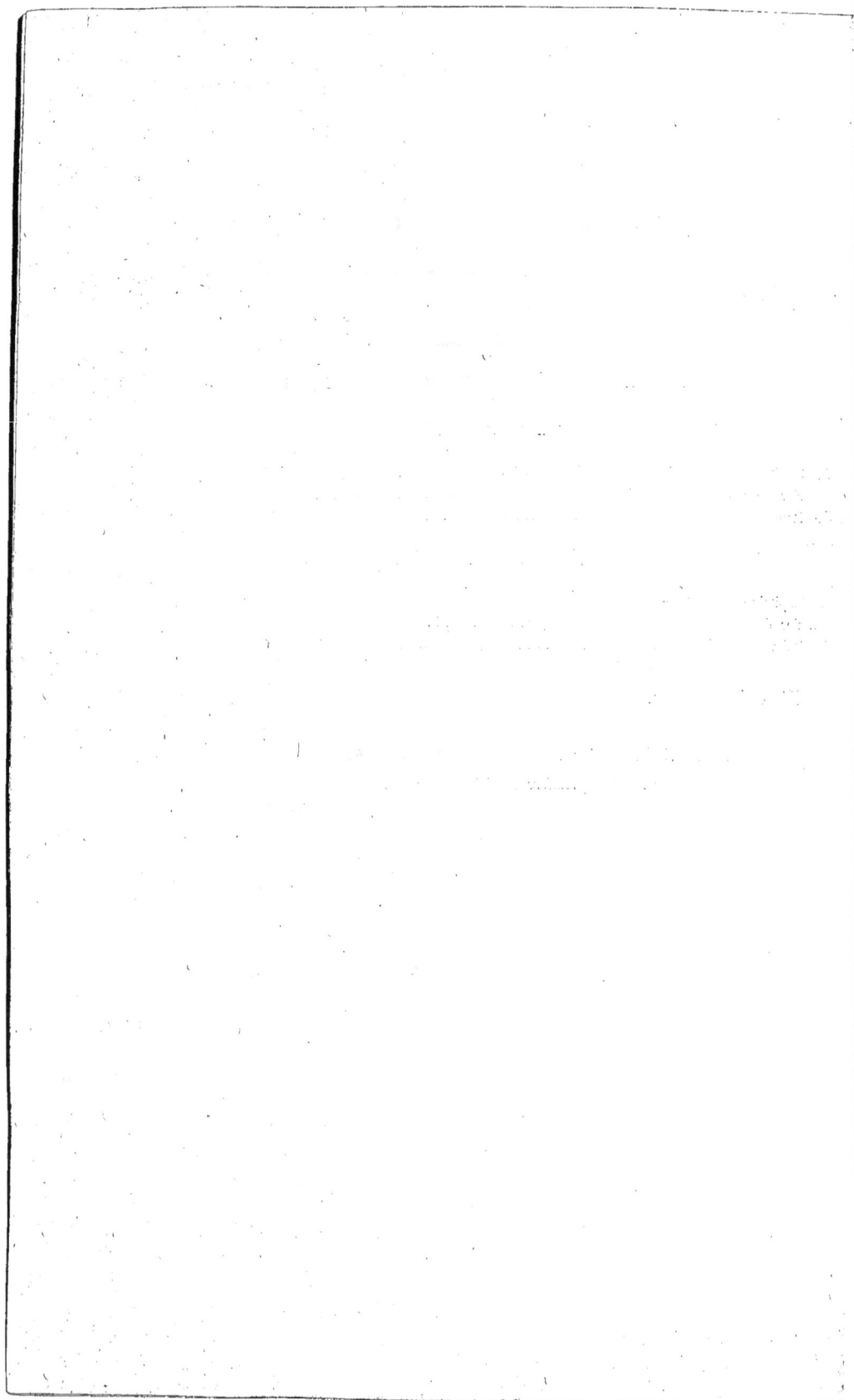

GOUVERNEMENT DE PARIS.

Ire *DIVISION MILITAIRE.*

ÉTAT - MAJOR GÉNÉRAL.

Au quartier général, à Paris, le 25 Nivôse an 13 [15 janvier 1805].

SERVICE DE L'ÉTAT-MAJOR GÉNÉRAL.

Du 25 au 26 Nivôse.

Le Capitaine Adjoint de service à l'État-major général................. GUIARDELLE.
Officier de santé de service à l'État-major........................ DANTREVILLE.
Secrétaire de service à l'État-major............................. BRUNEL.

Du 26 au 27 Nivôse.

Le Capitaine Adjoint de service à l'État-major général................. DELORME.
Officier de santé de service à l'État-major........................ POISSON.
Secrétaire de service à l'État-major............................. PLANTIER.

Rien de nouveau.

Le Général de Brigade Chef de l'État-major général du Gouvernement de Paris et de la première Division militaire,

CÉSAR BERTHIER.

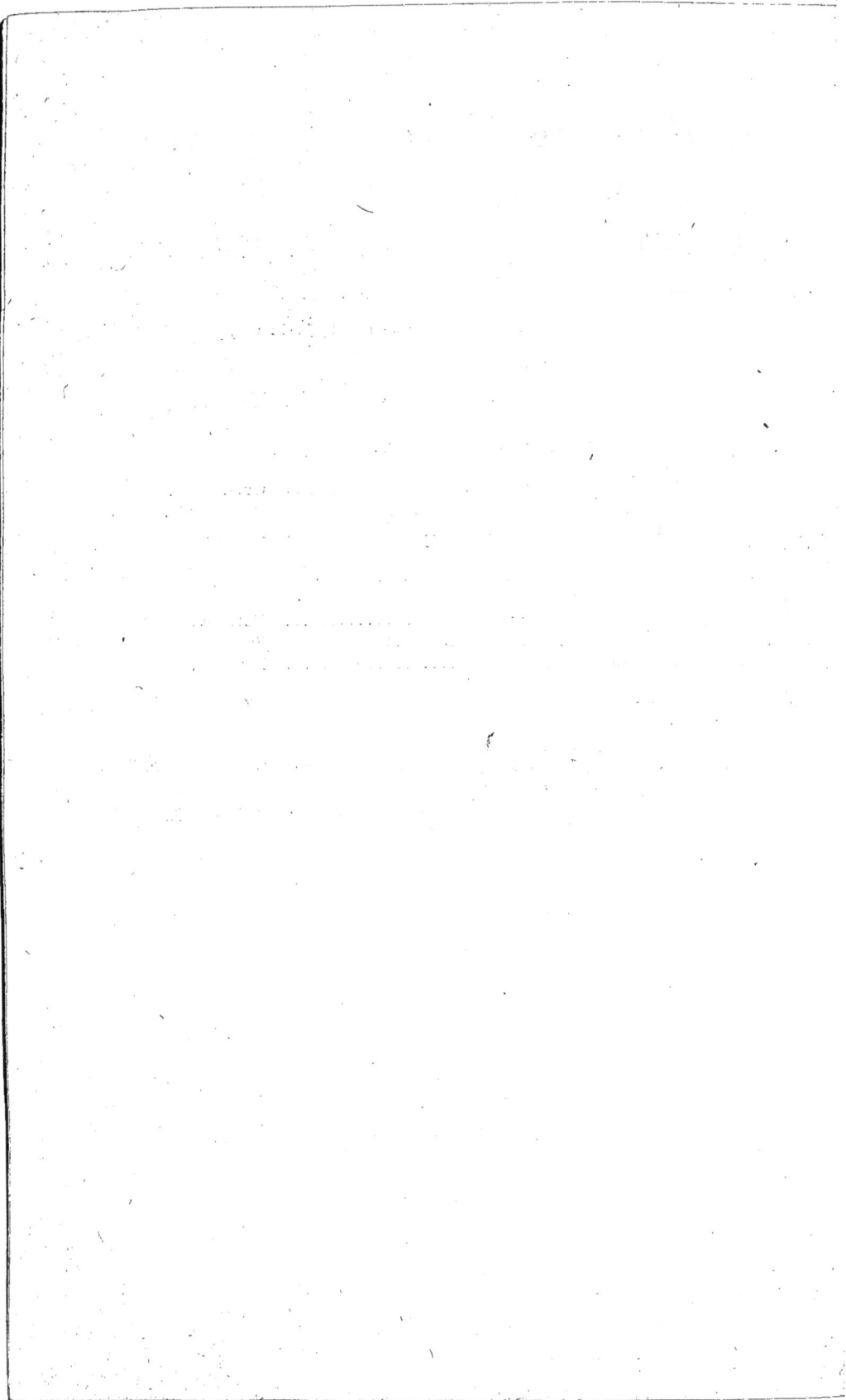

GOUVERNEMENT DE PARIS.

1.re DIVISION MILITAIRE.

ÉTAT-MAJOR GÉNÉRAL.

Au quartier général, à Paris, le 26 Nivôse an 13 [16 janvier 1805].

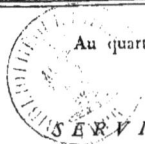

SERVICE DE L'ÉTAT-MAJOR GÉNÉRAL.

Du 26 au 27 Nivôse.

Le Capitaine Adjoint de service à l'État-major général................ DELORME.
Officier de santé de service à l'État-major........................ POISSON.
Secrétaire de service à l'Etat-major............................... PLANTIER.

Du 27 au 28 Nivôse.

Le Capitaine Adjoint de service à l'État-major général................ AUCLER.
Officier de santé de service à l'État-major........................ DANTREVILLE.
Secrétaire de service à l'État-major.............................. DESMOULINS.

Rien de nouveau.

Le Général de Brigade Chef de l'État-major général du Gouvernement de Paris et de la première Division militaire,

CÉSAR BERTHIER.

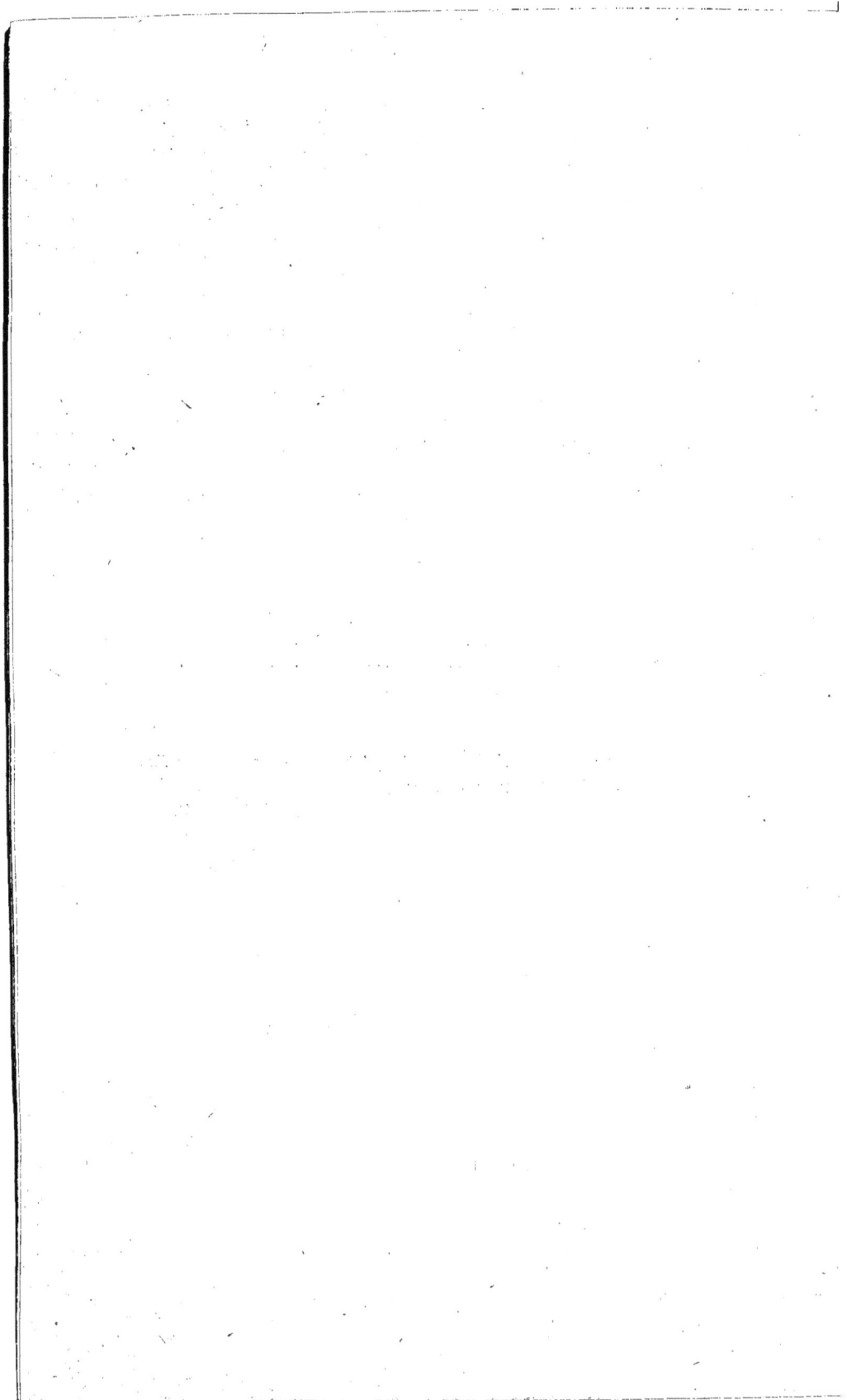

GOUVERNEMENT DE PARIS.

1.ʳᵉ DIVISION MILITAIRE.

ÉTAT - MAJOR GÉNÉRAL.

Au quartier général, à Paris, le 27 Nivôse an 13 [17 janvier 1805].

SERVICE DE L'ÉTAT-MAJOR GÉNÉRAL.

Du 27 au 28 Nivôse.

Le Capitaine Adjoint de service à l'État - major général................ AUCLER.
Officier de santé de service à l'État - major........................ DANTREVILLE.
Secrétaire de service à l'État - major.............................. DESMOULINS.

Du 28 au 29 Nivôse.

Le Capitaine Adjoint de service à l'État - major général................ LONGCHAMP.
Officier de santé de service à l'État - major....................... POISSON.
Secrétaire de service à l'État-major............................... CORBET.

Rien de nouveau.

Le Général de Brigade Chef de l'État - major général du Gouvernement de Paris et de la première Division militaire,

CÉSAR BERTHIER.

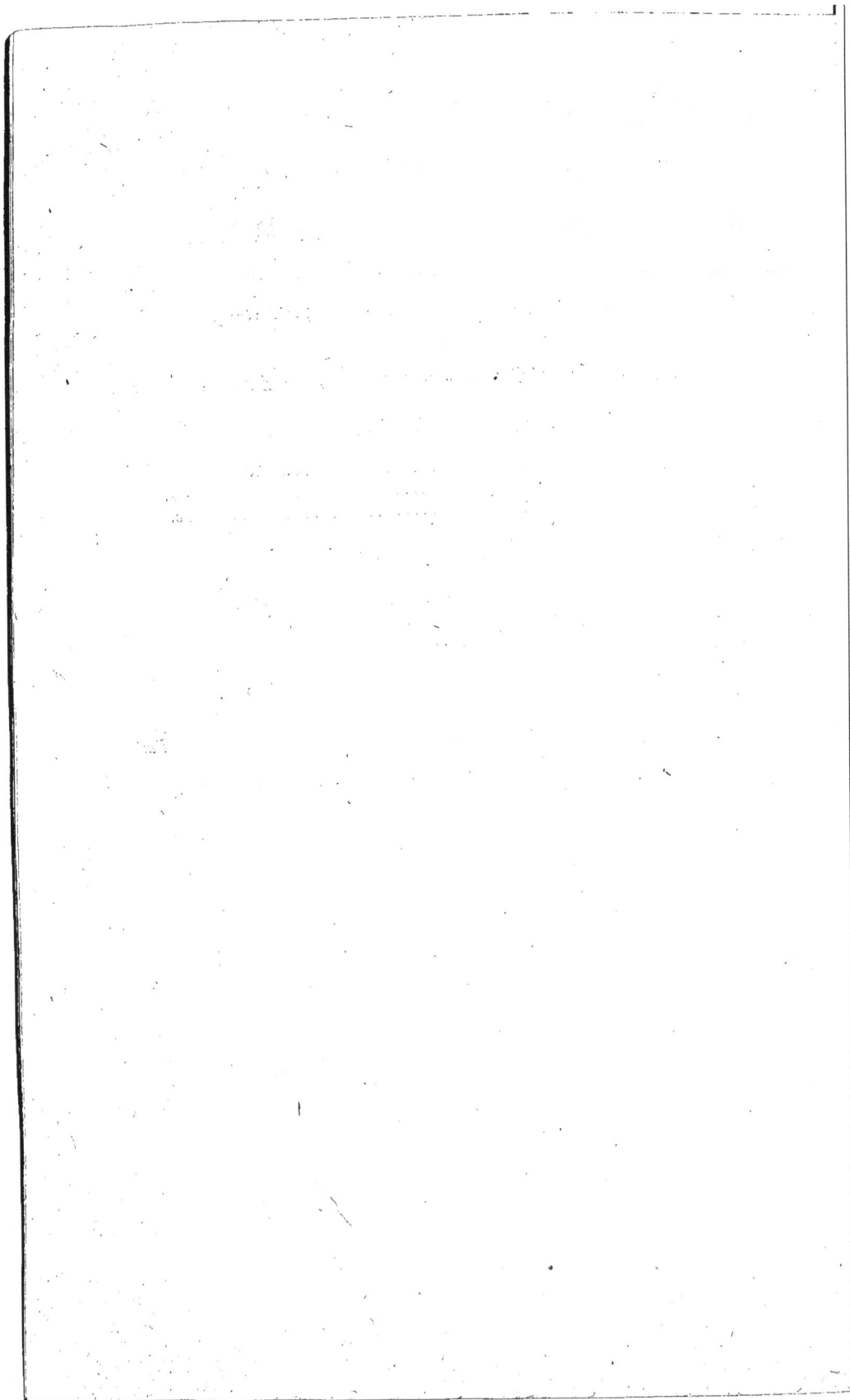

GOUVERNEMENT DE PARIS.

Ire *DIVISION MILITAIRE.*

ÉTAT-MAJOR GÉNÉRAL.

Au quartier général, à Paris, le 28 Nivôse an 13 [18 janvier 1805].

SERVICE DE L'ÉTAT-MAJOR GÉNÉRAL.

Du 28 au 29 Nivôse.

Le Capitaine Adjoint de service à l'État-major général................ LONGCHAMP.
Officier de santé de service à l'État-major......................... POISSON.
Secrétaire de service à l'État-major............................... CORBET.

Du 29 au 30 Nivôse.

Le Capitaine Adjoint de service à l'État-major général................ FORGEOT.
Officier de santé de service à l'État-major......................... DANTREVILLE.
Secrétaire de service à l'État-major............................... LECLERC.

Rien de nouveau.

Le Général de Brigade Chef de l'État-major général du Gouvernement de Paris
et de la première Division militaire,

CÉSAR BERTHIER.

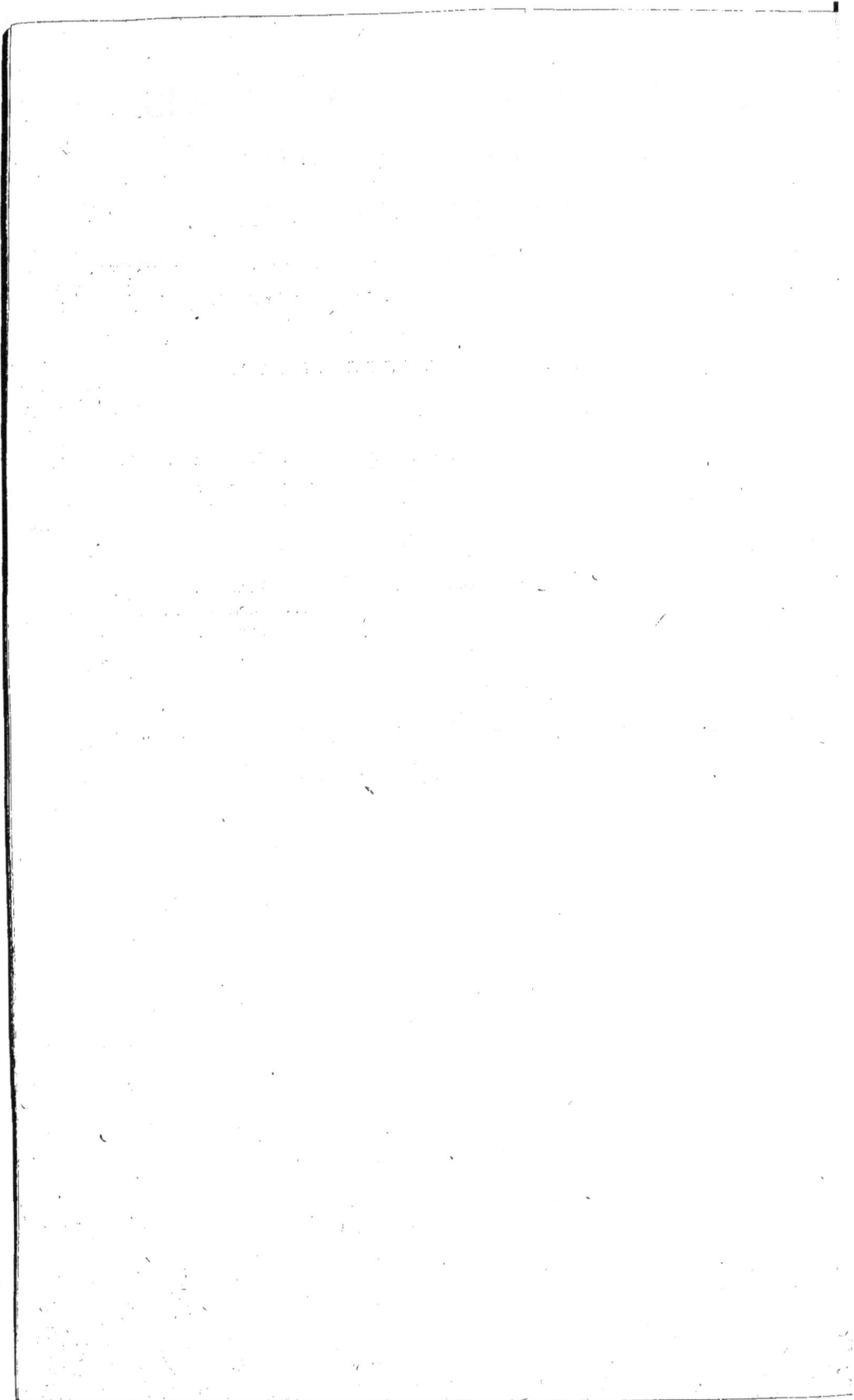

GOUVERNEMENT DE PARIS.

1.ʳᵉ DIVISION MILITAIRE.

ÉTAT - MAJOR GÉNÉRAL.

Au quartier général, à Paris, le 29 Nivôse an 13 [19 janvier 1805].

SERVICE DE L'ÉTAT-MAJOR GÉNÉRAL.

Du 29 au 30 Nivôse.

Le Capitaine Adjoint de service à l'État - major général................. FORGEOT.
Officier de santé de service à l'État - major........................ DANTREVILLE.
Secrétaire de service à l'État - major............................... LECLERC.

Du 30 Nivôse au 1.ᵉʳ Pluviôse.

Le Capitaine Adjoint de service à l'État - major général................. GALDEMAR.
Officier de santé de service à l'État - major........................ POISSON.
Secrétaire de service à l'État-major............................... LAMOUREUX.

Rien de nouveau.

Le Général de Brigade Chef de l'État - major général du Gouvernement de Paris et de la première Division militaire,

CÉSAR BERTHIER.

GOUVERNEMENT DE PARIS.

1.re DIVISION MILITAIRE.

ÉTAT-MAJOR GÉNÉRAL.

Au quartier général, à Paris, le 30 Nivôse an 13 [20 janvier 1805].

SERVICE DE L'ÉTAT-MAJOR GÉNÉRAL.

Du 30 Nivôse au 1.er Pluviôse.

Le Capitaine Adjoint de service à l'État-major général................ GALDEMAR.
Officier de santé de service à l'État-major........................ POISSON.
Secrétaire de service à l'État-major............................ LAMOUREUX.

Du 1.er au 2 Pluviôse.

Le Capitaine Adjoint de service à l'État-major général................ AUGIAS.
Officier de santé de service à l'État-major........................ DANTREVILLE.
Secrétaire de service à l'État-major............................ LAMOUREUX.

Rien de nouveau.

Le Général de Brigade Chef de l'État-major général du Gouvernement de Paris et de la première Division militaire,

CÉSAR BERTHIER.

GOUVERNEMENT DE PARIS.

1.ʳᵉ *DIVISION MILITAIRE.*

ÉTAT-MAJOR GÉNÉRAL.

Au quartier général, à Paris, le 1.ᵉʳ Pluviôse an 13 [21 janvier 1805].

SERVICE DE L'ÉTAT-MAJOR GÉNÉRAL.

Du 1.ᵉʳ au 2 Pluviôse.

Le Capitaine Adjoint de service à l'État-major général................ Augias.
Officier de santé de service à l'État-major........................ Dantreville.
Secrétaire de service à l'État-major.............................. Brunel.

Du 2 au 3 Pluviôse.

Le Capitaine Adjoint de service à l'État-major général................ Wathiez.
Officier de santé de service à l'État-major........................ Poisson.
Secrétaire de service à l'État-major.............................. Dubois.

Rien de nouveau.

Le Général de Brigade Chef de l'État-major général du Gouvernement de Paris et de la première Division militaire,

César BERTHIER.

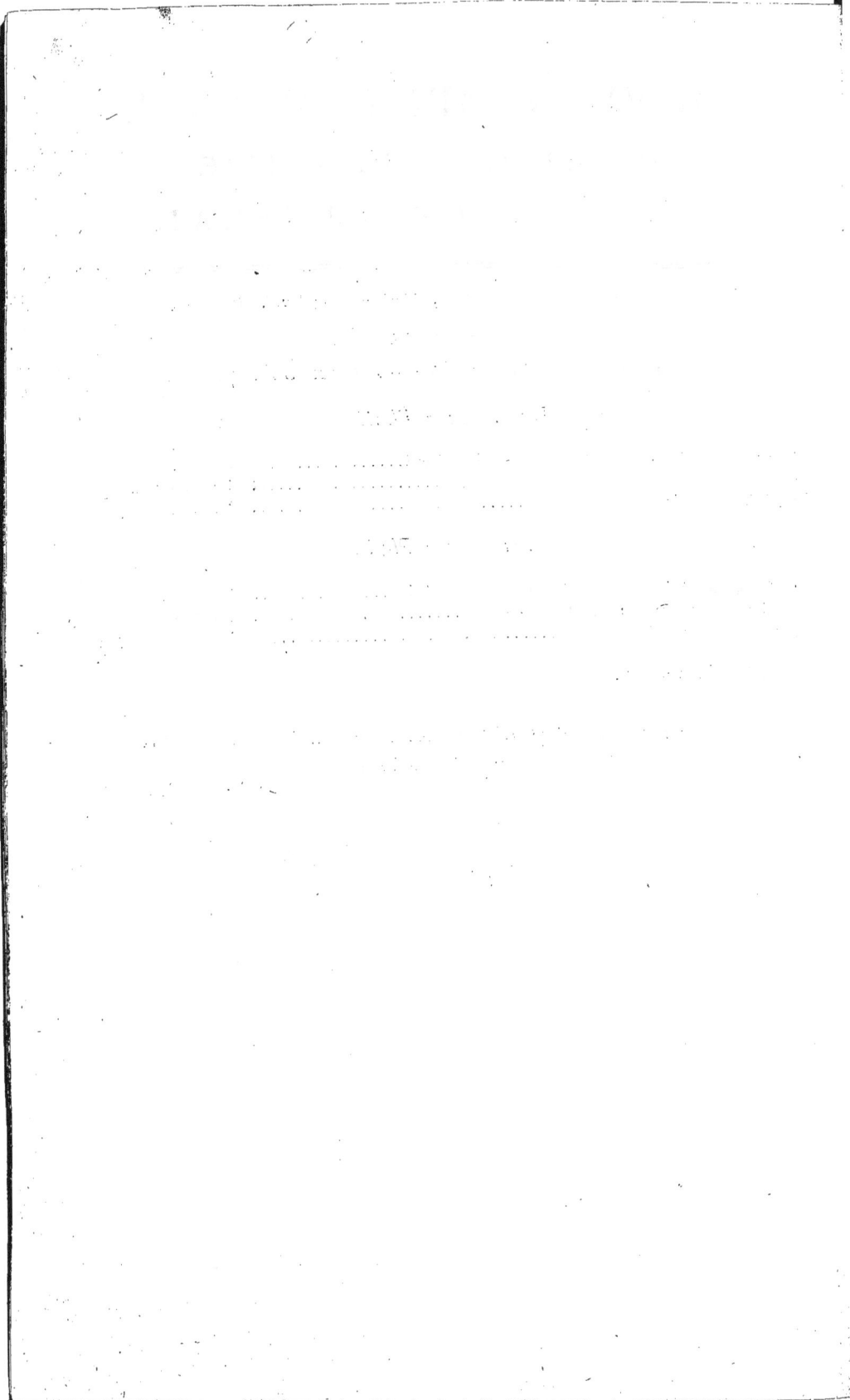

GOUVERNEMENT DE PARIS.

1.re DIVISION MILITAIRE.

ÉTAT-MAJOR GÉNÉRAL.

Au quartier général, à Paris, le 2 Pluviôse an 13 [22 janvier 1805].

SERVICE DE L'ÉTAT-MAJOR GÉNÉRAL.

Du 2 au 3 Pluviôse.

Le Capitaine Adjoint de service à l'État-major général................ WATHIEZ.
Officier de santé de service à l'État-major......................... POISSON.
Secrétaire de service à l'État-major................................ DUBOIS.

Du 3 au 4 Pluviôse.

Le Capitaine Adjoint de service à l'État-major général................ GUIARDELLE.
Officier de santé de service à l'État-major......................... DANTREVILLE.
Secrétaire de service à l'État-major................................ LAMOUREUX.

ORDRE GÉNÉRAL.

M. le Maréchal Gouverneur témoigne avec plaisir aux 11.e Régiment de Cuirassiers, 27.e de Dragons, et aux Dépôts des 3.e, 9.e et 15.e Régimens de même arme, sa satisfaction sur la bonne tenue, la discipline et l'instruction qu'il a remarqué dans ces Corps, lors de la revue qu'il en a passée le 29 nivôse dernier. M. le Maréchal se flatte que les éloges qu'il leur donne en ce moment ne feront qu'accroître le zèle de l'Officier et du Soldat pour en mériter de nouveaux.

Le Général de Brigade Chef de l'État-major général du Gouvernement de Paris et de la première Division militaire,

CÉSAR BERTHIER.

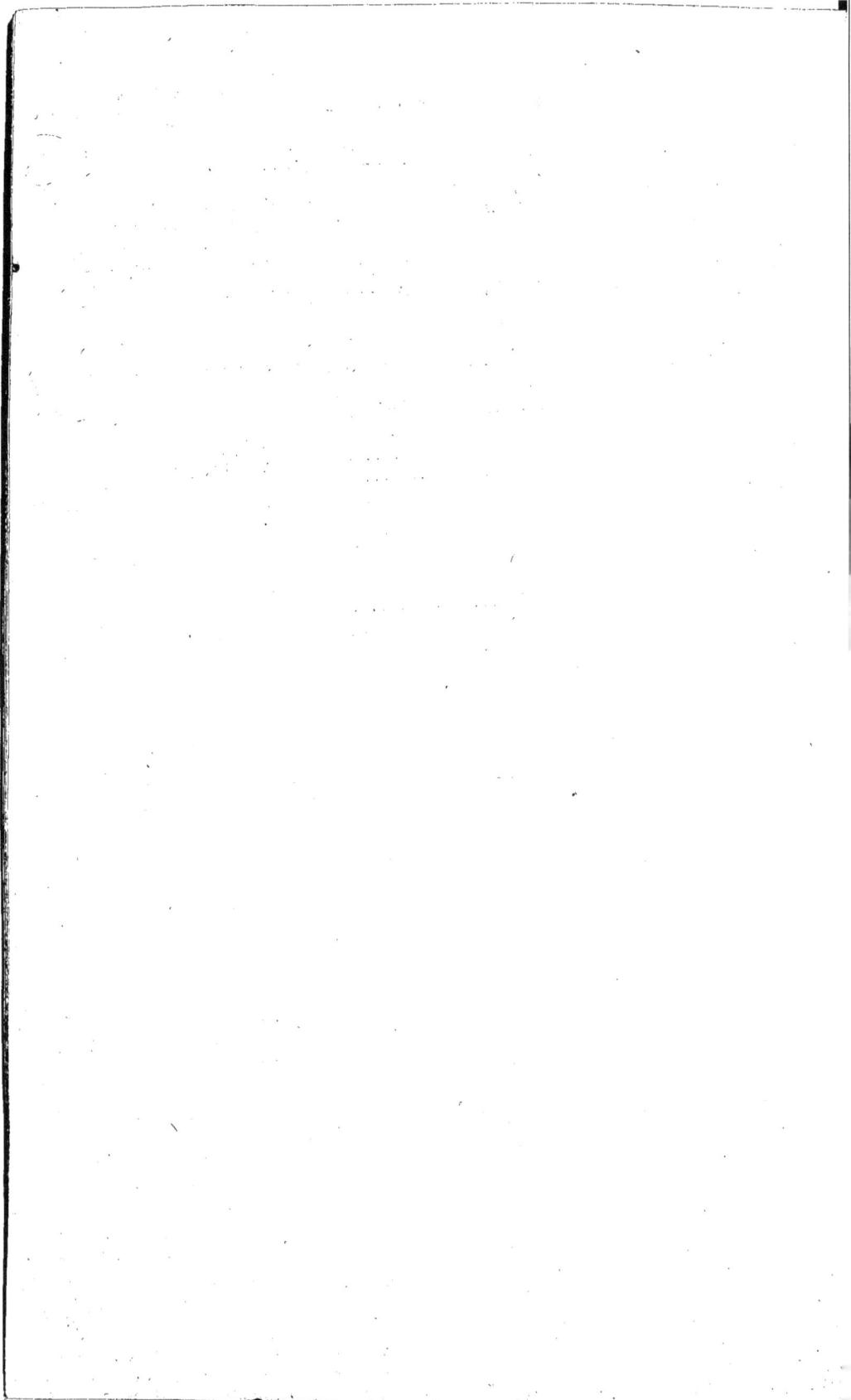

GOUVERNEMENT DE PARIS.

1.re DIVISION MILITAIRE.

ÉTAT-MAJOR GÉNÉRAL.

Au quartier général, à Paris, le 3 Pluviôse an 13 [23 janvier 1805].

SERVICE DE L'ÉTAT-MAJOR GÉNÉRAL.

Du 3 au 4 Pluviôse.

Le Capitaine Adjoint de service à l'État-major général................ GUIARDELLE.
Officier de santé de service à l'État-major....................... DANTREVILLE.
Secrétaire de service à l'État-major............................... LAMOUREUX.

Du 4 au 5 Pluviôse.

Le Capitaine Adjoint de service à l'État-major général................ DELORME.
Officier de santé de service à l'État-major........................ POISSON.
Secrétaire de service à l'État-major................................ PLANTIER.

Rien de nouveau.

Le Général de Brigade Chef de l'État-major général du Gouvernement de Paris et de la première Division militaire,

CÉSAR BERTHIER.

GOUVERNEMENT DE PARIS.

Ire DIVISION MILITAIRE.

ÉTAT-MAJOR GÉNÉRAL.

Au quartier général, à Paris, le 4 Pluviôse an 13 [24 janvier 1805].

SERVICE DE L'ÉTAT-MAJOR GÉNÉRAL.

Du 4 au 5 Pluviôse.

Le Capitaine Adjoint de service à l'État-major général................ DELORME.
Officier de santé de service à l'État-major......................... POISSON.
Secrétaire de service à l'État-major............................... PLANTIER.

Du 5 au 6 Pluviôse.

Le Capitaine Adjoint de service à l'État-major général................ AUCLER.
Officier de santé de service à l'État-major......................... DANTREVILLE.
Secrétaire de service à l'État-major............................... DESMOULINS.

Rien de nouveau.

Le Général de Brigade Chef de l'État-major général du Gouvernement de Paris et de la première Division militaire,

CÉSAR BERTHIER.

GOUVERNEMENT DE PARIS.

1.re DIVISION MILITAIRE.

ÉTAT - MAJOR GÉNÉRAL.

Au quartier général, à Paris, le 5 Pluviôse an 13 [25 janvier 1805].

SERVICE DE L'ÉTAT - MAJOR GÉNÉRAL.

Du 5 au 6 Pluviôse.

Le Capitaine Adjoint de service à l'État - major général.................. AUCLER.
Officier de santé de service à l'État - major........................ DANTREVILLE.
Secrétaire de service à l'État - major............................. DESMOULINS.

Du 6 au 7 Pluviôse.

Le Capitaine Adjoint de service à l'État - major général.................. LONGCHAMP.
Officier de santé de service à l'État - major........................ POISSON.
Secrétaire de service à l'État - major............................. CORBET.

Rien de nouveau.

*Le Général de Brigade Chef de l'État - major général du Gouvernement de Paris
et de la première Division militaire,*

CÉSAR BERTHIER.

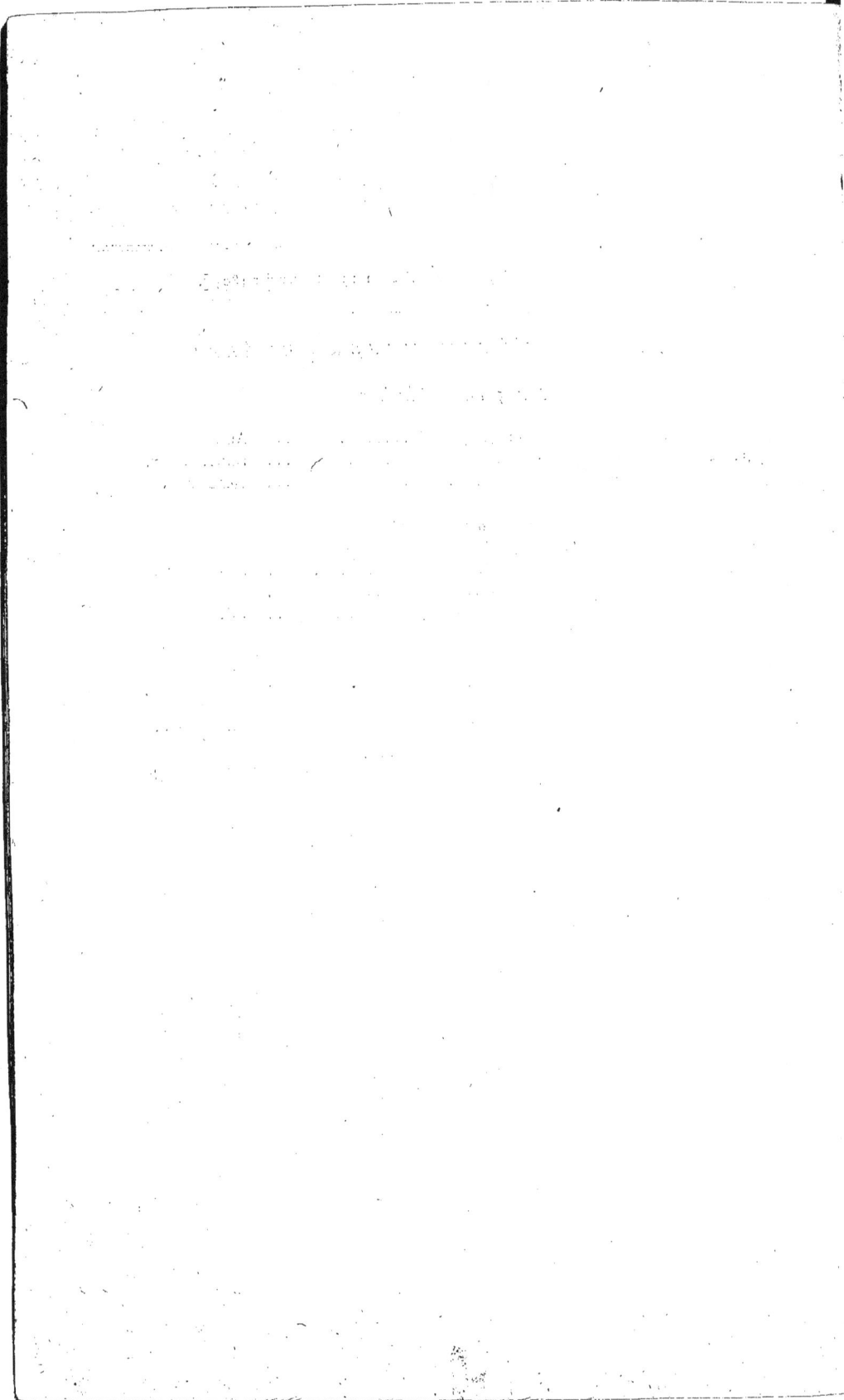

GOUVERNEMENT DE PARIS.

1.ʳᵉ DIVISION MILITAIRE.

ÉTAT - MAJOR GÉNÉRAL.

Au quartier général, à Paris, le 6 Pluviôse an 13 [26 janvier 1805].

SERVICE DE L'ÉTAT-MAJOR GÉNÉRAL.

Du 6 au 7 Pluviôse.

Le Capitaine Adjoint de service à l'État - major général................. LONGCHAMP.
Officier de santé de service à l'État - major......................... POISSON.
Secrétaire de service à l'État-major................................. CORBET.

Du 7 au 8 Pluviôse.

Le Capitaine Adjoint de service à l'État - major général................ FORGEOT.
Officier de santé de service à l'État - major......................... DANTREVILLE.
Secrétaire de service à l'État-major................................. CORBET.

Rien de nouveau.

Le Général de Brigade Chef de l'État - major général du Gouvernement de Paris
et de la première Division militaire,

CÉSAR BERTHIER.

GOUVERNEMENT DE PARIS.

Ire DIVISION MILITAIRE.

ÉTAT-MAJOR GÉNÉRAL.

Au quartier général, à Paris, le 7 Pluviôse an 13 [27 janvier 1805].

SERVICE DE L'ÉTAT-MAJOR GÉNÉRAL.

Du 7 au 8 Pluviôse.

Le Capitaine Adjoint de service à l'État-major général................ FORGEOT.
Officier de santé de service à l'État-major...................... DANTREVILLE.
Secrétaire de service à l'État-major.............................. CORBET.

Du 8 au 9 Pluviôse.

Le Capitaine Adjoint de service à l'État-major général................ GALDEMAR.
Officier de santé de service à l'État-major...................... POISSON.
Secrétaire de service à l'État-major.............................. LECLERC.

Rien de nouveau.

Le Général de Brigade Chef de l'État-major général du Gouvernement de Paris et de la première Division militaire,

CÉSAR BERTHIER.

GOUVERNEMENT DE PARIS.

1.ʳᵉ DIVISION MILITAIRE.

ÉTAT-MAJOR GÉNÉRAL.

Au quartier général, à Paris, le 8 Pluviôse an 13 [28 janvier 1805].

SERVICE DE L'ÉTAT-MAJOR GÉNÉRAL.

Du 8 au 9 Pluviôse.

Le Capitaine Adjoint de service à l'État-major général................. GALDEMAR.
Officier de santé de service à l'État-major......................... POISSON.
Secrétaire de service à l'État-major................................ LECLERC.

Du 9 au 10 Pluviôse.

Le Capitaine Adjoint de service à l'État-major général................. AUGIAS.
Officier de santé de service à l'État-major......................... DANTREVILLE.
Secrétaire de service à l'État-major................................ LAMOUREUX.

Rien de nouveau.

Le Général de Brigade Chef de l'État-major général du Gouvernement de Paris et de la première Division militaire,

CÉSAR BERTHIER.

GOUVERNEMENT DE PARIS.

1.re DIVISION MILITAIRE.

ÉTAT - MAJOR GÉNÉRAL.

Au quartier général, à Paris, le 9 Pluviôse an 13 [29 janvier 1805].

SERVICE DE L'ÉTAT-MAJOR GÉNÉRAL.

Du 9 au 10 Pluviôse.

Capitaine Adjoint de service à l'État - major général.................. AUGIAS.
fficier de santé de service à l'État - major........................ DANTREVILLE.
crétaire de service à l'État - major.............................. LAMOUREUX.

Du 10 au 11 Pluviôse.

Capitaine Adjoint de service à l'État - major général................ WATHIEZ.
fficier de santé de service à l'État - major........................ POISSON.
crétaire de service à l'État-major................................ DUBOIS.

Rien de nouveau.

*Le Général de Brigade Chef de l'État - major général du Gouvernement de Paris
et de la première Division militaire,*

CÉSAR BERTHIER.

GOUVERNEMENT DE PARIS.

1.ʳᵉ DIVISION MILITAIRE.

ÉTAT-MAJOR GÉNÉRAL.

Au quartier général, à Paris, le 10 Pluviôse an 13 [30 janvier 1805].

SERVICE DE L'ÉTAT-MAJOR GÉNÉRAL.

Du 10 au 11 Pluviôse.

Le Capitaine Adjoint de service à l'État-major général................ WATHIEZ.
Officier de santé de service à l'État-major........................ POISSON.
Secrétaire de service à l'État-major................................ DUBOIS.

Du 11 au 12 Pluviôse.

Le Capitaine Adjoint de service à l'État-major général................ GUIARDELLE.
Officier de santé de service à l'État-major........................ DANTREVILLE.
Secrétaire de service à l'État-major................................ BRUNEL.

Rien de nouveau.

Le Général de Brigade Chef de l'État-major général du Gouvernement de Paris et de la première Division militaire,

CÉSAR BERTHIER.

GOUVERNEMENT DE PARIS.

Ire *DIVISION MILITAIRE.*

ÉTAT-MAJOR GÉNÉRAL.

Au quartier général, à Paris, le 11 Pluviôse an 13 [31 janvier 1805].

SERVICE DE L'ÉTAT-MAJOR GÉNÉRAL.

Du 11 au 12 Pluviôse.

Le Capitaine Adjoint de service à l'État-major général................ GUIARDEILE.
Officier de santé de service à l'État-major........................ DANTREVILLE.
Secrétaire de service à l'État-major.............................. BRUNEL.

Du 12 au 13 Pluviôse.

Le Capitaine Adjoint de service à l'État-major général................ DELORME.
Officier de santé de service à l'État-major........................ POISSON.
Secrétaire de service à l'État-major.............................. PLANTIER.

Rien de nouveau.

Le Général de Brigade Chef de l'État-major général du Gouvernement de Paris et de la première Division militaire,

CÉSAR BERTHIER.

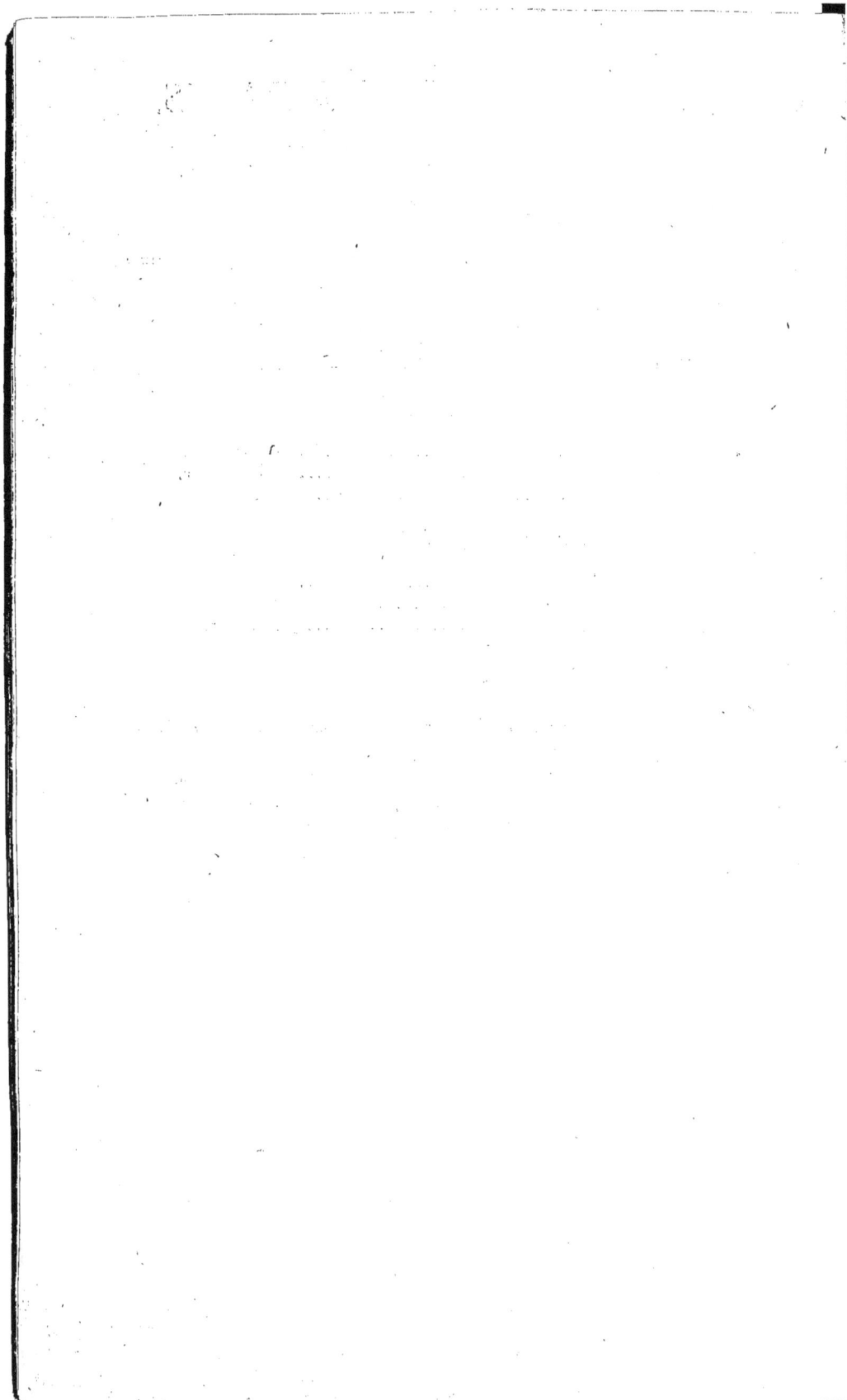

GOUVERNEMENT DE PARIS.

1.re DIVISION MILITAIRE.

ÉTAT-MAJOR GÉNÉRAL.

Au quartier général, à Paris, le 12 Pluviôse an 13 [1.er février 1805].

SERVICE DE L'ÉTAT-MAJOR GÉNÉRAL.

Du 12 au 13 Pluviôse.

Le Capitaine Adjoint de service à l'État-major général................. DELORME.
Officier de santé de service à l'État-major......................... POISSON.
Secrétaire de service à l'État-major.............................. PLANTIER.

Du 13 au 14 Pluviôse.

Le Capitaine Adjoint de service à l'État-major général................. AUCLER.
Officier de santé de service à l'État-major......................... DANTREVILLE.
Secrétaire de service à l'État-major.............................. DESMOULINS.

Rien de nouveau.

Le Général de Brigade Chef de l'État-major général du Gouvernement de Paris et de la première Division militaire,

CÉSAR BERTHIER.

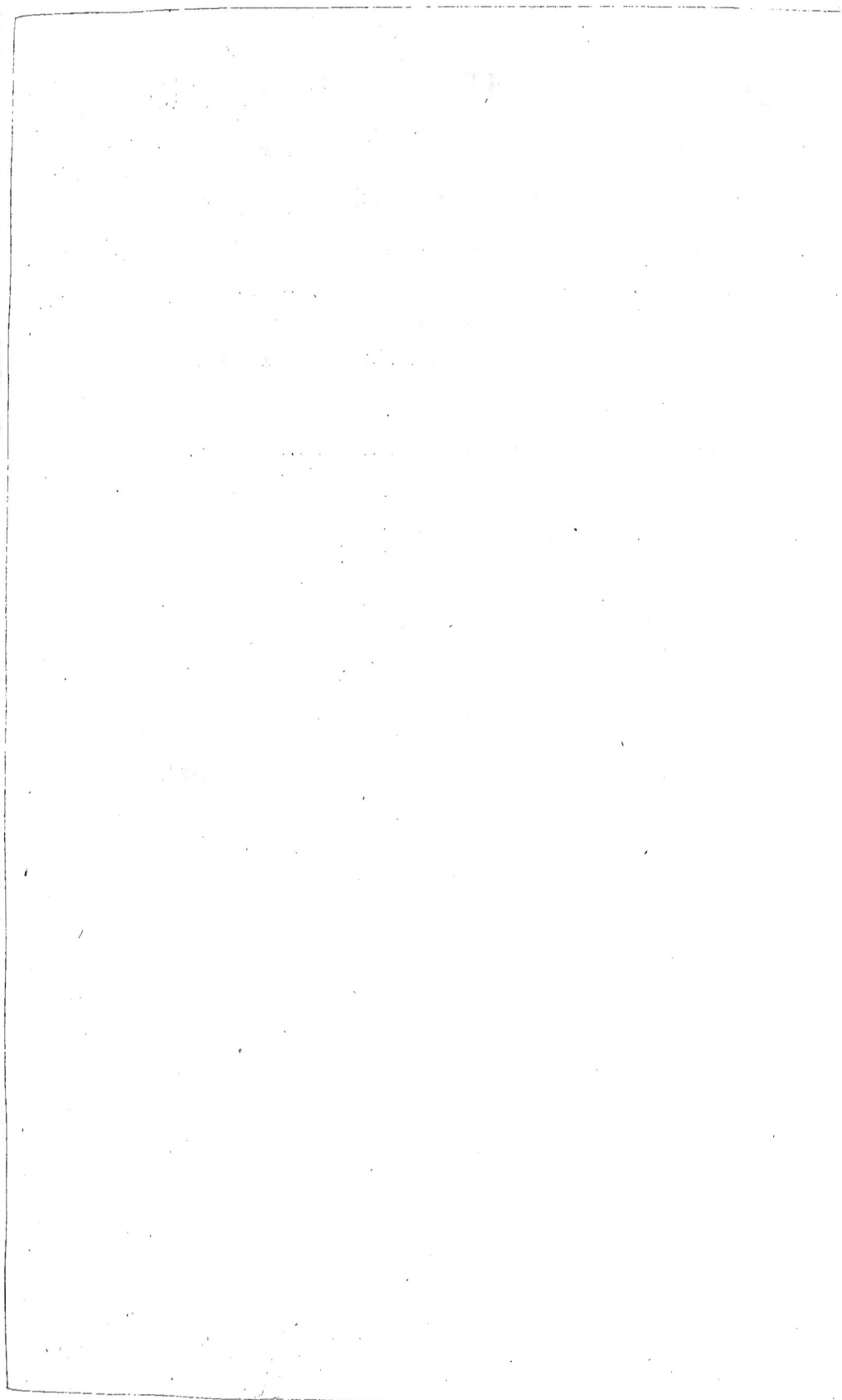

GOUVERNEMENT DE PARIS.

1.re DIVISION MILITAIRE.

ÉTAT - MAJOR GÉNÉRAL.

Au quartier général, à Paris, le 13 Pluviôse an 13 [2 février 1805].

SERVICE DE L'ÉTAT-MAJOR GÉNÉRAL.

Du 13 au 14 Pluviôse.

Le Capitaine Adjoint de service à l'État - major général................. AUCLER.
Officier de santé de service à l'État - major........................ DANTREVILLE.
Secrétaire de service à l'État - major.............................. DESMOULINS.

Du 14 au 15 Pluviôse.

Le Capitaine Adjoint de service à l'État - major général................. LONGCHAMP.
Officier de santé de service à l'État - major........................ POISSON.
Secrétaire de service à l'État - major.............................. DUBOIS.

Rien de nouveau.

Le Général de Brigade Chef de l'État - major général du Gouvernement de Paris
et de la première Division militaire,

CÉSAR BERTHIER.

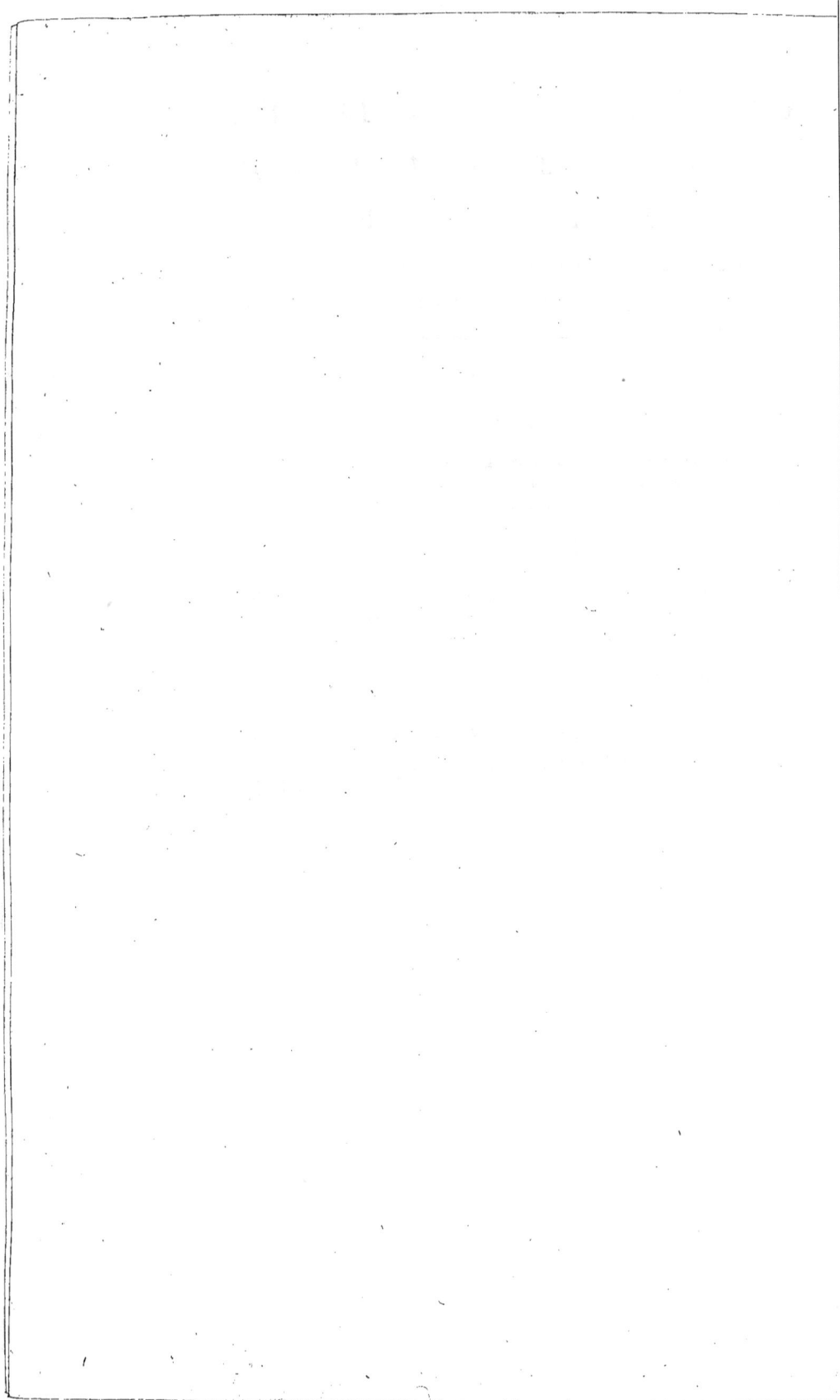

GOUVERNEMENT DE PARIS.

1.ʳᵉ DIVISION MILITAIRE.

ÉTAT-MAJOR GÉNÉRAL.

Au quartier général, à Paris, le 14 Pluviôse an 13 [3 février 1805].

SERVICE DE L'ÉTAT-MAJOR GÉNÉRAL.

Du 14 au 15 Pluviôse.

Le Capitaine Adjoint de service à l'État-major général................ LONGCHAMP.
Officier de santé de service à l'État-major......................... POISSON.
Secrétaire de service à l'État-major............................... DUBOIS.

Du 15 au 16 Pluviôse.

Le Capitaine Adjoint de service à l'État-major général................ FORGEOT.
Officier de santé de service à l'État-major......................... DANTREVILLE.
Secrétaire de service à l'État-major............................... CORBET.

M. le Maréchal Gouverneur de Paris prévient MM. les Généraux et Colonels qui sont en ce moment à Paris, et qui n'auraient point obtenu un congé spécial de M. le Maréchal Ministre de la guerre, que l'intention de Sa Majesté est qu'ils se rendent à leur poste.

Le Général de Brigade Chef de l'État-major général du Gouvernement de Paris
et de la première Division militaire,

CÉSAR BERTHIER.

GOUVERNEMENT DE PARIS.

1.re DIVISION MILITAIRE.

ÉTAT-MAJOR GÉNÉRAL.

Au quartier général, à Paris, le 15 Pluviôse an 13 [4 février 1805].

SERVICE DE L'ÉTAT-MAJOR GÉNÉRAL.

Du 15 au 16 Pluviôse.

Le Capitaine Adjoint de service à l'État-major général................. FORGEOT.
Officier de santé de service à l'État-major........................ DANTREVILLE.
Secrétaire de service à l'État-major............................... CORBET.

Du 16 au 17 Pluviôse.

Le Capitaine Adjoint de service à l'État-major général................. GALDEMAR.
Officier de santé de service à l'État-major........................ POISSON.
Secrétaire de service à l'État-major............................... LECLERC.

Rien de nouveau.

Le Général de Brigade Chef de l'État-major général du Gouvernement de Paris et de la première Division militaire,

CÉSAR BERTHIER.

GOUVERNEMENT DE PARIS.

1.re DIVISION MILITAIRE.

ÉTAT-MAJOR GÉNÉRAL.

Au quartier général, à Paris, le 16 Pluviôse an 13 [5 février 1805].

SERVICE DE L'ÉTAT-MAJOR GÉNÉRAL.

Du 16 au 17 Pluviôse.

Le Capitaine Adjoint de service à l'État-major général................ GALDEMAR.
Officier de santé de service à l'État-major......................... POISSON.
Secrétaire de service à l'État-major............................... LECLERC.

Du 17 au 18 Pluviôse.

Le Capitaine Adjoint de service à l'État-major général................ AUGIAS.
Officier de santé de service à l'État-major......................... DANTREVILLE.
Secrétaire de service à l'État-major............................... LAMOUREUX.

Rien de nouveau.

Le Général de Brigade Chef de l'État-major général du Gouvernement de Paris et de la première Division militaire,

CÉSAR BERTHIER.

GOUVERNEMENT DE PARIS.

1.ʳᵉ DIVISION MILITAIRE.

ÉTAT-MAJOR GÉNÉRAL.

Au quartier général, à Paris, le 17 Pluviôse an 13 [6 février 1805].

SERVICE DE L'ÉTAT-MAJOR GÉNÉRAL.

Du 17 au 18 Pluviôse.

Le Capitaine Adjoint de service à l'État-major général................ AUGIAS.
Officier de santé de service à l'État-major......................... DANTREVILLE.
Secrétaire de service à l'État-major............................... DUBOIS.

Du 18 au 19 Pluviôse.

Le Capitaine Adjoint de service à l'Etat-major général............... WATHIEZ.
Officier de santé de service à l'État-major........................ POISSON.
Secrétaire de service à l'État-major.............................. LAMOUREUX.

EXTRAITS des Jugemens rendus par le 1.ᵉʳ Conseil de guerre de la 1.ʳᵉ Division militaire, pendant le mois de Nivôse an 13.

NUMÉROS DES JUGEMENS.	DATES.	NOMS ET PRÉNOMS des INDIVIDUS JUGÉS.	QUALITÉ MILITAIRE ou PROFESSION.	LIEUX de NAISSANCE.	ANALYSE DES JUGEMENS.	
1818.	21.	Raboteau (Jean-Marie)..	Fusilier au 2.ᵉ régiment de la garde de Paris.	Paris, départ. de la Seine.	Convaincu d'attentat à la sûreté de plusieurs citoyens.	Condamné à six mois de prison, à dater du 18 brumaire an 13, et à l'expiration de cette peine, renvoyé à son corps pour y continuer son service.
1819.	Idem.	Lebrun (Jean-Louis).....	Déserteur du 3.ᵉ régiment de Cuirassiers.	Mons-la-Laonois, département de l'Aisne.	Prévenu de vols, vexations, outrages, et menaces de voies de fait envers plusieurs habitans du département de l'Aisne.	Renvoyé avec les pièces de la procédure et celles à conviction, devant la cour de justice criminelle du département de l'Aisne.
1820.	22.	Pelletier (François)......	Cuirassier au 11.ᵉ régiment.	Saunier, département de Maine-et-Loire.	Prévenu de désobéissance aux ordres de son maréchal-des-logis, et de menaces de voies de fait.	Acquitté de l'accusation dirigée contre lui, et condamné par forme de discipline militaire, à garder prison pendant quinze jours, à dater du jour du jugement.
1821.	Idem.	David (Jacques-Omer)...	Dragon de la garde de Paris.	Chevreuse, département de Seine-et-Oise.	Convaincu d'attentat à la sûreté d'une jeune personne, et de voies de fait graves, avec effusion de sang, exercées envers elle.	Condamné à deux années de fers, et à être préalablement dégradé à la tête de la garde assemblée sous les armes.

NUMÉROS des Jugemens.	DATES.	NOMS ET PRÉNOMS des INDIVIDUS JUGÉS.	QUALITÉ MILITAIRE ou PROFESSION.	LIEUX de NAISSANCE.	ANALYSE DES JUGEMENS.	
1822.	26.	Linard *(Louis)*........	Vétéran au 1.er régiment.	Paris , départ. de la Seine.	Prévenu d'insultes graves et de menaces envers son capitaine.	Acquitté de l'accusation dirigée contre lui , et condamné par forme de discipline militaire , à garder prison pendant huit jours , à dater du jour du jugement.
1823.	Idem.	Lexpert *(Jean-François-Nicolas)*..............	Fusilier au 2.e regim.t de la garde de Paris.	Longuion , dép. de la Moselle.	Convaincu de désobéissance envers ses supérieurs.	Condamné à quatre mois de prison , à dater du jour de son arrestation ; et ensuite renvoyé à son corps pour y continuer son service.
1824.	Idem.	Cailleaux *(François)*..... (contumax).	M.re sans corps..	Reuilly, départ. de l'Indre.	Prévenu de vol avec effraction dans une maison habitée.	Renvoyé avec les pièces de la procédure , par-devant la cour de justice criminelle du département de l'Indre.

Total des jugemens rendus par le 1.er Conseil de guerre pendant le mois de Nivôse, an 13, ci.... 7.

Total des individus jugés pendant le même mois par ce Conseil, ci...... { présens... 6. } 7.
{ contumax . 1. }

Pour extraits conformes aux expéditions desdits jugemens :

Le Général de Brigade Chef de l'État-major général du Gouvernement de Paris et de la première Division militaire,

CÉSAR BERTHIER.

GOUVERNEMENT DE PARIS.

1.ʳᵉ DIVISION MILITAIRE.

ÉTAT-MAJOR GÉNÉRAL.

Au quartier général, à Paris, le 18 Pluviôse an 13 [7 février 1805].

SERVICE DE L'ÉTAT-MAJOR GÉNÉRAL.

Du 18 au 19 Pluviôse.

Le Capitaine Adjoint de service à l'État-major général............................. WATHIEZ.
Officier de santé de service à l'État-major........................... POISSON.
Secrétaire de service à l'État-major................................. LAMOUREUX.

Du 19 au 20 Pluviôse.

Le Capitaine Adjoint de service à l'État-major général................. GUIARDELLE.
Officier de santé de service à l'État-major......................... DANTREVILLE.
Secrétaire de service à l'État-major.............................. BRUNEL.

EXTRAITS des Jugemens rendus par le 2.ᵉ Conseil de guerre de la 1.ʳᵉ Division militaire, pendant le mois de Nivôse an 13.

NUMÉROS DES JUGEMENS.	DATES.	NOMS ET PRÉNOMS des INDIVIDUS JUGÉS.	QUALITÉ MILITAIRE ou PROFESSION.	LIEUX de NAISSANCE.	ANALYSE DES JUGEMENS.	
807.	14.	Leger (François)........ (contumax).	Caporal au 18.ᵉ régim.ᵗ de ligne.	Monceau, département de Seine-et-Marne.	Convaincu d'avoir volé le prêt de son escouade.	Condamné à six années de fers et à la dégradation militaire.
808.	Idem.	Badin (Pierre-François).. (contumax).	Caporal-fourrier au 4.ᵉ régiment d'inf.ᵉ de ligne.	Vanne, département du Morbihan.	Convaincu d'avoir volé le prêt de sa compagnie.	Condamné à six années de fers et à la dégradation militaire.
809.	Idem.	Delahaye (Franç.-Claude). (contumax).	Capitaine au 1.ᵉʳ régiment de vétérans.	Morlaix, département du Finistère.	Convaincu d'avoir volé une somme d'argent appartenant à sa compagnie.	Condamné à six années de fers et à la dégradation militaire.
810.	Idem.	Wagner (François).....	Ex-arçonnier de la garde impériale.	Morange, département de la Moselle.	Prévenu d'assassinat et de tentative de vol.	Le Conseil s'étant déclaré incompétent, renvoie le prévenu et les pièces de la procédure par-devant le Grand-juge ministre de la justice, pour être statué ce qu'il appartiendra.
811.	Idem.	Cauchetier (Charles-Antoine)..............	Fusilier au 1.ᵉʳ régim.ᵗ de la garde de Paris.	Paris, département de la Seine.	Convaincu de désobéissance envers son caporal.	Condamné par voie de discipline militaire, à quinze jours de prison; et à l'expiration de cette peine, mis à la disposition de l'État-major général.

NUMÉROS des Jugemens.	DATES.	NOMS ET PRÉNOMS des INDIVIDUS JUGÉS.	QUALITÉ MILITAIRE ou PROFESSION.	LIEUX de NAISSANCE.	ANALYSE DES JUGEMENS.	
812.	14.	Darger (Auguste)......	Fusilier au 2.e régiment de la garde de Paris.	Paris, départ. de la Seine.	Convaincu de menaces envers son supérieur.	Condamné à six mois de prison ; et à l'expiration de cette peine, mis à la disposition de l'État-major général.
813.	Idem.	Picard (Victor)........	Dragon de la garde de Paris.	Valogne, département de la Manche.	Convaincu de voies de fait, avec effusion de sang, envers un particulier.	Condamné à six mois de prison, et à l'expiration de cette peine, renvoyé à son corps, pour y continuer son service.
814.	22.	Moréal Degascq (Joseph-Michel)............	Dragon au 9.e régiment.	Agen, département de Lot-et-Garonne.	Convaincu de vols et de désertion.	Condamné à quatre années de prison, au remboursement des objets par lui volés, et renvoyé pour le délit de désertion devant le Conseil de guerre spécial de son régim.'
Idem.	Idem.	Belloc (Jean-Paul)......	Caporal au 18.e régim.' de ligne.	Idem.	Prévenu de complicité de l'un des délits de vols ci-dessus énoncés.	Acquittés de l'accusation dirigée contre eux, mis en liberté, et renvoyés à leurs Corps.
Idem.	Idem.	Baugarel (Louis)........	Caporal au 1.er régim.' de la garde de Paris.	Brous, département de l'Allier.	Idem.	
Idem.	Idem.	Castel (Mathieu-Joseph)..	Tambour au 1.er régiment de la garde de Paris.	Verviers, département de l'Ourte.	Idem.	
815.	Idem.	Decan (Jean-Constant)...	Dragon de la garde de Paris.	Amiens, département de la Somme.	Prévenu de voies de fait envers plusieurs personnes, et d'avoir tenu des propos injurieux au Gouvernement.	Acquitté, mis en liberté, et renvoyé à son corps.
816.	Idem.	Glisseneuve (Jacques)...	Fusilier au 18.e régiment.	Brioude, département de la Haute-Loire.	Convaincu de voies de fait graves, avec effusion de sang, envers une femme.	Attendu qu'il a été provoqué par cette femme, qui lui donna un violent soufflet, et voulut forcer sa consigne, condamné par forme de discipline militaire, à huit jours de prison, à dater du jour du présent jugement, à l'expiration de laquelle peine il sera rendu à son service.

Total des jugemens rendus par le 2.e Conseil de guerre pendant le mois de Nivôse an 13, ci....10.

Total des individus jugés pendant le même mois par ce Conseil, ci...... { présens 10. contumax 3. } 13.

Pour extraits conformes aux expéditions desdits jugemens :

Le Général de Brigade Chef de l'État-major général du Gouvernement de Paris et de la première Division militaire,

CÉSAR BERTHIER.

GOUVERNEMENT DE PARIS.

1.re DIVISION MILITAIRE.

ÉTAT - MAJOR GÉNÉRAL.

Au quartier général, à Paris, le 19 Pluviôse an 13 [8 février 1805].

SERVICE DE L'ÉTAT-MAJOR GÉNÉRAL.

Du 19 au 20 Pluviôse.

Le Capitaine Adjoint de service à l'État - major général................. GUIARDELLE.
Officier de santé de service à l'État - major......................... DANTREVILLE.
Secrétaire de service à l'État - major................................ BRUNEL.

Du 20 au 21 Pluviôse.

Le Capitaine Adjoint de service à l'Etat - major général................. DELORME.
Officier de santé de service à l'État - major......................... POISSON.
Secrétaire de service à l'Etat-major................................ PLANTIER.

Rien de nouveau.

Le Général de Brigade Chef de l'État - major général du Gouvernement de Paris
et de la première Division militaire,

CÉSAR BERTHIER.

GOUVERNEMENT DE PARIS.

1.ʳᵉ DIVISION MILITAIRE.

ÉTAT-MAJOR GÉNÉRAL.

Au quartier général, à Paris, le 20 Pluviôse an 13 [9 février 1805].

SERVICE DE L'ÉTAT-MAJOR GÉNÉRAL.

Du 20 au 21 Pluviôse.

Le Capitaine Adjoint de service à l'État-major général................ DELORME.
Officier de santé de service à l'État-major......................... POISSON.
Secrétaire de service à l'État-major............................... PLANTIER.

Du 21 au 22 Pluviôse.

Le Capitaine Adjoint de service à l'État-major général................ AUCLER.
Officier de santé de service à l'État-major......................... DANTREVILLE.
Secrétaire de service à l'État-major............................... LECLERC.

Rien de nouveau.

Le Général de Brigade Chef de l'État-major général du Gouvernement de Paris
et de la première Division militaire,

CÉSAR BERTHIER.

GOUVERNEMENT DE PARIS.

1.re *DIVISION MILITAIRE.*
ÉTAT - MAJOR GÉNÉRAL.

Au quartier général, à Paris, le 21 Pluviôse an 13 [10 février 1805].

SERVICE DE L'ÉTAT-MAJOR GÉNÉRAL.

Du 21 au 22 Pluviôse.

Le Capitaine Adjoint de service à l'État - major général................ AUCLER.
Officier de santé de service à l'État - major....................... DANTREVILLE.
Secrétaire de service à l'État - major............................. LECLERC.

Du 22 au 23 Pluviôse.

Le Capitaine Adjoint de service à l'Etat - major général................ FORGEOT.
Officier de santé de service à l'État - major....................... POISSON.
Secrétaire de service à l'Etat-major............................. DESMOULINS.

Rien de nouveau.

Le Général de Brigade Chef de l'État-major général du Gouvernement de Paris
et de la première Division militaire,
CÉSAR BERTHIER.

GOUVERNEMENT DE PARIS.

1.ʳᵉ DIVISION MILITAIRE.
ÉTAT-MAJOR GÉNÉRAL.

Au quartier général, à Paris, le 22 Pluviôse an 13 [11 février 1805].

SERVICE DE L'ÉTAT-MAJOR GÉNÉRAL.

Du 22 au 23 Pluviôse.

Le Capitaine Adjoint de service à l'État-major général................ FORGEOT.
Officier de santé de service à l'État-major......................... POISSON.
Secrétaire de service à l'État-major................................ DESMOULINS.

Du 23 au 24 Pluviôse.

Le Capitaine Adjoint de service à l'État-major général............... GALDEMAR.
Officier de santé de service à l'État-major......................... DANTREVILLE.
Secrétaire de service à l'État-major............................... CORBET.

Rien de nouveau.

*Le Général de Brigade Chef de l'État-major général du Gouvernement de Paris
et de la première Division militaire,*
CÉSAR BERTHIER.

GOUVERNEMENT DE PARIS.

1.re DIVISION MILITAIRE.

ÉTAT-MAJOR GÉNÉRAL.

Au quartier général, à Paris, le 23 Pluviôse an 13 [12 février 1805].

SERVICE DE L'ÉTAT-MAJOR GÉNÉRAL.

Du 23 au 24 Pluviôse.

Le Capitaine Adjoint de service à l'État-major général................ GALDEMAR.
Officier de santé de service à l'État-major........................ DANTREVILLE.
Secrétaire de service à l'État-major............................. CORBET.

Du 24 au 25 Pluviôse.

Le Capitaine Adjoint de service à l'État-major général................ AUGIAS.
Officier de santé de service à l'État-major........................ POISSON.
Secrétaire de service à l'État-major............................. LECLERC.

Rien de nouveau.

*Le Général de Brigade Chef de l'État-major général du Gouvernement de Paris
et de la première Division militaire,*

CÉSAR BERTHIER.

GOUVERNEMENT DE PARIS.

1.ʳᵉ *DIVISION MILITAIRE.*

ÉTAT-MAJOR GÉNÉRAL.

Au quartier général, à Paris, le 24 Pluviôse an 13 [13 février 1805].

SERVICE DE L'ÉTAT-MAJOR GÉNÉRAL.

Du 24 au 25 Pluviôse.

Le Capitaine Adjoint de service à l'Etat-major général................. AUGIAS.
Officier de santé de service à l'État-major........................ POISSON.
Secrétaire de service à l'État-major............................... LECLERC.

Du 25 au 26 Pluviôse.

Le Capitaine Adjoint de service à l'État-major général............... WATHIEZ.
Officier de santé de service à l'État-major........................ DANTREVILLE.
Secrétaire de service à l'État-major............................... LAMOUREUX.

Rien de nouveau.

Le Général de Brigade Chef de l'État-major général du Gouvernement de Paris et de la première Division militaire,

CÉSAR BERTHIER.

GOUVERNEMENT DE PARIS.

1.re *DIVISION MILITAIRE.*

ÉTAT-MAJOR GÉNÉRAL.

Au quartier général, à Paris, le 25 Pluviôse an 13 [14 février 1805].

SERVICE DE L'ÉTAT-MAJOR GÉNÉRAL.

Du 25 au 26 Pluviôse.

Le Capitaine Adjoint de service à l'État-major général................ WATHIEZ.
Officier de santé de service à l'État-major........................ DANTREVILLE.
Secrétaire de service à l'État-major................................. LAMOUREUX.

Du 26 au 27 Pluviôse.

Le Capitaine Adjoint de service à l'État-major général................ GUIARDELLE.
Officier de santé de service à l'État-major........................ POISSON.
Secrétaire de service à l'État-major................................. DUBOIS.

Rien de nouveau.

Le Général de Brigade Chef de l'État-major général du Gouvernement de Paris et de la première Division militaire,

CÉSAR BERTHIER.

GOUVERNEMENT DE PARIS.

1.re DIVISION MILITAIRE.

ÉTAT - MAJOR GÉNÉRAL.

Au quartier général, à Paris, le 26 Pluviôse an 13 [15 février 1805].

SERVICE DE L'ÉTAT - MAJOR GÉNÉRAL.

Du 26 au 27 Pluviôse.

Le Capitaine Adjoint de service à l'Etat - major général................ GUIARDELLE.
Officier de santé de service à l'État - major......................... POISSON.
Secrétaire de service à l'État-major.............................. DUBOIS.

Du 27 au 28 Pluviôse.

Le Capitaine Adjoint de service à l'État - major général................ DELORME.
Officier de santé de service à l'État - major......................... DANTREVILLE.
Secrétaire de service à l'État-major.............................. BRUNEL.

Rien de nouveau.

Le Général de Brigade Chef de l'État - major général du Gouvernement de Paris et de la première Division militaire,

CÉSAR BERTHIER.

GOUVERNEMENT DE PARIS.

1.re DIVISION MILITAIRE.

ETAT - MAJOR GÉNÉRAL.

Au quartier général, à Paris, le 27 Pluviôse an 13 [16 février 1805].

SERVICE DE L'ÉTAT-MAJOR GÉNÉRAL.

Du 27 au 28 Pluviôse.

Le Capitaine Adjoint de service à l'État-major général................ DELORME.
Officier de santé de service à l'État-major....................... DANTREVILLE.
Secrétaire de service à l'État-major............................. BRUNEL.

Du 28 au 29 Pluviôse.

Le Capitaine Adjoint de service à l'Etat-major général.............. FORGEOT.
Officier de santé de service à l'État-major..................... POISSON.
Secrétaire de service à l'État-major............................ BRUNEL.

Rien de nouveau.

Le Général de Brigade Chef de l'État-major général du Gouvernement de Paris et de la première Division militaire,

CÉSAR BERTHIER.

GOUVERNEMENT DE PARIS.

1.re DIVISION MILITAIRE.

ÉTAT - MAJOR GÉNÉRAL.

Au quartier général, à Paris, le 28 Pluviôse an 13 [17 février 1805].

SERVICE DE L'ÉTAT-MAJOR GÉNÉRAL.

Du 28 au 29 Pluviôse.

Le Capitaine Adjoint de service à l'Etat-major général..................	FORGEOT.
Officier de santé de service à l'État-major........................	POISSON.
Secrétaire de service à l'État-major.............................	BRUNEL.

Du 29 au 30 Pluviôse.

Le Capitaine Adjoint de service à l'État-major général................	AUCLER.
Officier de santé de service à l'État-major.......................	DANTREVILLE.
Secrétaire de service à l'État-major.............................	PLANTIER.

Rien de nouveau.

Le Général de Brigade Chef de l'État-major général du Gouvernement de Paris et de la première Division militaire,

CÉSAR BERTHIER.

GOUVERNEMENT DE PARIS.

I.ʳᵉ DIVISION MILITAIRE.

ÉTAT - MAJOR GÉNÉRAL.

Au quartier général, à Paris, le 29 Pluviôse an 13 [18 février 1805].

SERVICE DE L'ÉTAT-MAJOR GÉNÉRAL.

Du 29 au 30 Pluviôse.

Le Capitaine Adjoint de service à l'État - major général................. AUCLER.
Officier de santé de service à l'État - major......................... DANTREVILLE.
Secrétaire de service à l'État - major.............................. PLANTIER.

Du 30 Pluviôse au 1.ᵉʳ Ventôse.

Le Capitaine Adjoint de service à l'État - major général................. FORGEOT.
Officier de santé de service à l'État - major......................... POISSON.
Secrétaire de service à l'État-major.............................. DESMOULINS.

Rien de nouveau.

Le Général de Brigade Chef de l'État - major général du Gouvernement de Paris et de la première Division militaire,

CÉSAR BERTHIER.

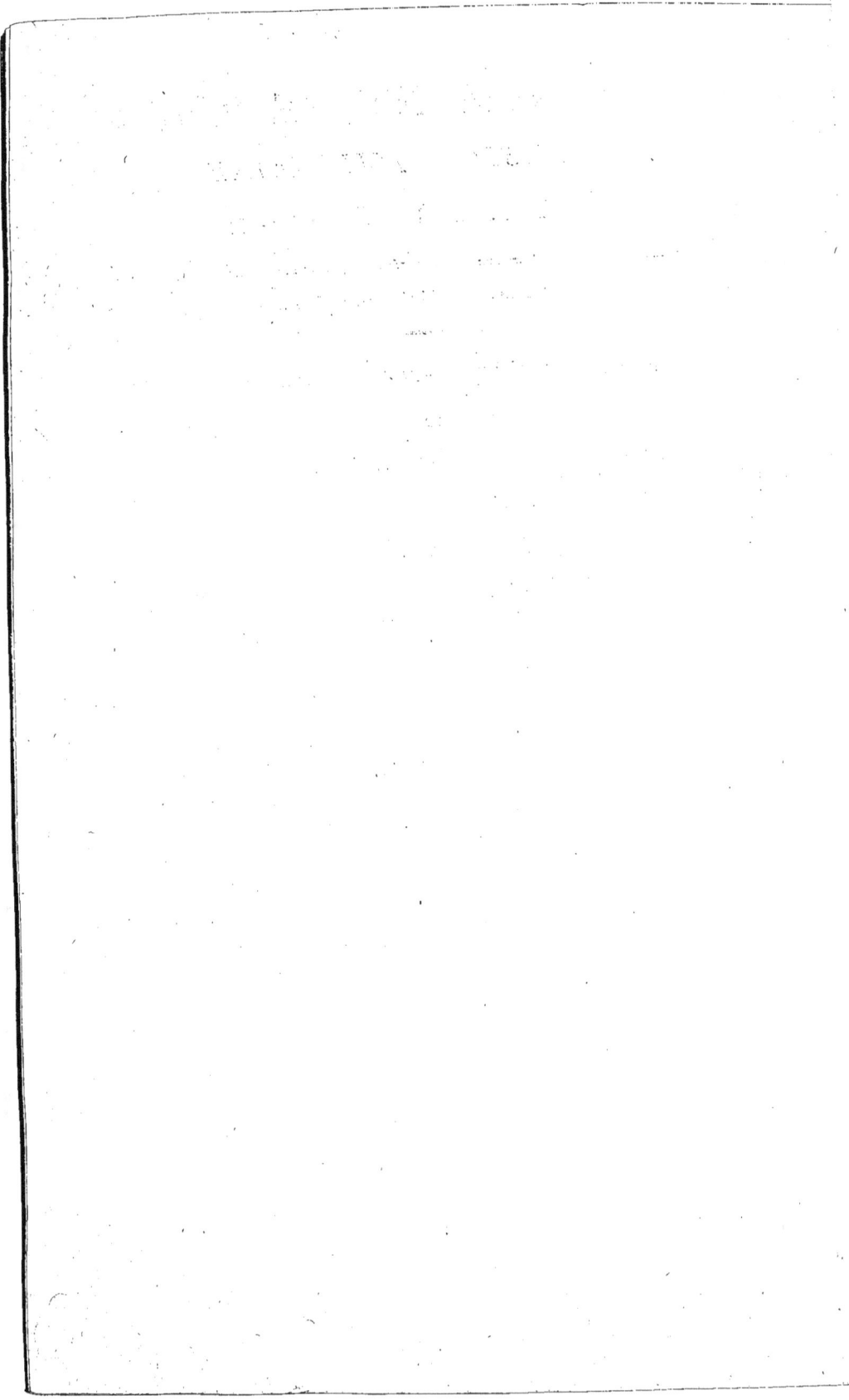

GOUVERNEMENT DE PARIS.
1.ͬᵉ DIVISION MILITAIRE.
ÉTAT-MAJOR GÉNÉRAL.

Au quartier général, à Paris, le 30 Pluviôse an 13 [19 février 1805].

SERVICE DE L'ÉTAT-MAJOR GÉNÉRAL.

Du 30 Pluviôse au 1.ᵉʳ Ventôse.

Le Capitaine Adjoint de service à l'État-major général................ FORGEOT.
Officier de santé de service à l'État-major........................ POISSON.
Secrétaire de service à l'État-major.............................. DESMOULINS.

Du 1.ᵉʳ au 2 Ventôse.

Le Capitaine Adjoint de service à l'État-major général................ GALDEMAR.
Officier de santé de service à l'État-major........................ DANTREVILLE.
Secrétaire de service à l'État-major.............................. CORBET.

Rien de nouveau.

*Le Général de Brigade Chef de l'État-major général du Gouvernement de Paris
et de la première Division militaire,*

CÉSAR BERTHIER.

GOUVERNEMENT DE PARIS.
1.ʳᵉ DIVISION MILITAIRE.
ÉTAT-MAJOR GÉNÉRAL.

Au quartier général, à Paris, le 1.ᵉʳ Ventôse an 13 [20 février 1805].

SERVICE DE L'ÉTAT-MAJOR GÉNÉRAL.

Du 1.ᵉʳ au 2 Ventôse.

Le Capitaine Adjoint de service à l'État-major général................ GALDEMAR.
Officier de santé de service à l'État-major........................ DANTREVILLE.
Secrétaire de service à l'État-major.............................. CORBET.

Du 2 au 3 Ventôse.

Le Capitaine Adjoint de service à l'État-major général................ AUGIAS.
Officier de santé de service à l'État-major........................ POISSON.
Secrétaire de service à l'État-major.............................. LECLERC.

Rien de nouveau.

Le Général de Brigade Chef de l'État-major général du Gouvernement de Paris et de la première Division militaire,

CÉSAR BERTHIER.

GOUVERNEMENT DE PARIS.

Ire DIVISION MILITAIRE.

ÉTAT-MAJOR GÉNÉRAL.

Au quartier général, à Paris, le 2 Ventôse an 13 [21 février 1805].

SERVICE DE L'ÉTAT-MAJOR GÉNÉRAL.

Du 2 au 3 Ventôse.

Le Capitaine Adjoint de service à l'État-major général................. AUGIAS.
Officier de santé de service à l'État-major......................... POISSON.
Secrétaire de service à l'État-major............................... LECLERC.

Du 3 au 4 Ventôse.

Le Capitaine Adjoint de service à l'État-major général................. WATHIEZ.
Officier de santé de service à l'État-major........................ DANTREVILLE.
Secrétaire de service à l'État-major............................... LAMOUREUX.

Rien de nouveau.

*Le Général de Brigade Chef de l'État-major général du Gouvernement de Paris
et de la première Division militaire,*

CÉSAR BERTHIER.

GOUVERNEMENT DE PARIS.

1.ʳᵉ DIVISION MILITAIRE.

ÉTAT - MAJOR GÉNÉRAL.

Au quartier général, à Paris, le 3 Ventôse an 13 [22 février 1805].

SERVICE DE L'ÉTAT-MAJOR GÉNÉRAL.

Du 3 au 4 Ventôse.

Le Capitaine Adjoint de service à l'État - major général................... WATHIEZ.
Officier de santé de service à l'État - major......................... DANTREVILLE.
Secrétaire de service à l'État - major.............................. LAMOUREUX.

Du 4 au 5 Ventôse.

Le Capitaine Adjoint de service à l'État.- major général................ GUIARDELLE.
Officier de santé de service à l'État - major......................... POISSON.
Secrétaire de service à l'État - major.............................. DUBOIS.

Rien de nouveau.

Le Général de Brigade Chef de l'État - major général du Gouvernement de Paris
et de la première Division militaire,

CÉSAR BERTHIER.

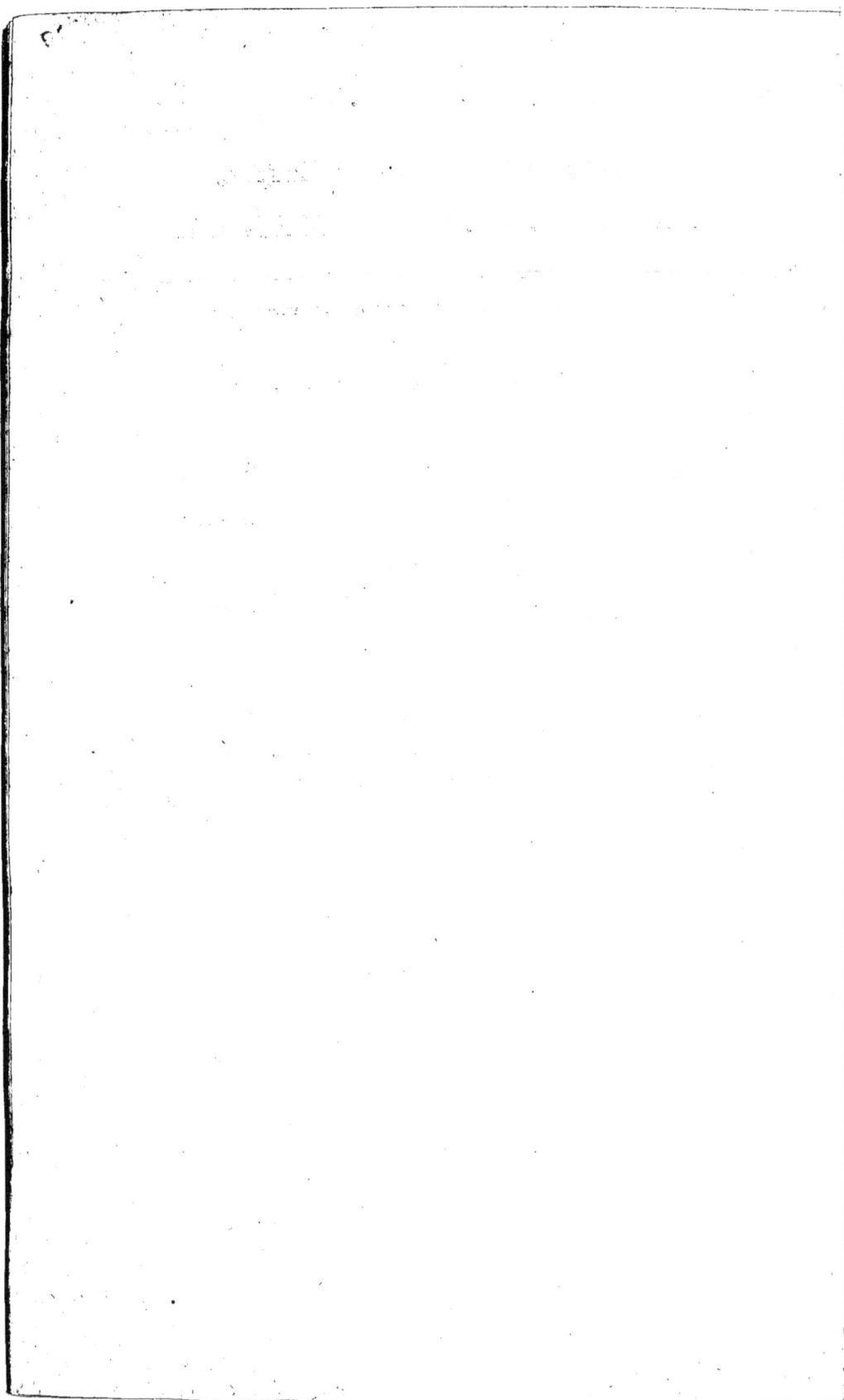

GOUVERNEMENT DE PARIS.

1.ᵉ DIVISION MILITAIRE.

ÉTAT - MAJOR GÉNÉRAL.

Au quartier général, à Paris, le 4 Ventôse an 13 [23 février 1805].

SERVICE DE L'ÉTAT-MAJOR GÉNÉRAL.

Du 4 au 5 Ventôse.

Le Capitaine Adjoint de service à l'État - major général................	GUIARDELLE.
Officier de santé de service à l'État-major.........................	POISSON.
Secrétaire de service à l'État-major................................	DUBOIS.

Du 5 au 6 Ventôse.

Le Capitaine Adjoint de service à l'État - major général................	GALDEMAR.
Officier de santé de service à l'État - major.......................	DANTREVILLE.
Secrétaire de service à l'État-major................................	DESMOULINS.

ORDRE GÉNÉRAL.

L'Empereur ayant été informé de la conduite répréhensible de quelques Officiers du 2.ᵉ Régiment de la Garde de Paris, Sa Majesté a ordonné que les sieurs *Ducoin*, Lieutenant, et *Chevalier*, Sous-lieutenant, ne feraient plus partie de ce Corps. S. A. S. Monseigneur le Prince Murat espère que cet exemple sera senti par les Officiers des différens Corps de cette Garde, et les portera à se pénétrer des devoirs qui leur sont imposés, et à les remplir de manière à mériter des éloges.

Les Chefs de Corps sont prévenus que les Bureaux du Commissaire-ordonnateur de la 1.ᵉ Division militaire, qui étaient établis rue de Varennes, ont été transférés à Saint-Joseph, rue Saint-Dominique.

Le Général de Brigade Chef de l'État-major général du Gouvernement de Paris et de la première Division militaire,

CÉSAR BERTHIER.

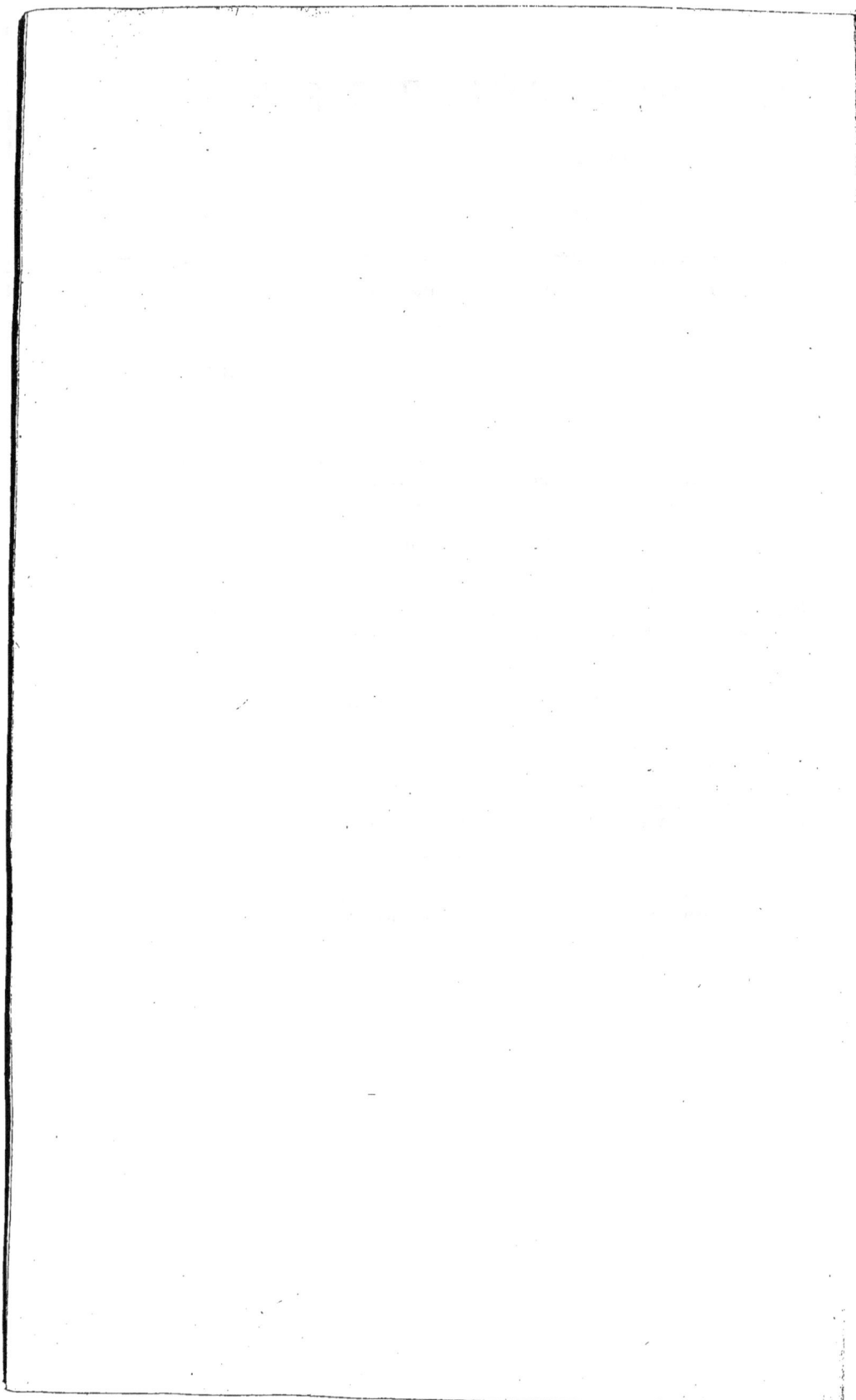

GOUVERNEMENT DE PARIS.

1.ʳᵉ *DIVISION MILITAIRE.*

ÉTAT - MAJOR GÉNÉRAL.

Au quartier général, à Paris, le 5 Ventôse an 13 [24 février 1805].

SERVICE DE L'ÉTAT-MAJOR GÉNÉRAL.

Du 5 au 6 Ventôse.

Le Capitaine Adjoint de service à l'État - major général................. GALDEMAR.
Officier de santé de service à l'État - major....................... DANTREVILLE.
Secrétaire de service à l'État - major............................. DESMOULINS.

Du 6 au 7 Ventôse.

Le Capitaine Adjoint de service à l'État - major général................. DELORME.
Officier de santé de service à l'État - major....................... POISSON.
Secrétaire de service à l'État-major............................. BRUNEL.

ORDRE GÉNÉRAL.

S. E. le Ministre-Directeur de l'Administration de la Guerre ayant décidé que les Effets d'habillement et d'équipement existant au magasin de la Fère, département de l'Aisne, pourraient être cédés aux Corps, sur estimation de gré à gré, il a été jugé convenable de faire connaître aux Corps employés dans la 1.ʳᵉ Division militaire la nature de ces effets, qui consistent dans ce qui suit :

ÉTAT des Effets d'habillement et équipement existant au magasin de la Fère, département de l'Aisne, dont la cession doit être faite aux Corps sur estimation de gré à gré, conformément à la lettre de son Excellence le Ministre-Directeur de l'administration de la guerre, en date du 18 pluviôse an 13,

NATURE DES EFFETS.	NEUFS.	BONS.	NATURE DES EFFETS.	NEUFS.	BONS.
Habits d'infanterie de ligne.........	239.	"	Sacs à distribution................	111.	"
Gilets *idem*....:	208.	"	Boucles de souliers	2,094.	"
Culottes *idem*...................	888.	"	*Idem* de jarretière................	3,303.	["
Gilets bleus......................	7.	"	Pompons de grenadiers	68.	"
Culottes bleues...................	60.	"	*Idem* de chasseurs...............	60.	"
Bonnets de police d'infanterie de ligne.	598.	"	*Idem* de fusiliers................	292.	"
Idem d'infanterie légère	174.	"	Épaulettes de grenadiers...........	25.	"
Bas de fil........................	33.	"	*Idem* de chasseurs...............	15.	"
Chapeaux d'infanterie.............	16.	"	Dragonnes de grenadiers	18.	,
Guêtres noires....................	32.	"	*Idem* de chasseurs...............	21.	"
Havre-sacs	"	11.	Marrons pour chapeaux...........	26.	"

Le Commissaire-ordonnateur de la 1.ʳᵉ Division militaire,

DUBRETON.

Les Corps qui desireraient acquérir la totalité ou partie de ces Effets, ils leur seront cédés de la manière ci-dessus indiquée.

Le Général de Brigade Chef de l'État - major général du Gouvernement de Paris et de la première Division militaire,

CÉSAR BERTHIER.

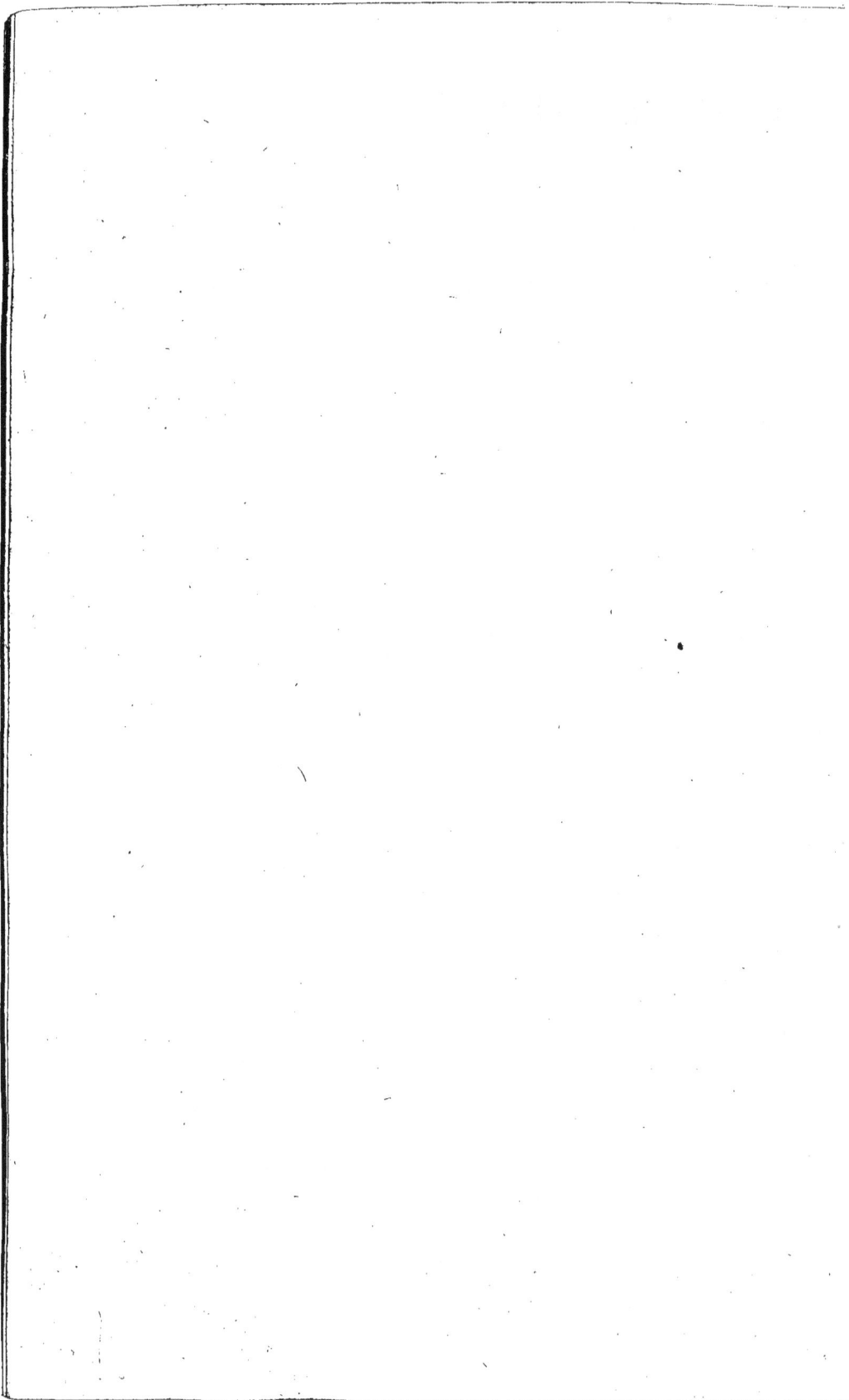

GOUVERNEMENT DE PARIS.

1.re *DIVISION MILITAIRE.*

ÉTAT-MAJOR GÉNÉRAL.

Au quartier général, à Paris, le 6 Ventôse an 13 [25 février 1805].

SERVICE DE L'ÉTAT-MAJOR GÉNÉRAL.

Du 6 au 7 Ventôse.

Le Capitaine Adjoint de service à l'État-major général................ DELORME.
Officier de santé de service à l'État-major........................ POISSON.
Secrétaire de service à l'État-major.............................. BRUNEL.

Du 7 au 8 Ventôse.

Le Capitaine Adjoint de service à l'État-major général................ AUCLER.
Officier de santé de service à l'État-major........................ DANTREVILLE.
Secrétaire de service à l'État-major.............................. PLANTIER.

Rien de nouveau.

Le Général de Brigade Chef de l'État-major général du Gouvernement de Paris et de la première Division militaire,

CÉSAR BERTHIER.

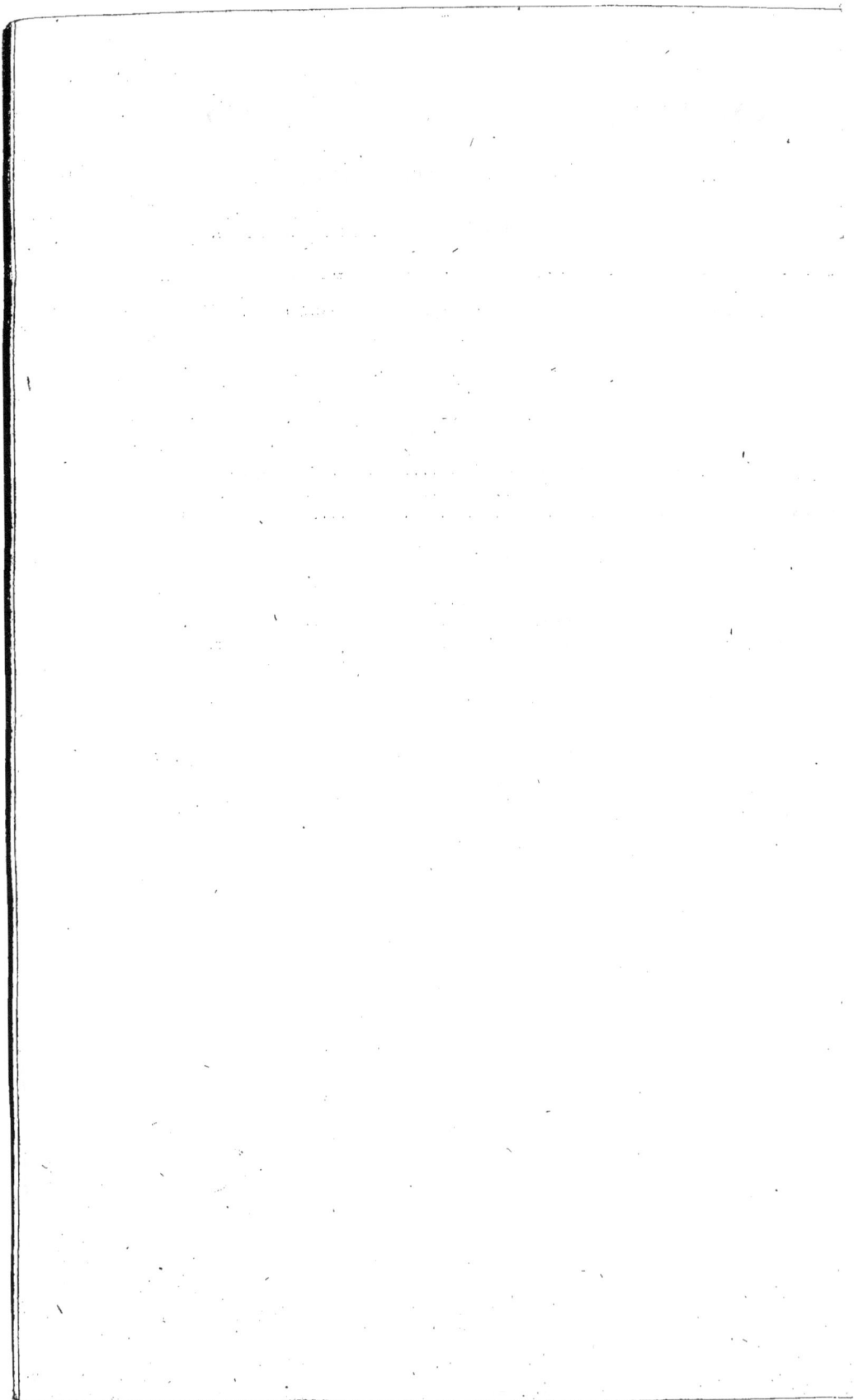

GOUVERNEMENT DE PARIS.

1.re DIVISION MILITAIRE.
ÉTAT - MAJOR GÉNÉRAL.

Au quartier général, à Paris, le 7 Ventôse an 13 [26 février 1805].

SERVICE DE L'ÉTAT-MAJOR GÉNÉRAL.

Du 7 au 8 Ventôse.

Le Capitaine Adjoint de service à l'État - major général................ AUCLER.
Officier de santé de service à l'État - major........................ DANTREVILLE.
Secrétaire de service à l'État - major.............................. PLANTIER.

Du 8 au 9 Ventôse.

Le Capitaine Adjoint de service à l'État - major général................ FORGEOT.
Officier de santé de service à l'État - major........................ POISSON.
Secrétaire de service à l'État - major.............................. DESMOULINS.

Rien de nouveau.

Le Général de Brigade Chef de l'État - major général du Gouvernement de Paris et de la première Division militaire,

CÉSAR BERTHIER.

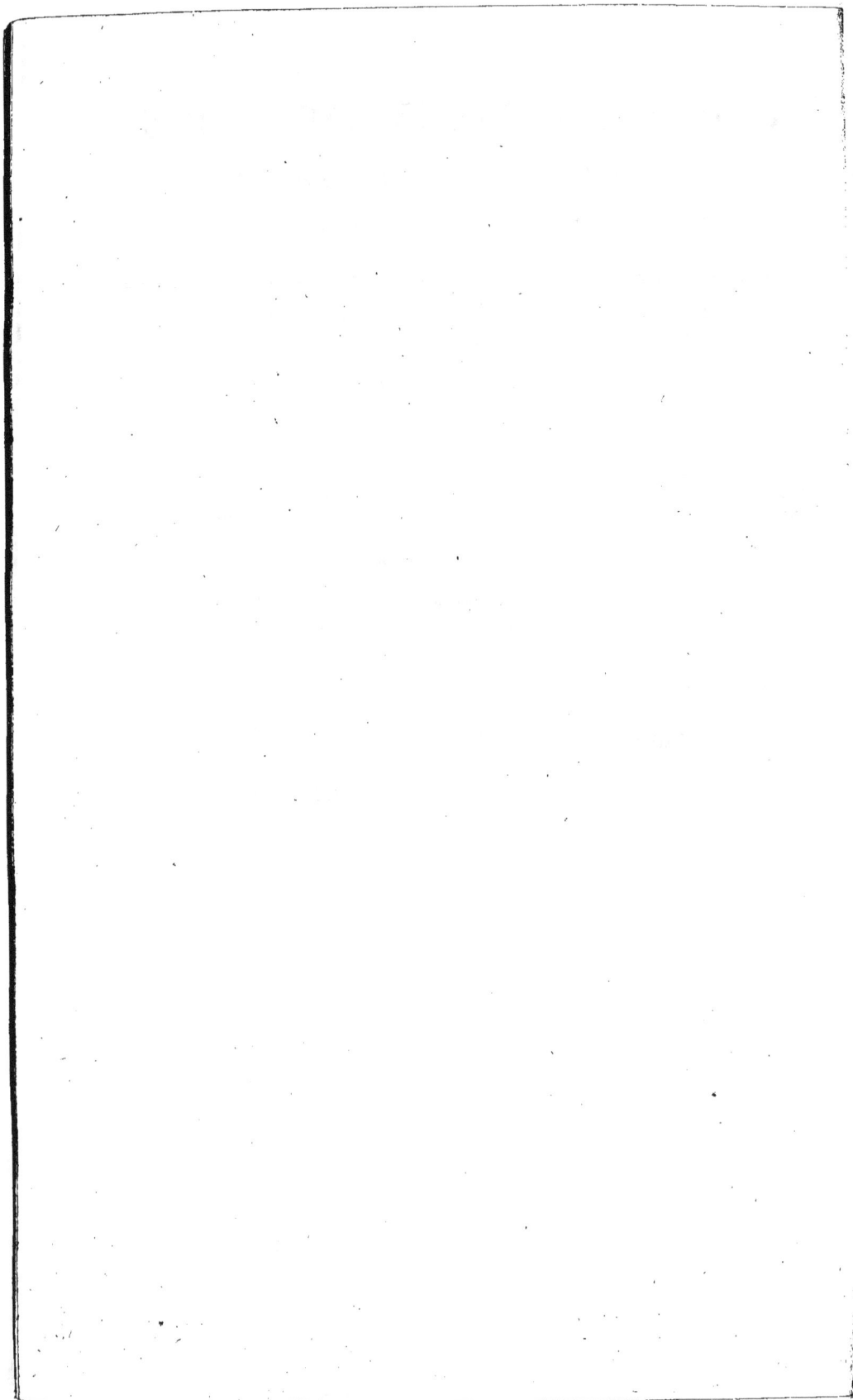

GOUVERNEMENT DE PARIS.

1.ʳᵉ DIVISION MILITAIRE.

ÉTAT-MAJOR GÉNÉRAL.

Au quartier général, à Paris, le 8 Ventôse an 13 [27 février 1805].

SERVICE DE L'ÉTAT-MAJOR GÉNÉRAL.

Du 8 au 9 Ventôse.

Le Capitaine Adjoint de service à l'État-major général................. FORGEOT.
Officier de santé de service à l'État-major........................ POISSON.
Secrétaire de service à l'Etat-major................................ DESMOULINS.

Du 9 au 10 Ventôse.

Le Capitaine Adjoint de service à l'État-major général................. GALDEMAR.
Officier de santé de service à l'État-major........................ DANTREVILLE.
Secrétaire de service à l'État-major................................ CORBET.

Rien de nouveau.

Le Général de Brigade Chef de l'État-major général du Gouvernement de Paris et de la première Division militaire,

CÉSAR BERTHIER.

GOUVERNEMENT DE PARIS.

1.re DIVISION MILITAIRE.

ÉTAT - MAJOR GÉNÉRAL.

Au quartier général, à Paris, le 9 Ventôse an 13 [28 février 1805].

SERVICE DE L'ÉTAT-MAJOR GÉNÉRAL.

Du 9 au 10 Ventôse.

Le Capitaine Adjoint de service à l'État - major général................ GALDEMAR.
Officier de santé de service à l'État - major........................ DANTREVILLE.
Secrétaire de service à l'État-major............................... CORBET.

Du 10 au 11 Ventôse.

Le Capitaine Adjoint de service à l'État - major général................ AUGIAS.
Officier de santé de service à l'État - major........................ POISSON.
Secrétaire de service à l'État-major............................... LECLERC.

Rien de nouveau.

Le Général de Brigade Chef de l'État - major général du Gouvernement de Paris et de la première Division militaire,

CÉSAR BERTHIER.

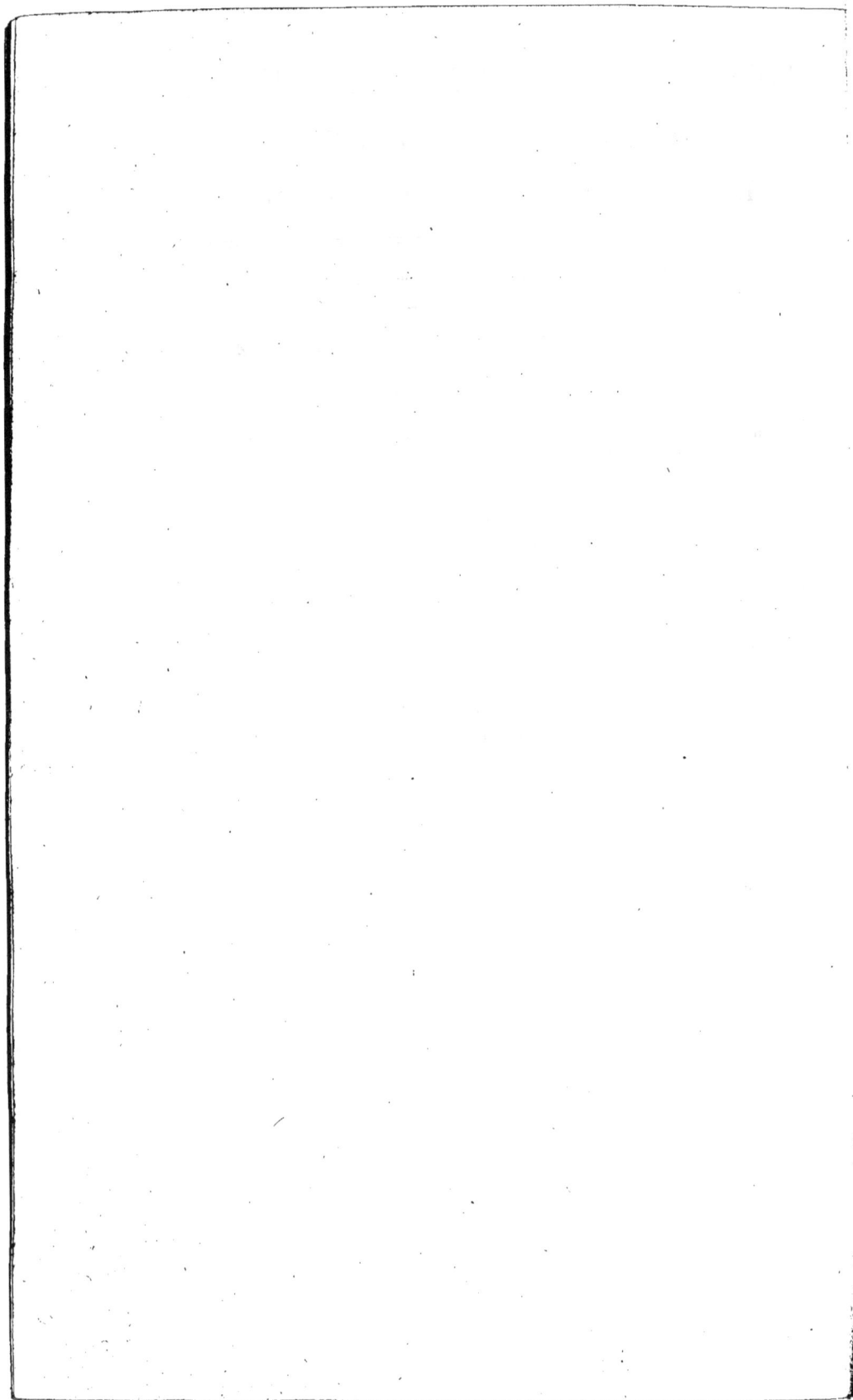

GOUVERNEMENT DE PARIS.

1.ʳᵉ DIVISION MILITAIRE.

ÉTAT - MAJOR GÉNÉRAL.

Au quartier général, à Paris, le 10 Ventôse an 13 [1.ᵉʳ mars 1805].

SERVICE DE L'ÉTAT-MAJOR GÉNÉRAL.

Du 10 au 11 Ventôse.

Capitaine Adjoint de service à l'État - major général................. AUGIAS.
cier de santé de service à l'État - major........................ POISSON.
étaire de service à l'État-major.............................. LAMOUREUX.

Du 11 au 12 Ventôse.

Capitaine Adjoint de service à l'État - major général................. WATHIEZ.
cier de santé de service à l'État - major........................ DANTREVILLE.
étaire de service à l'État-major.............................. LECLERC.

Rien de nouveau.

Le Général de Brigade Chef de l'État - major général du Gouvernement de Paris et de la première Division militaire,
CÉSAR BERTHIER.

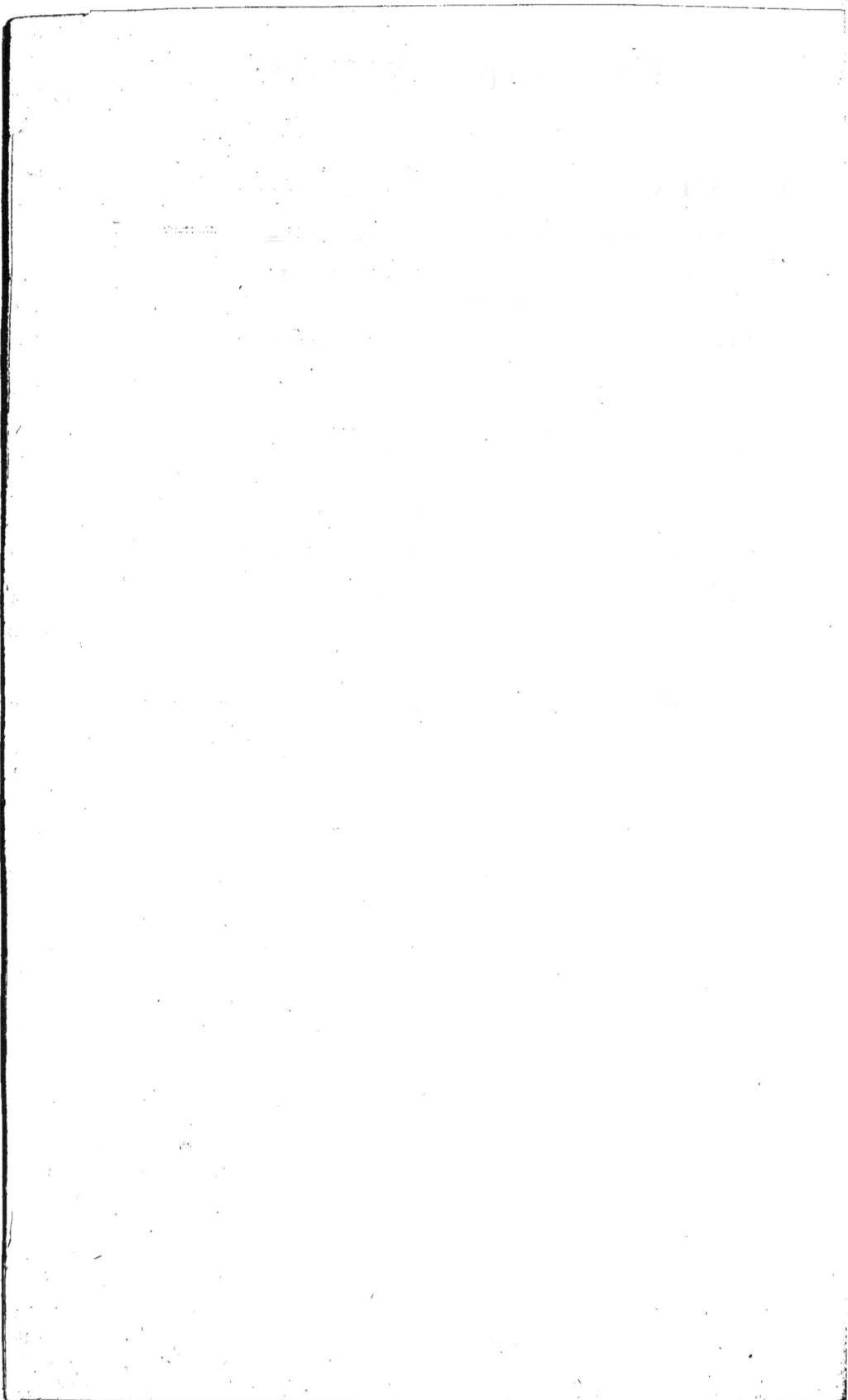

GOUVERNEMENT DE PARIS.

1.re DIVISION MILITAIRE.

ÉTAT-MAJOR GÉNÉRAL.

Au quartier général, à Paris, le 11 Ventôse an 13 [2 mars 1805].

SERVICE DE L'ÉTAT-MAJOR GÉNÉRAL.

Du 11 au 12 Ventôse.

Le Capitaine Adjoint de service à l'État-major général............... WATHIEZ.
Officier de santé de service à l'État-major....................... DANTREVILLE.
Secrétaire de service à l'État-major............................. LECLERC.

Du 12 au 13 Ventôse.

Le Capitaine Adjoint de service à l'État-major général............... AUGIAS.
Officier de santé de service à l'État-major....................... POISSON.
Secrétaire de service à l'État-major............................. LAMOUREUX.

Rien de nouveau.

Le Général de Brigade Chef de l'État-major général du Gouvernement de Paris et de la première Division militaire,

CÉSAR BERTHIER.

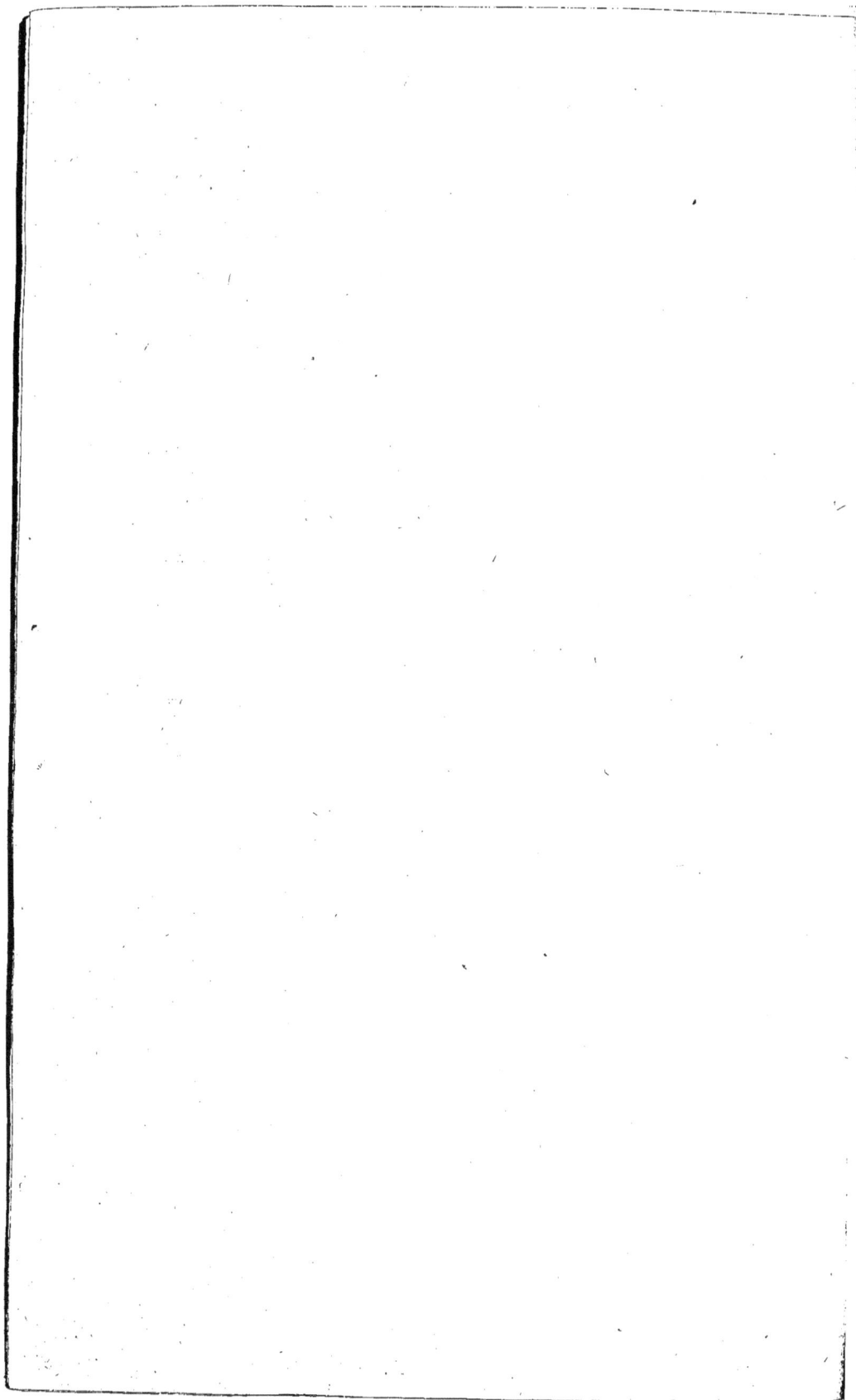

GOUVERNEMENT DE PARIS.
I.ʳᵉ DIVISION MILITAIRE.
ÉTAT-MAJOR GÉNÉRAL.

Au quartier général, à Paris, le 12 Ventôse an 13 [3 mars 1805].

SERVICE DE L'ÉTAT-MAJOR GÉNÉRAL.

Du 12 au 13 Ventôse.

Le Capitaine Adjoint de service à l'État-major général................ AUGIAS.
Officier de santé de service à l'État-major........................ POISSON.
Secrétaire de service à l'État-major.............................. LAMOUREUX.

Du 13 au 14 Ventôse.

Le Capitaine Adjoint de service à l'État-major général................ GUIARDELLE.
Officier de santé de service à l'État-major........................ DANTREVILLE.
Secrétaire de service à l'État-major.............................. DUBOIS.

Rien de nouveau.

Le Général de Brigade Chef de l'État-major général du Gouvernement de Paris et de la première Division militaire,

CÉSAR BERTHIER.

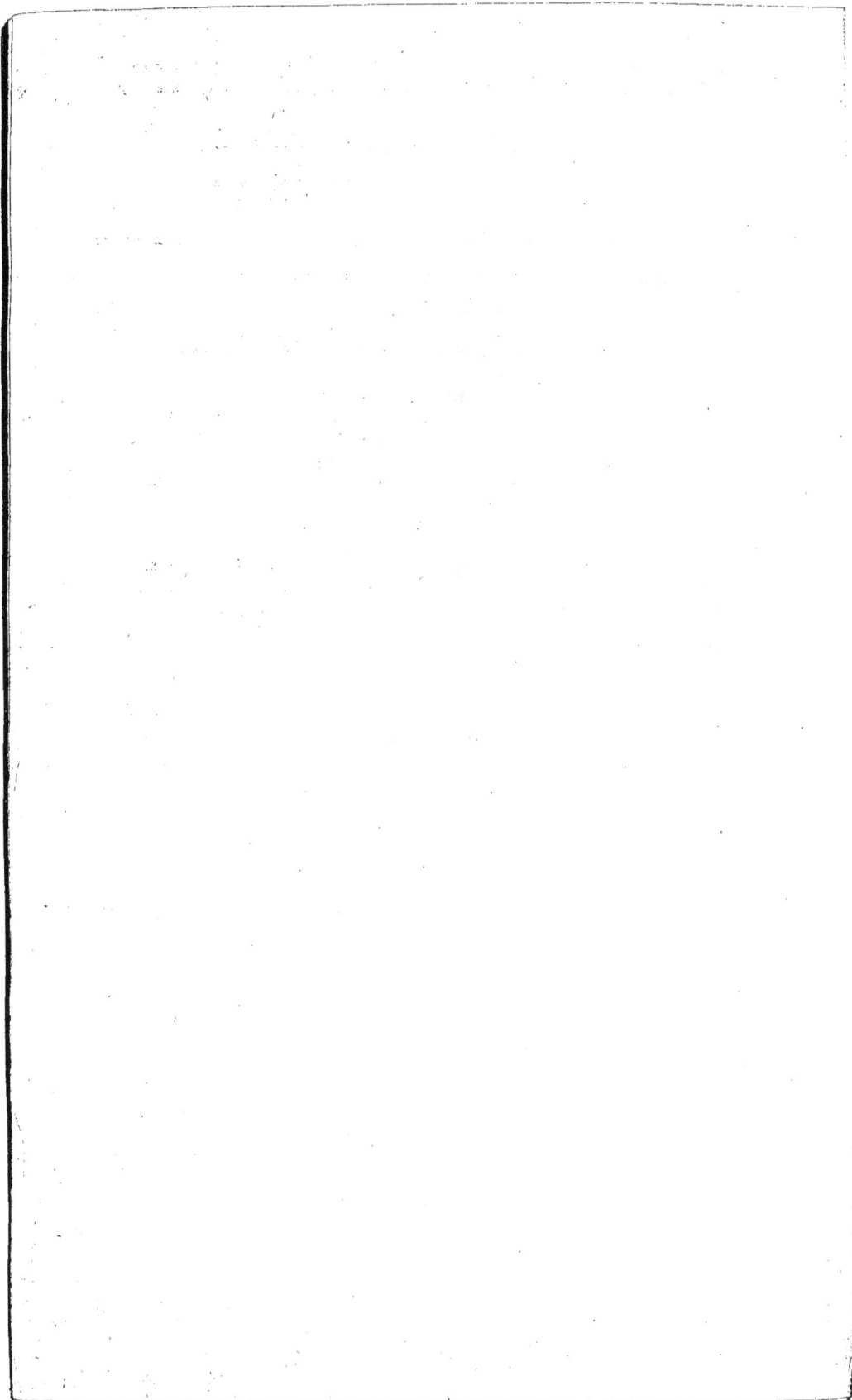

GOUVERNEMENT DE PARIS.

1.ʳᵉ *DIVISION MILITAIRE.*

ÉTAT-MAJOR GÉNÉRAL.

Au quartier général, à Paris, le 13 Ventôse an 13 [4 mars 1805].

SERVICE DE L'ÉTAT-MAJOR GÉNÉRAL.

Du 13 au 14 Ventôse.

Le Capitaine Adjoint de service à l'État-major général................ GUIARDELLE.
Officier de santé de service à l'État-major........................ DANTREVILLE.
Secrétaire de service à l'État-major.............................. DUBOIS.

Du 14 au 15 Ventôse.

Le Capitaine Adjoint de service à l'État-major général................ DELORME.
Officier de santé de service à l'État-major........................ POISSON.
Secrétaire de service à l'État-major.............................. BRUNEL.

EXTRAITS des Jugemens rendus par le 1.ᵉʳ Conseil de guerre de la 1.ʳᵉ Division militaire, pendant le mois de Pluviôse an 13.

NUMÉROS DES JUGEMENS.	DATES.	NOMS ET PRÉNOMS des INDIVIDUS JUGÉS.	QUALITÉ MILITAIRE OU PROFESSION.	LIEUX de NAISSANCE.	ANALYSE DES JUGEMENS.	
1825.	30.	Lacroix (Joachim-Aubert).	Caporal au 1.ᵉʳ régim.ᵗ de la garde de Paris.	Cambray, département du Nord.	Convaincu de vol d'argent envers un de ses camarades.	Condamné à six années de fers et à la dégradation militaire.
1826.	Idem.	Quetel (Pierre)........	Fusilier au 40.ᵉ régiment de ligne.	Bayeux, département du Calvados.	Prévenu de désertion à l'intérieur, et de vol d'une montre dans une maison habitée.	Renvoyé, avec les pièces de la procédure, devant la Cour de justice criminelle du département de Seine-et-Oise.
1827.	Idem.	Bernard (Claude-Roch)..	Ex-militaire....	Tiocourt, département de la Moselle.	Prévenu de divers vols et voies de fait envers un particulier.	Renvoyé, avec toutes les pièces de la procédure, devant la Cour de justice criminelle du département de la Seine.

Total des jugemens rendus par le 1.ᵉʳ Conseil de guerre pendant le mois de Pluviôse, an 13, ci.. 3.

Total des individus jugés pendant le même mois par ce Conseil, ci...... { présens... 3. } 3.
  { contumax . 0. }

Pour extraits conformes aux expéditions desdits jugemens :

Le Général de Brigade Chef de l'État-major général du Gouvernement de Paris et de la première Division militaire,

CÉSAR BERTHIER.

GOUVERNEMENT DE PARIS.

1.ʳᵉ DIVISION MILITAIRE.
ÉTAT-MAJOR GÉNÉRAL.

Au quartier général, à Paris, le 14 Ventôse an 13 [5 Mars 1805].

SERVICE DE L'ÉTAT-MAJOR GÉNÉRAL.

Du 14 au 15 Ventôse.

Le Capitaine Adjoint de service à l'État-major général................. DELORME.
Officier de santé de service à l'État-major......................... POISSON.
Secrétaire de service à l'État-major............................... BRUNEL.

Du 15 au 16 Ventôse.

Le Capitaine Adjoint de service à l'État-major général................ AUCLER.
Officier de santé de service à l'État-major........................ DANTREVILLE.
Secrétaire de service à l'État-major.............................. PLANTIER.

Rien de nouveau.

*Le Général de Brigade Chef de l'État-major général du Gouvernement de Paris
et de la première Division militaire,*
CÉSAR BERTHIER.

GOUVERNEMENT DE PARIS.

1.ʳᵉ DIVISION MILITAIRE.

ÉTAT - MAJOR GÉNÉRAL.

Au quartier général, à Paris, le 15 Ventôse an 13 [6 Mars 1805].

SERVICE DE L'ÉTAT-MAJOR GÉNÉRAL.

Du 15 au 16 Ventôse.

Le Capitaine Adjoint de service à l'État - major général................. AUCLER.
Officier de santé de service à l'État - major......................... DANTREVILLE.
Secrétaire de service à l'État - major................................ PLANTIER.

Du 16 au 17 Ventôse.

Le Capitaine Adjoint de service à l'État - major général................ FORGEOT.
Officier de santé de service à l'État - major......................... POISSON.
Secrétaire de service à l'État - major................................ DESMOULINS.

Rien de nouveau.

*Le Général de Brigade Chef de l'État - major général du Gouvernement de Paris
et de la première Division militaire,*

CÉSAR BERTHIER.

GOUVERNEMENT DE PARIS.

1.re DIVISION MILITAIRE.
ÉTAT-MAJOR GÉNÉRAL.

Au quartier général, à Paris, le 16 Ventôse an 13 [7 Mars 1805].

SERVICE DE L'ÉTAT-MAJOR GÉNÉRAL.

Du 16 au 17 Ventôse.

Le Capitaine Adjoint de service à l'État-major général................ FORGEOT.
Officier de santé de service à l'État-major......................... POISSON.
Secrétaire de service à l'État-major............................... DESMOULINS.

Du 17 au 18 Ventôse.

Le Capitaine Adjoint de service à l'État-major général................ GALDEMAR.
Officier de santé de service à l'État-major......................... DANTREVILLE.
Secrétaire de service à l'État-major............................... CORBET.

Rien de nouveau.

Le Général de Brigade Chef de l'État-major général du Gouvernement de Paris et de la première Division militaire,

CÉSAR BERTHIER.

GOUVERNEMENT DE PARIS.

1.ᵉ DIVISION MILITAIRE.

ÉTAT - MAJOR GÉNÉRAL.

Au quartier général, à Paris, le 17 Ventôse an 13 [8 Mars 1805].

SERVICE DE L'ÉTAT-MAJOR GÉNÉRAL.

Du 17 au 18 Ventôse.

Le Capitaine Adjoint de service à l'État - major général................. GALDEMAR.
Officier de santé de service à l'État - major........................ DANTREVILLE.
Secrétaire de service à l'État - major.............................. CORBET.

Du 18 au 19 Ventôse.

Le Capitaine Adjoint de service à l'État - major général.............. AUGIAS.
Officier de santé de service à l'État - major........................ POISSON.
Secrétaire de service à l'État-major................................ LECLERC.

Rien de nouveau.

Le Général de Brigade Chef de l'État - major général du Gouvernement de Paris et de la première Division militaire,

CÉSAR BERTHIER.

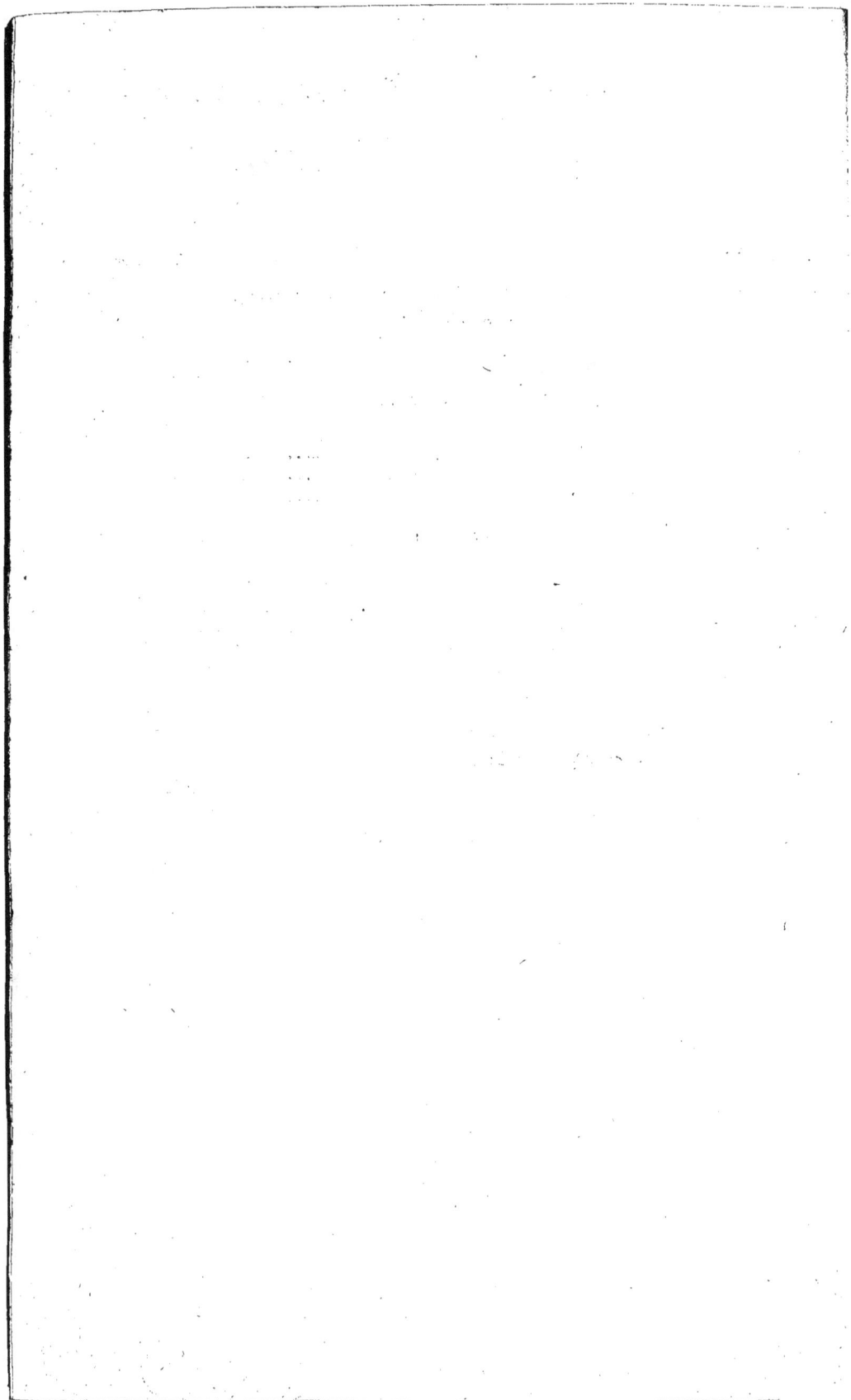

GOUVERNEMENT DE PARIS.

1.re DIVISION MILITAIRE.

ÉTAT-MAJOR GÉNÉRAL.

Au quartier général, à Paris, le 18 Ventôse an 13 [9 Mars 1805].

SERVICE DE L'ÉTAT-MAJOR GÉNÉRAL.

Du 18 au 19 Ventôse.

Le Capitaine Adjoint de service à l'État-major général................ AUGIAS.
Officier de santé de service à l'État-major........................ POISSON.
Secrétaire de service à l'État-major.............................. LECLERC.

Du 19 au 20 Ventôse.

Le Capitaine Adjoint de service à l'État-major général................ WATHIEZ.
Officier de santé de service à l'État-major........................ DANTREVILLE.
Secrétaire de service à l'État-major.............................. CORBET.

Rien de nouveau.

*Le Général de Brigade Chef de l'État-major général du Gouvernement de Paris
et de la première Division militaire,*

CÉSAR BERTHIER.

GOUVERNEMENT DE PARIS.

1.ʳᵉ DIVISION MILITAIRE.

ÉTAT-MAJOR GÉNÉRAL.

Au quartier général, à Paris, le 19 Ventôse an 13 [10 Mars 1805].

SERVICE DE L'ÉTAT-MAJOR GÉNÉRAL.

Du 19 au 20 Ventôse.

Le Capitaine Adjoint de service à l'État-major général................. WATHIEZ.
Officier de santé de service à l'État-major......................... DANTREVILLE.
Secrétaire de service à l'État-major............................... CORBET.

Du 20 au 21 Ventôse.

Le Capitaine Adjoint de service à l'État-major général................. WATHIEZ.
Officier de santé de service à l'État-major......................... POISSON.
Secrétaire de service à l'État-major............................... LAMOUREUX.

Rien de nouveau.

Le Général de Brigade Chef de l'État-major général du Gouvernement de Paris et de la première Division militaire,

CÉSAR BERTHIER.

GOUVERNEMENT DE PARIS.

1.ʳᵉ DIVISION MILITAIRE.

ÉTAT-MAJOR GÉNÉRAL.

Au quartier général, à Paris, le 20 Ventôse an 13 [11 Mars 1805].

SERVICE DE L'ÉTAT-MAJOR GÉNÉRAL.

Du 20 au 21 Ventôse.

Le Capitaine Adjoint de service à l'État-major général................ WATHIEZ.
Officier de santé de service à l'État-major........................ POISSON.
Secrétaire de service à l'État-major............................... LAMOUREUX.

Du 21 au 22 Ventôse.

Le Capitaine Adjoint de service à l'État-major général................ GUIARDELLE.
Officier de santé de service à l'État-major........................ DANTREVILLE.
Secrétaire de service à l'État-major............................... DUBOIS.

Rien de nouveau.

*Le Général de Brigade Chef de l'État-major général du Gouvernement de Paris
et de la première Division militaire,*

CÉSAR BERTHIER.

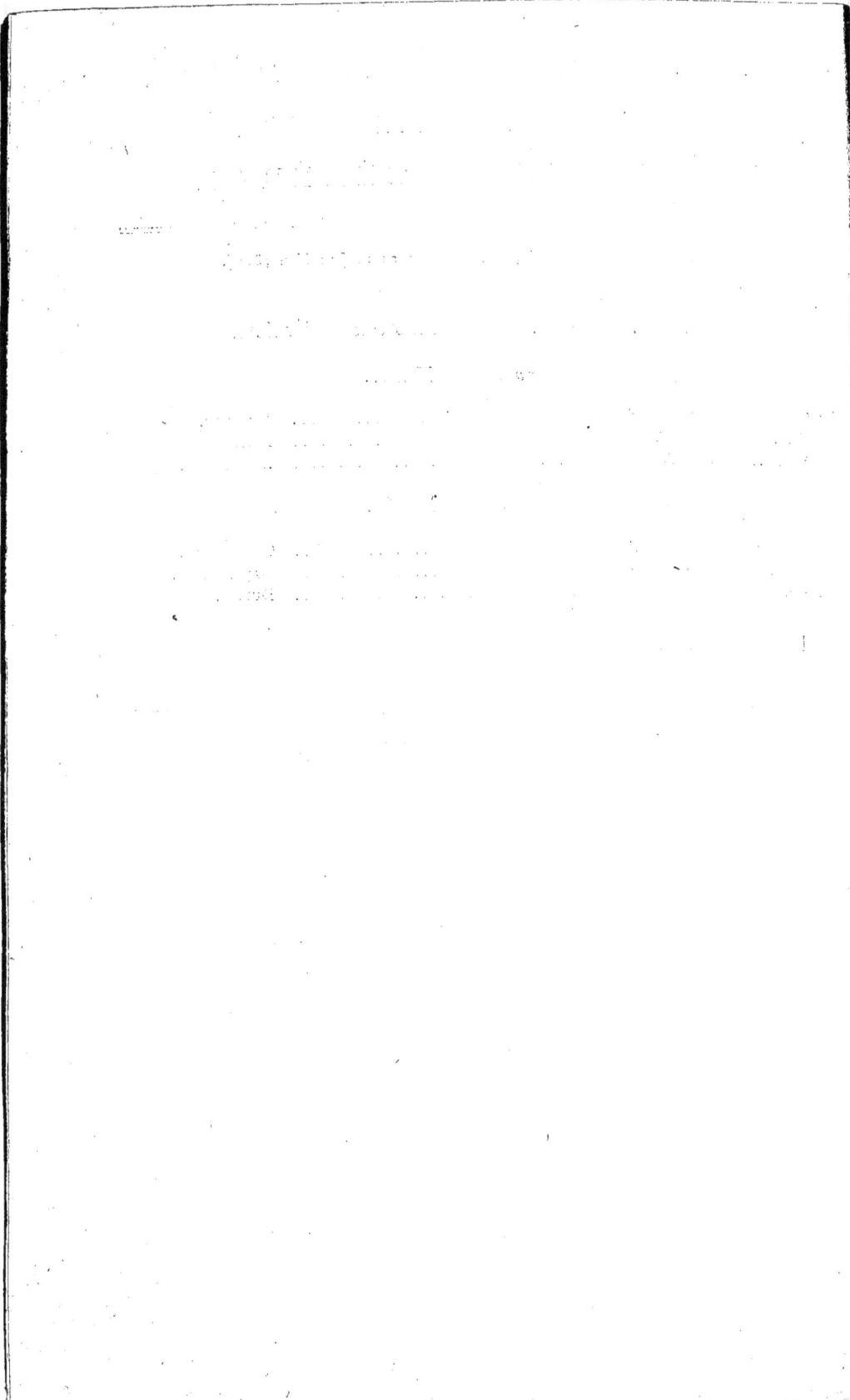

GOUVERNEMENT DE PARIS.
1.ʳᵉ DIVISION MILITAIRE.
ÉTAT-MAJOR GÉNÉRAL.

Au quartier général, à Paris, le 21 Ventôse an 13 [12 Mars 1805].

SERVICE DE L'ÉTAT-MAJOR GÉNÉRAL.
Du 21 au 22 Ventôse.

Le Capitaine Adjoint de service à l'État-major général................ GUIARDELLE.
Officier de santé de service à l'État-major....................... DANTREVILLE.
Secrétaire de service à l'État-major.............................. DUBOIS.

Du 22 au 23 Ventôse.

Le Capitaine Adjoint de service à l'État-major général................ DELORME.
Officier de santé de service à l'État-major....................... POISSON.
Secrétaire de service à l'État-major.............................. BRUNEL.

EXTRAITS des Jugemens rendus par le 2.ᶜ Conseil de guerre de la 1.ʳᵉ Division militaire, pendant le mois de Pluviôse an 13.

NUMÉROS DES JUGEMENS.	DATES.	NOMS ET PRÉNOMS des INDIVIDUS JUGÉS.	QUALITÉ MILITAIRE ou PROFESSION.	LIEUX de NAISSANCE.	ANALYSE DES JUGEMENS.	
817.	26.	Marçon (*Vincent*)......	Fusilier au 18.ᵉ régiment de ligne.	S.ᵗ-Pierre-Aimé, départem.ᵗ de la Haute-Loire.	Prévenus de vol et de voies de fait envers plusieurs personnes.	Acquittés des accusations dirigées contre eux, mais attendu qu'étant de service ils ont troublé le repos public, condamnés par forme de discipline militaire, le premier à la peine de deux mois de prison, et le second à celle de quinze jours, à l'expiration desquelles ils seront mis en liberté pour retourner à leur Corps.
Idem.	Idem.	Latte (*Pierre*)........	Idem.........	Seissac, départ.ᵗ de l'Aube.		
818.	Idem.	Bracquie (*Nicolas*).....	Fusilier au 2.ᵉ régim.ᵗ de la garde de Paris.	Thélon, dép.ᵗ de la Meurthe.	Convaincu de vol sur la voie publique.	Condamné à un an de prison, à dater du jour du jugement, après lequel temps, mis à la disposition de l'État-major général pour être employé selon le bien du service.

Total des jugemens rendus par le 2.ᶜ Conseil de guerre pendant le mois de Pluviôse an 13, ci .. 2.

Total des individus jugés pendant le même mois par ce Conseil, ci...... { présens... 3. } { contumax. o. } 3.

Pour extraits conformes aux expéditions desdits jugemens :

Le Général de Brigade Chef de l'État-major général du Gouvernement de Paris et de la première Division militaire,

CÉSAR BERTHIER.

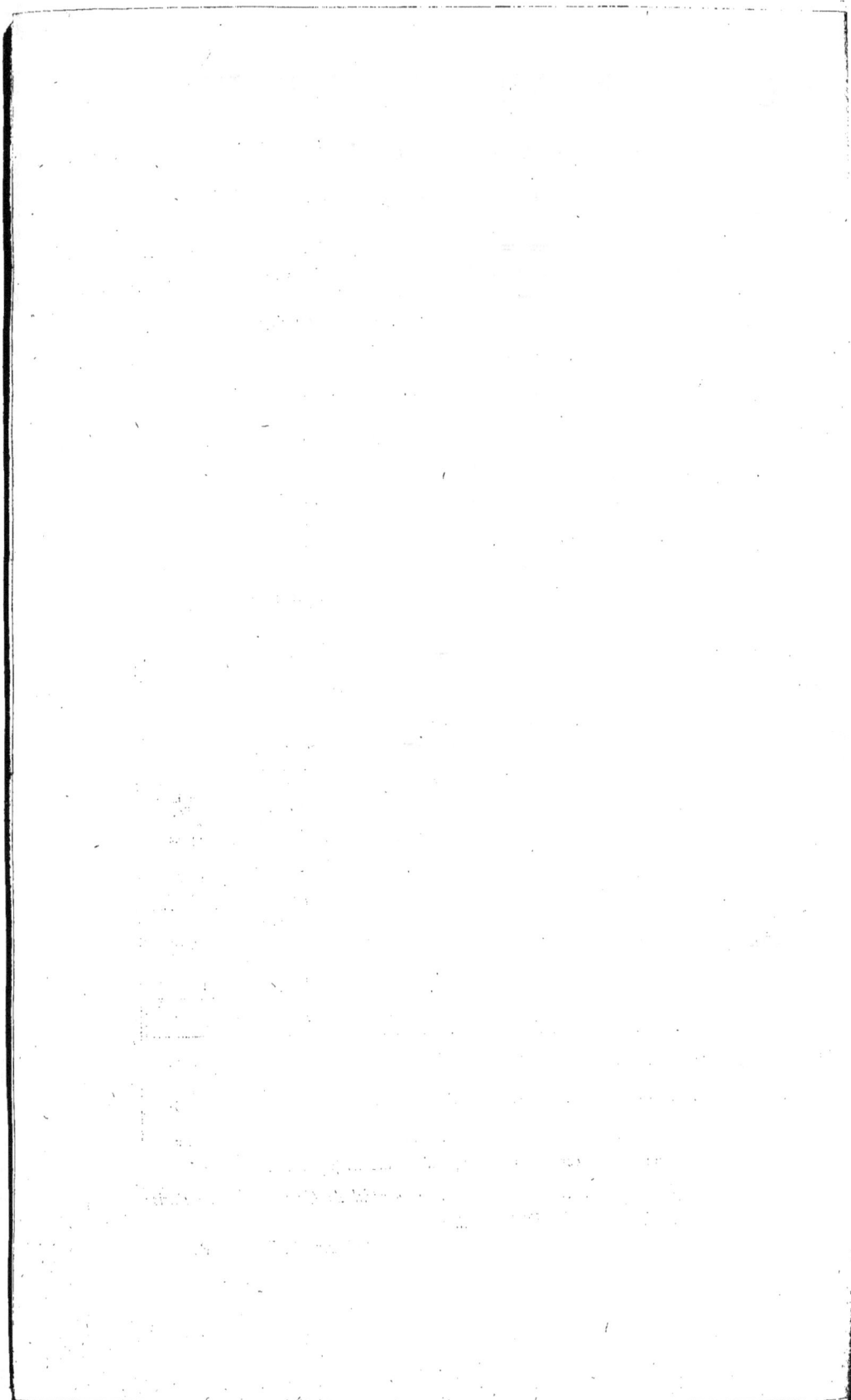

GOUVERNEMENT DE PARIS.
1.re DIVISION MILITAIRE.
ÉTAT - MAJOR GÉNÉRAL.

Au quartier général, à Paris, le 22 Ventôse an 13 [13 Mars 1805].

SERVICE DE L'ÉTAT-MAJOR GÉNÉRAL.

Du 22 au 23 Ventôse.

Le Capitaine Adjoint de service à l'État - major général................ AUCLER.
Officier de santé de service à l'État - major........................ POISSON.
Secrétaire de service à l'État-major............................... BRUNEL.

Du 23 au 24 Ventôse.

Le Capitaine Adjoint de service à l'État - major général................ DELORME.
Officier de santé de service à l'État - major........................ DANTREVILLE.
Secrétaire de service à l'État-major............................... PLANTIER.

Rien de nouveau.

Le Général de Brigade Chef de l'État-major général du Gouvernement de Paris
et de la première Division militaire,

CÉSAR BERTHIER.

GOUVERNEMENT DE PARIS.

1.re DIVISION MILITAIRE.

ÉTAT - MAJOR GÉNÉRAL.

Au quartier général, à Paris, le 23 Ventôse an 13 [14 Mars 1805].

SERVICE DE L'ÉTAT-MAJOR GÉNÉRAL.

Du 23 au 24 Ventôse.

Le Capitaine Adjoint de service à l'État - major général................. DELORME.
Officier de santé de service à l'État - major......................... DANTREVILLE.
Secrétaire de service à l'État-major................................ PLANTIER.

Du 24 au 25 Ventôse.

Le Capitaine Adjoint de service à l'État - major général................. FORGEOT.
Officier de santé de service à l'État - major......................... POISSON.
Secrétaire de service à l'État-major................................ DESMOULINS.

Rien de nouveau.

*Le Général de Brigade Chef de l'État - major général du Gouvernement de Paris
et de la première Division militaire,*

CÉSAR BERTHIER.

GOUVERNEMENT DE PARIS.

1.ʳᵉ DIVISION MILITAIRE.

ÉTAT-MAJOR GÉNÉRAL.

Au quartier général, à Paris, le 24 Ventôse an 13 [15 Mars 1805].

SERVICE DE L'ÉTAT-MAJOR GÉNÉRAL.

. Du 24 au 25 Ventôse.

Le Capitaine Adjoint de service à l'État-major général................. FORGEOT.
Officier de santé de service à l'État-major........................ POISSON.
Secrétaire de service à l'État-major.............................. DESMOULINS.

Du 25 au 26 Ventôse.

Le Capitaine Adjoint de service à l'État-major général................. GALDEMAR.
Officier de santé de service à l'État-major........................ DANTREVILLE.
Secrétaire de service à l'État-major.............................. CORBET.

Rien de nouveau.

Le Général de Brigade Chef de l'État-major général du Gouvernement de Paris et de la première Division militaire,

CÉSAR BERTHIER.

GOUVERNEMENT DE PARIS.

1.re *DIVISION MILITAIRE.*

ÉTAT - MAJOR GÉNÉRAL.

Au quartier général, à Paris, le 25 Ventôse an 13 [16 Mars 1805].

SERVICE DE L'ÉTAT-MAJOR GÉNÉRAL.

Du 25 au 26 Ventôse.

Le Capitaine Adjoint de service à l'État - major général................ GALDEMAR.
Officier de santé de service à l'État - major......................... DANTREVILLE.
Secrétaire de service à l'État-major............................... CORBET.

Du 26 au 27 Ventôse.

Le Capitaine Adjoint de service à l'État - major général.............. GUIARDELLE.
Officier de santé de service à l'État - major........................ POISSON.
Secrétaire de service à l'État-major............................... LECLERC.

Rien de nouveau.

Le Général de Brigade Chef de l'État-major général du Gouvernement de Paris et de la première Division militaire,

CÉSAR BERTHIER.

GOUVERNEMENT DE PARIS.

1.ʳᵉ DIVISION MILITAIRE.
ÉTAT-MAJOR GÉNÉRAL.

Au quartier général, à Paris, le 26 Ventôse an 13 [17 Mars 1805].

SERVICE DE L'ÉTAT-MAJOR GÉNÉRAL.

Du 26 au 27 Ventôse.

Le Capitaine Adjoint de service à l'État-major général.................. GUIARDELLE.
Officier de santé de service à l'État-major......................... POISSON.
Secrétaire de service à l'État-major................................. LECLERC.

Du 27 au 28 Ventôse.

Le Capitaine Adjoint de service à l'État-major général.................. AUGIAS.
Officier de santé de service à l'État-major......................... DANTREVILLE.
Secrétaire de service à l'État-major................................. DUBOIS.

Rien de nouveau.

Le Général de Brigade Chef de l'État-major général du Gouvernement de Paris et de la première Division militaire,

CÉSAR BERTHIER.

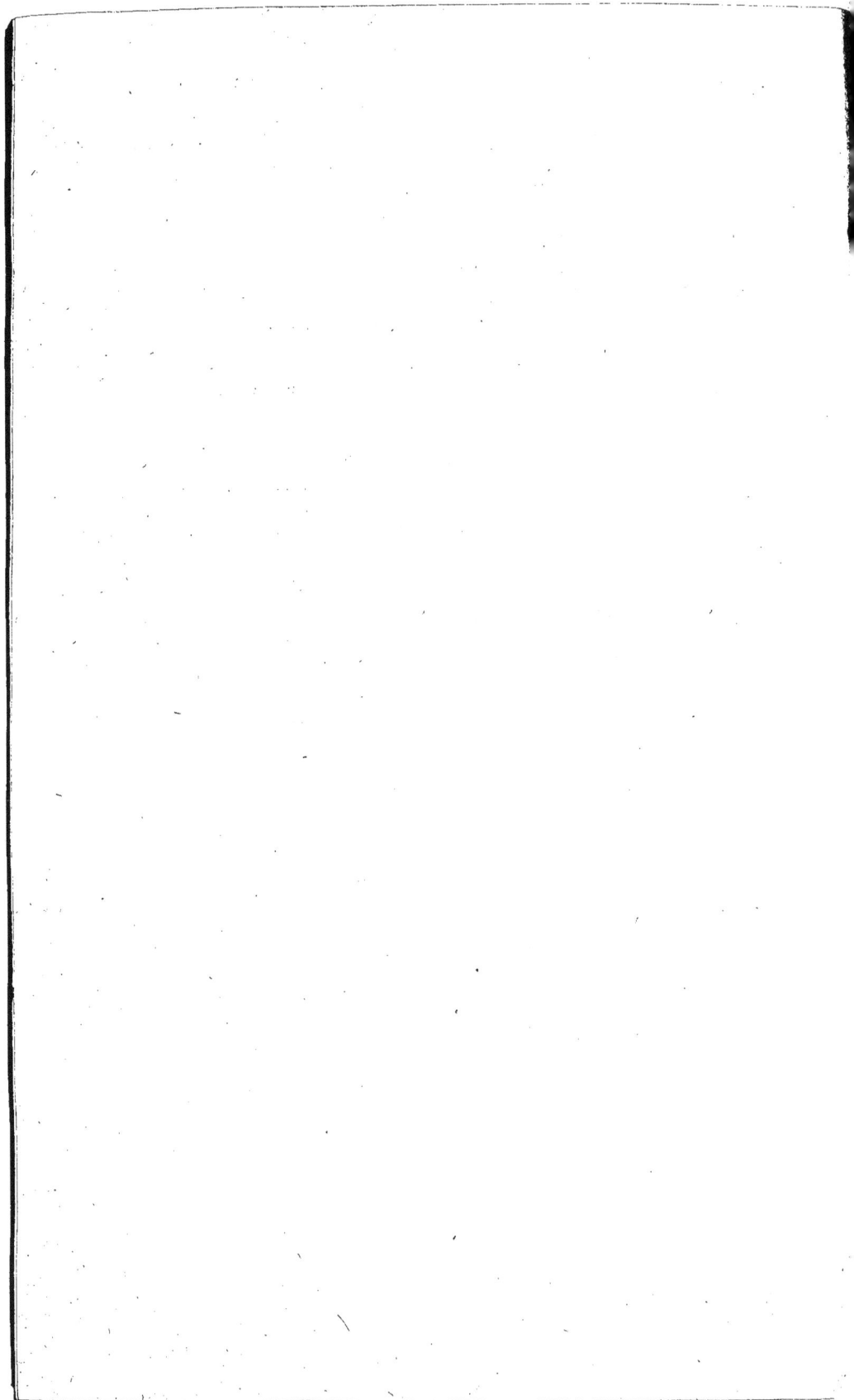

GOUVERNEMENT DE PARIS.

1.re DIVISION MILITAIRE.

ÉTAT-MAJOR GÉNÉRAL.

Au quartier général, à Paris, le 27 Ventôse an 13 [18 Mars 1805].

SERVICE DE L'ÉTAT-MAJOR GÉNÉRAL.

Du 27 au 28 Ventôse.

Le Capitaine Adjoint de service à l'État-major général..................... AUGIAS.
Officier de santé de service à l'État-major......................... DANTREVILLE.
Secrétaire de service à l'État-major............................... DUBOIS.

Du 28 au 29 Ventôse.

Le Capitaine Adjoint de service à l'État-major général..................... WATHIEZ.
Officier de santé de service à l'État-major......................... POISSON.
Secrétaire de service à l'État-major............................... LAMOUREUX.

Rien de nouveau.

Le Général de Brigade Chef de l'État-major général du Gouvernement de Paris et de la première Division militaire,

CÉSAR BERTHIER.

GOUVERNEMENT DE PARIS.

1.re DIVISION MILITAIRE.

ÉTAT - MAJOR GÉNÉRAL.

Au quartier général, à Paris, le 28 Ventôse an 13 [19 Mars 1805].

SERVICE DE L'ÉTAT-MAJOR GÉNÉRAL.

Du 28 au 29 Ventôse.

Le Capitaine Adjoint de service à l'État - major général................. WATHIEZ.
Officier de santé de service à l'État - major......................... POISSON.
Secrétaire de service à l'État - major............................... LAMOUREUX.

Du 29 au 30 Ventôse.

Le Capitaine Adjoint de service à l'État - major général............... GUIARDELLE.
Officier de santé de service à l'État - major........................ DANTREVILLE.
Secrétaire de service à l'État-major................................. LECLERC.

Rien de nouveau.

Le Général de Brigade Chef de l'État-major général du Gouvernement de Paris et de la première Division militaire,

CÉSAR BERTHIER.

GOUVERNEMENT DE PARIS

DIVISION MILITAIRE

ÉTAT-MAJOR GÉNÉRAL

GOUVERNEMENT DE PARIS.

1.ʳᵉ DIVISION MILITAIRE.

ÉTAT-MAJOR GÉNÉRAL.

Au quartier général, à Paris, le 29 Ventôse an 13 [20 Mars 1805].

SERVICE DE L'ÉTAT-MAJOR GÉNÉRAL.

Du 29 au 30 Ventôse.

Le Capitaine Adjoint de service à l'État-major général................ GUIARDELLE.
Officier de santé de service à l'État-major......................... DANTREVILLE.
Secrétaire de service à l'État-major............................... BRUNEL.

Du 30 Ventôse au 1.ᵉʳ Germinal.

Le Capitaine Adjoint de service à l'État-major général................ DELORME.
Officier de santé de service à l'État-major......................... POISSON.
Secrétaire de service à l'État-major............................... LECLERC.

Rien de nouveau.

Le Général de Brigade Chef de l'État-major général du Gouvernement de Paris et de la première Division militaire,

CÉSAR BERTHIER.

GOUVERNEMENT DE PARIS.

1.ᵉ DIVISION MILITAIRE.

ÉTAT-MAJOR GÉNÉRAL.

Au quartier général, à Paris, le 30 Ventôse an 13 [21 Mars 1805].

SERVICE DE L'ÉTAT-MAJOR GÉNÉRAL.

Du 30 Ventôse au 1.ᵉʳ Germinal.

Le Capitaine Adjoint de service à l'État-major général................ DELORME.
Officier de santé de service à l'État-major........................ POISSON.
Secrétaire de service à l'État-major............................... LECLERC.

Du 1.ᵉʳ au 2 Germinal.

Le Capitaine Adjoint de service à l'État-major général................ AUCLER.
Officier de santé de service à l'État-major........................ DANTREVILLE.
Secrétaire de service à l'État-major............................... PLANTIER.

ORDRE GÉNÉRAL.

Les Troupes stationnées à Paris sont prévenues que les Bureaux du Commissaire des Guerres *Fradiel* sont transférés rue Saint-Dominique, maison Saint-Joseph.

*Le Général de Brigade Chef de l'État-major général du Gouvernement de Paris
et de la première Division militaire,*

CÉSAR BERTHIER.

www.ingramcontent.com/pod-product-compliance
Lightning Source LLC
Chambersburg PA
CBHW071625270326
41928CB00010B/1785